PONTIFICIA UNIVERSITAS GREGORIANA

IOSEPHUS FUCHS

THEOLOGIA MORALIS GENERALIS

PARS PRIMA

Conspectus praelectionum ad usum auditorum

EDITIO ALTERA

ROMA
1971

SIGLA

AAS	= Acta Apostolicae Sedis
ASS	= Acta Sanctae Sedis
CIC 209	= Codicis Iuris Canonici canon 209
ComCIC	= Commissio pro authentica interpretatione Codicis Iuris Canonici
D.	= DENZINGER-RAHNER, *Enchiridion Symbolorum*
SOff	= Congregatio Sancti Officii
SPaen	= Sacra Paenitentiaria
SRRota	= Sacra Romana Rota
STh II-II 23, 2	= S. THOMAS, *Summa Theologica*, pars 2ª-2ªᵉ, quaestio 23. articulus 2.

Periodica citantur vel titulo integro vel siglis sufficientibus.

Reproductio photomechanica

2ᵃᵉ EDITIONIS 1963

INDEX

INTRODUCTIO

Tractatus hic de theologia morali generali inseritur determinato cursui theologico. Unde duo notanda sunt:

Primo, supponitur cursus philosophicus cum tractatu de *ethica*; consequenter ea, quae in tali tractatu dici solent, in hoc tractatu theologico vel simpliciter omittuntur vel brevius tantum exponuntur.

Secundo, supponitur quaestiones theologicas de subiecto morali (de gratia, de virtutibus, de sacramentis) doceri in *theologia dogmatica*; consequenter ea, quae ibi docentur, hic ut iam proposita assumuntur pro ulteriore consideratione morali. In quo certo certius illi discipuli difficultatem sentiunt, qui theologiae dogmaticae nondum studuerunt.

Bibliographiam proponimus selectam secundum varia criteria: scripta quae specialem valorem habent, vel recentiora sunt, vel bibliographiam addunt, vel variis linguis confecta sunt, etc. Operum versionem in varias linguas ordinarie non indicamus.

INTRODUCTIO GENERALIS IN THEOLOGIAM MORALEM

Introductio generalis in theologiam moralem, necessaria tamquam initialis quaedam orientatio, pro eis maxime urget, qui studuerunt ethicae philosophicae. In his enim omnino evitanda est illa conceptio, quae proprium theologiae moralis videt in mera quadam additione, ex revelatione hausta, ad ethicam philosophicam.

I. NATURA THEOLOGIAE MORALIS

1. THEOLOGIA MORALIS UT THEOLOGIA

a) *Theologia moralis est, saltem praeprimis et quoad nucleum suum, conatus methodicus et systematicus intelligendi fidem christianam in materia morali.* Fides autem haec *non* est intelligentia manifestationis naturalis Dei per creationem, *sed* firma acceptatio illius revelationis, qua Deus Trinus in Christo et per Christi Ecclesiam nobis seipsum manifestavit, et quidem maxime quatenus operatus est et operatur salutem hominum. In hoc opere salutis enim inseritur etiam vita moralis hominis; quaenam haec esse debeat et quemnam sensum habeat, ex Dei revelatione accipimus. Theologia moralis ergo exordium sumit non ex reflexione rationali in proprium Esse, naturaliter cognitum, sed ex reflexione in fidem, seu in revelationem quae fide acceptatur.

b) Theologia moralis, qua theologia, praeprimis est scientia *de Deo*, qui inserit vitam nostram in opus suum salutis. Simul tamen est, uti patet, scientia *de homine* a Deo creato et ad vitam in Christo elevato; magis formaliter *de actibus eius libe-*

ris, et quidem non psychologice, sed *moraliter spectatis*, i.e. quatenus subsunt alicui ordini morali.

NOTA primario et per se « m o r a l e m » dicendum esse *actum* liberum hominis cum advertentia ad normam moralem positum. Solum secundario et analogice tum aliquod *obiectum* tum ipsa *norma* vocantur moralia. — « E t h o s » solet vocari illa *moralitas determinata* (quoad obiectum), quae de facto propria est alicui populo, regioni, periodo, personae, doctrinae (v.g. christianae), realitati (v.g. nostro Esse sacramentali), etc. Cohaeret cum hac conceptione alia acceptio vocis « ethos », qua significatur *tendentia moralis fundamentalis* alicuius hominis, populi etc. — « M o r e s » dicuntur de modo habituali agendi in societate, nec semper coincidunt cum vera moralitate; imo nec « boni mores », de quibus sermo est in legislatione civili, semper referunt moralitatem veram.

c) Theologia moralis est, quoad nucleum suum, *scientia* eodem sensu ac theologia dogmatica. (De charactere scientifico theologiae in genere agitur in introductione ad theologiam, vel in theologia fundamentali). Cum sit speculativa et methodica, 1° - non se refert ad ea sola, quae circa vitam moralem christianam ab Ecclesia ut revelata proponuntur, sed ad omnia, quae circa hanc vitam revelata sunt vel cum revelatis necessario cohaerent; 2° - se refert non ad ea sola, quae directe circa vitam moralem proponuntur, sed etiam ad illas veritates (revelatas, vel ab Ecclesia propositas), ex quibus aliquid pro vita morali consequitur (cogita v.g. consequentias ex facto revelato finis supernaturalis, vel Esse sacramentalis; imo ex factis naturalibus revelatis, v.g. creationis, libertatis, etc.); 3° - utitur omnibus methodis, quae nobis in scientia theologica praesto sunt.

Theologia moralis practice tamen ultra nucleum suum principalem, de quo diximus, procedit et procedere debet. Necessario utitur etiam aliis scientiis (psychologia, sociologia, etc.) et experientia, ut scientia moralis theologica applicetur vitae practicae.

Unde de discussione, *utrum theologia moralis sit scientia speculativa an practica*, sic dicendum videtur: 1° - Quatenus insistit in *veritate* boni moralis, certo est speculativa. 2° - Quia autem veritas moralis est veritas de *bono*, theologia moralis simul est practica, i.e. se imponens voluntati et dirigens vitam. 3° - Quaerunt theologi ulterius de theologia morali *practico-practica*.

Hoc nomine tamen minus opportune vocaretur expositio casuistica (cfr. infra II, 2c); nam iudicia quae proponuntur in expositione casuistica sunt iudicia vere universalia, unde minus practico-pratica. MARITAIN sic vocat illam theologiam moralem, quae magis proxime actionem praeparat: utendo experientia, datis psychologiae, etc.[1]

2. COMPARATIO CUM ETHICA PHILOSOPHICA ET ALIIS SCIENTIIS THEOLOGICIS

a) *Relatio ad ethicam philosophicam*

Ethica philosophica pro *obiecto* (materiali) habet — sub aspectu morali — hominem realiter existentem, quatenus hic subest nostrae experientiae et scientiae. Unde non respicit ea elementa supernaturalia hominis, eorumque effectus, de quibus naturaliter nihil scimus. Unicum medium cognitionis ethicae est intellectus naturalis, intrinsece independens ab illuminatione per fidem. De possibilitate ethicae naturalis eiusque valore in theologia magis dicendum est infra, ubi de lege naturali agimus (maxime in § 6). Hic duo notentur: primo, quod ethica naturalis (vera) pertinet ad *praeambula* illius fidei, in quam theologia moralis reflectit; secundo, quod simul est — substantialiter sumpta — *pars integralis* theologiae moralis, ut ipsa revelatio nos docet.

NOTA: 1° - Non raro legitur ethicam philosophicam agere de homine *hypothetico*, i.e. de homine cum fine naturali hypothetico[2]. Quod minus feliciter dicitur. Etenim ethica potius respicit finem hominis *in genere*, nec affirmans eum esse naturalem, nec negans eum esse supernaturalem; — cui non obstat, quod aliqui auctores ponunt quaestionem, qualis esset realizatio finis ultimi in statu hypothetico hominis pure naturalis. 2° - Consequenter non videtur admittenda opinio MARITAIN[3], quae ethicam habet

---

[1] De hac quaestione videas: O. LOTTIN, *Morale fondamentale*, Louvain 1954, 2-12 (cum bibliographia).

[2] Sic v.g. M. ZALBA, *Theol. Mor. Summa*, [2]I, n. 2e. E contra, I. DE FINANCE, *Ethica generalis*, Romae 1959, n. 7.

[3] J. MARITAIN, *Distinguer pour unir ou les degrés du savoir*, Paris 1932. — ID., *De la philosophie chrétienne*, Paris 1933. — ID., *Science et sagesse*, Paris 1935. — *Consentit* v.g. M. LABOURDETTE, in: RevueThom 48 (1948) 142-179. — Alii *contradicunt*, v.g. C. BOYER, in: Greg 29 (1948)

ut scientiam philosophicam *theologiae subalternatam*. Ipse enim putat ethicam non posse agere de homine vere existente, nisi ex theologia (vel fide) noverit verum finem (supernaturalem) hominis. Iam diximus: philosophia potest agere de fine hominis *in genere*, qui vere est finis hominis existentis, etsi modo supernaturali realizandus.

b) *Relatio ad alias disciplinas theologicas*

Theologia dogmatica et theologia moralis (si haec — saltem quoad nucleum eius — intelligitur ut speculativa-methodica) per se et formaliter sunt una eademque scientia. Quoad *materiam* autem tractandam habetur divisio potius *practica*, quatenus *theologia dogmatica* minus agit de quaestionibus practicis, etsi eas non excludat (cfr. v.g. tractatum de virtutibus theologicis et de gratia). Ceterum, si distinguitur inter « fidem » et « mores », attendendum est, quod etiam veritates de moribus « credendae » sunt. *Theologia moralis*, e contra, potius agit de quaestionibus practicis; imo, ut diximus, simul cum theologicis tractat quaestiones quoque non-theologicas circa applicationem ad actionem [*]. — Relatio ad theologiam fundamentalem est eadem ac theologiae dogmaticae ad theologiam fundamentalem.

Theologia ascetica [5] (seu spiritualis) certo *non* distinguitur a theologia morali eo sensu, ac si haec ageret de obligatorio, illa de consiliis. Obiectum theologiae moralis enim non est solum id, quod est *obligatorium*, sed omne id quod est moraliter *bonum* in vita christiana. *Potius dicendum videtur*: theologia ascetica potest considerari ut pars theologiae moralis; *practice*

527-543; J. M. RAMIREZ, in: BullThom 4 (1934-1936) 427-432; in: Div-Thom (Frib.) 14 (1936) 87-122; TH. DEMAN, in: RevueScPhilThéol 23 (1934) 270-280.

[4] De relatione inter theologiam dogmaticam et moralem cfr. K. RAHNER, *Dogmatik*, in: *LexikTheolKirche*, [2] III, 446ss. — ID., *Schriften zur Theologie* I, Einsiedeln 1954, 26. — PH. DELHAYE, *Dogme et Morale*, in: *Problemi scelti di Teologia contemporanea* (Anal. Greg. 68), Roma 1954, 27-39 (cfr.: *Dogme et Morale. Autonomie et assistance mutuelle*: MélScRel 11 [1954] 49-62). — M. J. VIEUJEAN, *Dogmatique et Morale*: RevueEccl-Liège 27 (1935/36) 333-338.

[5] De relatione inter utramque scientiam cfr. C. V. TRUHLAR, *Structura theologica vitae spiritualis*, Romae 1958, 9-12, cum ampla bibliographia (15s). — ID., *Aszetik*, in: *LexikTheolKirche* [2] I, 968-973.

ei reservantur praeprimis ea, quae pertinent ad « intensificatio-
nem » vitae christianae⁶, ita ut — limitibus non praecise indicatis — se habeat ad theologiam moralem, sicut theologia moralis ad theologiam dogmaticam. *Alii* potius meram divisionem
didactice practicam admittunt⁷.

Theologia pastoralis proprie de dirigendis aliis in vita christiana agit. Unde theologia moralis et pastoralis hinc inde, in
rebus practicis tractandis, satis vicinae sunt.

*Ius canonicum*⁸ est de illis, quae ordinantur *ratione boni
communis* societatis ecclesiasticae. Moralitas autem tali ambitu
non plene continetur. Non raro scientia iuris canonici et theologia moralis agunt de eodem obiecto; tunc attente considerandum est differens obiectum formale. Saepe saepius enim,
exposita ordinatione iuris canonici, expositio moralis nondum
est integra. Unde, si in aliquibus punctis theologia moralis contenta esset expositione iuris, expositio esset *insufficiens et minimalistica*; cogita e.g. differentiam expositionis iuridicae et moralis de sanctificatione festorum. Atque facile sic nutriretur *sensus legalisticus*, qui primatum tribuit non intrinsecae rei finalitati et dynamismo gratiae, sed observationi normarum exter-
narum, quae tamquam aliquod minimum omnibus aequali modo
proponuntur. — *In rebus moralibus*, ius canonicum, pari modo
ac alia documenta Ecclesiae, est inter fontes, ex quibus theologia moralis haurire potest, attentione tamen habita ad eius finalitatem restrictam. *In rebus iuridicis*, expositio iuris per se
pertinet ad canonistam; per accidens moralista: 1° - in variis
materiis moralibus potest se referre ad correlativas ordinatio-

---

⁶ Similiter C. V. TRUHLAR, *Structura theologica*, l.c., 9-12.

⁷ Sic R. EGENTER, *Über das Verhältnis von Moraltheologie und Aszetik*,
in: *Theologie in Geschichte und Gegenwart* (ed. J. AUER - H. VOLK),
München 1957, 21-42.

⁸ Cfr. Y. ZEIGER, *De mutua inter Theologiam Moralem et Ius Canonicum habitudine*: PeriodMCL 31 (1942) 333-345. — E. FOGLIASSO,
*Circa la rettificazione dei confini tra la teologia morale ed il diritto cano-
nico*: Salesianum 13 (1951) 381-413. — S. A. MORAN, *La rectificación de
los confines entre la teología moral y el derecho canónico*: RevEspanDer-
Can 7 (1952) 695-699. — J. KLEIN, *Kanonistische und moraltheologische
Normierung in der katholischen Theologie*, Tübingen 1949.

nes iuris; 2° - in aliquibus materiis minoribus ipse potest assumere expositionem iuris, et quidem ob rationes pastorales (ad quas theologia moralis attendit) et didacticas (ad evitandam nempe nimiam eiusdem materiae divisionem in diversas disciplinas)[9].

3. FONTES THEOLOGIAE MORALIS

a) *Fons maxime originarius est revelatio supernaturalis*: continetur in S. Scriptura NT et VT, et in traditione.

Revelatio naturalis, ratione naturali cognoscenda, etiam est quodam sensu fons originarius, sed secundarius et non immediate theologicus. Ex una parte enim nobis manifestat multa, quae revelatio supernaturalis non explicite proponit; ex altera autem parte admittitur in theologia praecise eo, quod revelatio supernaturalis valorem ethicae naturalis — intra ambitum ethicae supernaturaliter revelatae — affirmat.

Tum revelatio supernaturalis tum revelatio naturalis de moralitate hominis *proponuntur ab Ecclesia*: ita ut eius magisterium sit norma *proxima* doctrinae moralis christianae.

b) *Loci theologici, e quibus doctrina moralis hauritur*

S. Scriptura, tum VT tum NT[10]. — Usus tamen VT in re morali difficilior est, quia saepe nobis deficiunt criteria ad sufficienter distinguendum inter doctrinam moralem divinitus revelatam ex una parte, et sententias, narrationes, leges positivas, etc., quae talem revelationem non continent, ex alia parte. In dubio ab usu VT melius abstinendum est; mera descriptio conceptuum moralium tempore VT non immediate inservit theologiae morali. — Usus S. Scripturae non is solus esse debet, qui quaerit *argumenta* pro doctrina morali, sed ulterius opus est *theo-*

---

[9] Cfr. de hac quaestione practica: *Actus Congress. Iur. Romae 1935 habiti*, in: Apollinaris 9 (1936) 17s. 215.

[10] Cfr. PH. DELHAYE, *Le recours à l'Ecriture Sainte dans l'enseignement de la Théologie morale*: BullFacCathLyon 77 (1955, 2) 1-19; 78 (1956, 1) 5-26. — ID., *Le recours à l'Ancien Testament dans l'étude de la théologie morale*: EphTheolLov 31 (1955) 637-657.

logia biblica de re morali: quae quidem maxime monographiis exegetarum exhibetur, sed in theologia morali non prorsus deesse debet [11].

Magisterium Ecclesiae doctrinam moralem proponit *vel infallibiliter* (sive modo docendi ordinario, sive extraordinario), *vel saltem authentice;* de vario valore variorum documentorum magisterii alibi dicitur, maxime in theologia fundamentali. Multum attendendae sunt litterae encyclicae Summorum Pontificum et decreta Congregationum Romanarum, sed etiam liturgia, ius canonicum, approbationes constitutionum ordinum religiosorum, acta canonizationum et beatificationum, etc. — Caute procedendum est in interpretandis documentis Ecclesiae: aliquando sensus ulteriorem determinationem admittit, vel intelligi potest solum ex cognita occasione determinati decreti, vel magis determinatur documentis posterioribus. Unde omnino fieri potest, ut tempore subsequenti appareat quandam vocem in quodam decreto adhibitam sensu restricto interpretandam esse [12].

Doctrina unanimis SS. Patrum vel theologorum (per longius tempus), sine temeritate negligi non potest. Unanimitas, si est tamquam de re ad fidem spectante constituit testimonium fidei Ecclesiae. Unanimitas autem non est asserenda, ubi non probatur; tamen etiam unanimitas, quae *fere* adest, prudenter non deseritur sine gravibus rationibus.

Ecclesia S. THOMAM theologis proposuit doctorem, non tamen denegans auctoritatem aliorum doctorum. S. ALPHONSO DE LIGORIO specialem competere auctoritatem in rebus moralibus practicis Ecclesia saepe significavit (18.5.1803; 26.5.1839; 23.5.1871; maxime SPaen 5.6.1831 [13]: dicitur tum theologos tum confessarios licite sequi sententias S. ALPHONSI; patet: nisi hae sententiae fundentur in suppositis, quae evidenter falsa esse hodie cognoscimus).

---

[11] Bibliographiam quamdam de ethica biblica cfr. in nota B ad calcem huius §.

[12] Cfr. exempla apud G. KELLY, in: TheolStudies 17 (1956) 325-327.

[13] ASS 1 (1865/6) 314. — Nota S. ALPHONSUM nunc patronum constitutum esse confessariorum et eorum qui theologiam moralem docent: AAS 42 (1950) 595ss.

II. THEOLOGIAE MORALIS MUNUS, METHODUS, UNITAS SYSTEMATICA

1. BREVIS DELINEATIO EVOLUTIONIS HISTORICAE THEOLOGIAE MORALIS requiritur ad melius intelligendas quaestiones quae explicabuntur [14].

---

[14] Sicut nolumus describere historiam theologiae moralis, sic nec intendimus dare bibliographiam de hac historia. *Lineam evolutionis historicae* fusius describit B. HÄRING, *Das Gesetz Christi*, 5 Freiburg/Br. 1959. Ibi etiam *amplam collectionem bibliographicam de singulis periodis* praebet, ad quam lectorem remittimus. — *Varii scriptores singularum periodorum* in multis manualibus indicantur, v.g. apud A. VERMEERSCH, *Theol. mor.* I, 4 Romae 1947, 19-38. Cfr. etiam: J. BUND, *Catalogus auctorum, qui scripserunt de theologia morali et practica*, Rothomagi 1900. — H. HURTER, *Nomenclator litterarius Theologiae catholicae*, 6 vol., 3 Innsbruck 1913 (4 I, ib. 1926). — M. GRABMANN, *Geschichte der katholischen Theologie seit dem Ausgang der Väterzeit*, Freiburg/Br. 1933.

DE SINGULIS PERIODIS damus aliquas indicationes magis generales:

De theologia morali in NT monographias generaliores indicamus infra ad calcem huius §, nota B.

De tempore patristico videas patrologias recentiores, cum bibliographia (ALTANER, QUASTEN, STEIDLE). — Ulterius: M. VILLER, *La spiritualité des premiers siècles chrétiens*, Paris 1930 (M. VILLER - K. RAHNER, *Askese und Mystik in der Väterzeit*, Freiburg/Br. 1939). — F. WAGNER, *Der Sittlichkeitsbegriff in der Heiligen Schrift und in der altchristlichen Ethik*, Münster 1931.

De libris paenitentialibus indicationes et bibliographiam habes apud: A. M. STICKLER, *Historia Iuris Can. Latini* I, Taurini 1950. — A. VAN HOVE, *Prolegomena*, 2 Mechlin. 1945.

Quoad scholasticam medioaevalem: O. LOTTIN, *Psychologie et morale aux XIIe et XIIIe siècles*, 4 vol., Gembloux 1942/54. — F. WAGNER, *Der Sittlichkeitsbegriff in der christlichen Ethik des Mittelalters*, Münster 1936. — Monographias scripserunt de ethica ALBERTI M.: H. LAUER; de THOMA AQ.: E. GILSON, A. D. SERTILLANGES, J. MAUSBACH, M. WITTMANN; de BONAVENTURA: E. GILSON; de I. DUNS SCOTO: E. GILSON, J. BINKOWSKY (Die Wertlehre des Duns Skotus).

Quoad ethicam nominalisticam GULIELMI DE OCKHAM cfr.: A. GARVENS, in: FranziskanStudien 21 (1934) 243-273; 360-408. — E. BONKE, in: CollectFranciscana 104 (1944) 57-83. — G. DE LAGARDE, *La naissance de l'esprit laïcque au déclin du Moyen Age*, vol. 4-6, Paris 1943-1946.

De saeculo XVI-XVII: E. MOORE, *La Moral en el Siglo XVI y primera mitad del XVII*, Granada 1956 (bibliogr.).

De tendentiis saec. elapso in Germania ortis: J. DIEBOLT, *La théologie morale catholique en Allemagne au temps du philosophisme et de la restauration 1750-1850*, Strasbourg 1926. — P. HADROSSEK, *Die Bedeutung des Systemgedankens für die Moraltheologie in Deutschland seit der Thomas-*

Nec *Christus* nec *apostoli* proposuerunt completum systema doctrinale moralitatis christianae, sed lineas eius fundamentales et spiritum [15]. — *Scriptores primi temporis patristici* inculcaverunt ideas Scripturae et solutiones pro quaestionibus actualibus, accedentibus paulatim parvis monographiis (maxime de martyrio et virginitate). Mox tractaverunt etiam quaestiones profundiores de legis christianae relatione ad philosophiam paganam et de eius ratione supernaturali. Quaestiones systematicae tractari incipiunt praeprimis a CLEMENTE ALEX. et ORIGENE. AMBROSIUS systematice-casuistice de officiis scribit; AUGUSTINUS profundissime plurimas quaestiones morales tractat: theologice, philosophice, psychologice; GREGORIUS M. de variis quaestionibus potius pastoralibus agit. — *Saecula subsequentia* tradunt plus minusve doctrinas Patrum, etiam in libris « de virtutibus et vitiis », qui tunc temporis scribi incipiunt (et per saecula scribentur). Ulterius, inde a saeculo VI°, in occidente ortum habent et multum per saecula sparguntur *libri paenitentiales*: catalogi peccatorum vel potius paenitentiarum, a confessario imponendarum pro singulis peccatis.

Alto medio aevo scholastici tandem perveniunt ad exponendum modo vere systematico doctrinam fidei, inclusis quaestionibus moralibus (v. g. PETRUS LOMB., ALBERTUS M., THOMAS AQU., BONAVENTURA, IOA. DUNS SCOTUS, etc.). Doctrina moralis autem ponitur *intra* totum doctrinae fidei, quasi effluens ex veritatibus creationis et redemptionis: non habetur ergo theologia moralis separata a doctrina fidei. Imo, apud multos (cfr. S. THOMAM, *STh* I-II et II-II) doctrina moralis proponitur minus ut doctrina de homine, tendente ad finem suum, quam de Deo, disponente de homine. Non obstante influxu philosophiae aristotelicae, servatur unitas tractationis philosophicae et theologicae, naturalis et supernaturalis. — Eodem tempore, sicut et saeculis sequentibus, magni habentur auctores *mystico-ascetici* (BERNHARDUS CL., VICTORINI, ECKEHARDUS, GERSON, etc.). — Eodem item tempore novum genus litterarium, substituens libros paenitentiales, ortum habet et usque ad saeculum XVI floret: *Summae confessariorum*, libri potius practici et casuistici ad utilitatem confessariorum (v. g. Summa RAYMUNDI A PEÑAFORT, *Astesana, Pisana, Sylvestrina,* ANTONINI, IOA. FRIBURGENSIS; postea CAIETANI, FRANC. DE TOLEDO, etc.).

Nominalismus saec. XIV et XV magnum exercuit influxum in theologiam moralem saeculorum sequentium: quatenus (aliter ac theologia scholastica) minus insistit in ordine rerum quam in voluntate legislatoris; quatenus minus attendit ad habitus et virtutes quam ad singulos singulorum actus; quatenus multum se convertit ad concreta (v.g. ad iustitiam in commercio servandam).

Saeculum XVI: 1° - praebet optima commentaria in partes morales Summae Aquinatis (CONR. KOELLIN, CAIETANUS; FRANC. DE VITORIA, cum sub-

---

renaissance, München 1950. — E. HIRSCHBRICH, *Die Entwicklung der Moraltheologie im deutschen Sprachgebiet seit der Jahrhundertwende,* Klosterneuerburg 1959.

[15] Cfr. notam bibliographicam B ad calcem huius §.

sequenti schola theologica Salmanticensi: MELCH. CANO, DOM. SOTO, BARTH. A MEDINA, D. BAÑEZ; Iesuitae: FRANC. DE TOLEDO, GREGOR. A VALENTIA, G. VASQUEZ, FRANC. SUAREZ); 2° - introducit *studia monographica, maxime de quaestionibus iuris* (ius naturale!) (v.g. FRANC. DE VITORIA [ius gentium], LUDOV. MOLINA et LEONH. LESSIUS et JOH. DE LUGO [de iustitia et iure], FRANC. SUAREZ [de legibus], THOM. SANCHEZ [de matrimonio], etc.); 3° - *ortum dat theologiae morali separatae a dogmate: « Institutiones morales »*, *quae sunt initium manualium theologiae moralis.* Conversio ad concreta, tempore nominalismi orta, influxum habet in omnibus operibus huius saeculi, maxime autem in his *Institutionibus.* In eis minus est quaestio de scientia theologica colenda, quam de conscientia hominum recte formanda; *unde maxime confessarios instruere intendunt*: expositis principiis generalibus, docetur de praeceptis decalogi, de praeceptis Ecclesiae, de sacramentis. Consequenter huiusmodi *Institutiones* etiam superfluos reddunt *libros confessariorum.* Omnibus futuris exemplo sunt *Institutiones morales* IOANNIS AZOR, S. J., editae 1600-1611. Hic typus *usque hodie* repetitur: non excepto ipso S. ALPHONSO DE LIGUORI. — Scopus harum Institutionum, formandi nempe conscientias, nobis explicat, cur *saeculis XVII et XVIII°* tantopere in theologia morali dominare potuerit discussio de systematibus moralibus formandi conscientiam in casu dubii (excipias notissimum *Cursum theologiae moralis* Salmanticensium, quem ceterum distinguas a praecedenti *Cursu theologico* Salmanticensium).

Tempore rationalismi multi moralistae iam non reproducunt typum *Institutionum moralium,* sed sequuntur potius speculationes philosophorum modernorum. Hoc tamen non exclusive; studia recentiora potius ostendunt non pauca manualia tempore illuminismi fuisse vere theologica, et quidem plus quam manualia « traditionalia » (*Institutiones*). — *In Germania inde ab initio saeculi* XIX, duce schola Tubingensi (maxime J. M. SAILER et I. B. HIRSCHER), apparuit alius typus manualium magis dynamicus et personalis quam normativus et casuisticus, magis ad vitam christianam intelligendam et formandam directus quam ad confessarios instruendos, magis expresse christianus, theologicus, scripturisticus quam rationalis et « naturalis ». Alii theologi postea hanc tendentiam partim quidem retinent, redeunt tamen magis ad theologiam scholasticam, nec casuisticam plene excludunt (v.g. SIMAR, SCHWANE, MAUSBACH, SCHILLING). — Inter duo bella mundialia, cum opere FR. TILLMANN (*Handbuch der katholischen Sittenlehre,* maxime vol. III et IV, 1 ac 2), novus iterum motus incipit — non sine influxu SAILER et HIRSCHER —, qui velit superare characterem *Institutionum moralium,* et expositionem doctrinae moralis efficere magis theologicam et cohaerentem cum dogmate, scripturisticam, personalem et organico-dynamicam, formativam hominum (non solum confessariorum), atque simul scientificam (non mere practicam). Consequenter quaerunt ideam quamdam centralem expositionis, imo unum et unicum principium totius theologiae moralis. De quibus tendentiis dicetur infra (4).

2. Munus theologiae moralis multiplex est:

a) *Theologia moralis praeprimis elaborare debet sensum, characterem atque proprietatem moralitatis christianae.* En quaedam elementa: « homo — in Christo » ut subiectum morale; sacramenta ut consecratio et deputatio; Deus per Spiritum Christi unumquemque personaliter vocans; character christocentricus vitae moralis; lex moralis (naturalis-supernaturalis) ut revelata et ab Ecclesia proposita, eiusque functiones; legis christianae fundamentum christologicum, elementum naturale, evolutio historica; moralitatis character simul « individualis » et « socialis ». Atque patet: non solum attendendum esse ad *normas morales*, sed etiam ad hominis christiani *evolutionem personalem;* homo enim per activitatem moralem modo *personali* realizat suum Esse. et per hoc exprimit seipsum (i.e. intimam suam voluntatem) coram Deo.

b) *Principia moralia, i.e. normae,* sive maxime generales sive satis particulares, solide elaborandae et demonstrandae sunt, tum ex fontibus theologicis tum ex ratione. Relatio normarum ad veritates theologiae dogmaticae, et earum fundatio in his veritatibus, quoad fieri potest, monstranda est. Item cohaerentia variarum normarum inter se ostendenda est. Tandem explicari debet sensus et valor moralis normarum, ut aestimatio earum excitetur.

c) *Expositio casuistica,* applicando principia magis generalia ad casus magis particulares, ex una parte ducit — exemplificando — ad melius perspiciendum sensum et vim principiorum, ex alia parte gignit normas magis particulares et practicas (quae tamen sunt normae vere universales). — Sub aspectu practico solutio casuum format habilitatem iudicandi sub aspectu morali realitatem magis complexam quam est ea, quae solis principiis sat generalibus iudicatur. Praeparat sic ad bene aestimandum tum principia generalia tum condiciones particulares et subiectivas, ad considerandum tum limites obligationum tum bonum ac optimum pro condicione concreta. — Casuistica tamen limites habet: ne sibi proponat ridicula; ne praeferat summam casuum principiis bene perspectis et habilitati bene iudicandi sub luce principiorum; ne insistat potius in limite minimo quam in concreto optimo; ne omittat attendere ad animum internum prae mera cura actus externi. — Nota multos adversarios, v.g. protestantes, ut casuisticam habere omnem ethicam, quae admittit normas vere universales et absolute in omni casu correlativo applicandas, — ut facit theologia moralis catholica [16].

d) *Phaenomenologia*, sive vitae moralis humanae et christianae in genere, sive variarum virtutum, iuvat ad melius percipiendum valorem moralitatis et ad plenius realizandos hos valores [17].

e) Theologia moralis, quatenus est normativa, *praeprimis debet monstrare ideale moralitatis christianae, secundario — etsi necessario — limites* inter bonum et malum, inter grave et leve, inter praeceptum et consilium. Simul debet distinguere inter ideale in abstracto et optimum pro unoquoque in concreto, secundum condicionem eius personalem et motum gratiae. Tandem, quatenus est practica, simul docere debet *modum* realizandi personaliter moralitatem christianam et appetendi eius ideale; — haec tamen *partim* exponenda relinquuntur theologiae pastorali et asceticae.

f) *Scientiae subsidiariae* plus minusve a moralista cognoscendae vel etiam exponendae sunt, nisi hoc ad aliam disciplinam remittatur: maxime psychologia, sed etiam sociologia, ius, etc.

3. METHODUS THEOLOGIAE MORALIS ITEM MULTIPLEX EST, ut patet ex dictis in praecedentibus. Non obstat praedilectio diversorum theologorum pro una vel alia methodo, dummodo necessitates et limites variarum methodorum satis attendantur.

---

[16] Cfr. E. HAMEL, *Valeur et limites de la casuistique*: ScEcclés 11 (1959) 147-173 (bibliogr.). — E. DUBLANCHY, *Casuistique*, in: *DictThéolCath* 2, 1859-1870. — R. EGENTER, *Kasuistik als christliche Situationsethik*: MünchTheolZeitschrift 1, 4 (1950) 54-65. — M. PRIBILLA, *Klugheit und Kasuistik*: Stimmen d. Zeit 133 (1937/8) 205-216. — J. KLEIN, *Ursprung und Grenzen der Kasuistik*, in: *Aus Theologie und Philosophie* (ed. TH. STEINBÜCHEL - TH. MÜNCKER), Düsseldorf (1950), 229-245.

[17] Maximo cum fructu leguntur, de aspectu phaenomenologico, opera M. SCHELER et D. VON HILDEBRAND.

Methodus positiva, hauriens ex fontibus theologicis, per se aeque colenda est ac in theologia dogmatica. Idem dicendum de *methodo scholastica*, quae in ratione theologica exponenda insistit. Et plus quam in theologia dogmatica, in theologia morali opus est ratione naturali (ad cognoscendam nempe legem naturalem), quia magna pars normarum moralitatis christianae hoc solum modo cognosci potest; — nisi tamen possibile est deferendi multa ad ethicam philosophicam. *Methodus phaenomenologica* utilissima praebet. *Expositio mystica*, explicans, quid vere sit vita in Christo, eiusque evolutio, negligenda non est; nec *expositio ascetica*, quae naturam et methodum progressus in vita christiana explicat. Necessitas *methodi casuisticae*, quae maneat intra limites prudentiae, nimis evidens est.

4. Unitas systematica theologiae moralis

a) *In libris manualibus* [18] *ordinarie*, secundum traditionem « Institutionum », distinguitur theologia moralis « generalis » (vel: « fundamentalis », vel: « de principiis ») a theologia morali « speciali ».

Theologia moralis generalis solet agere de actibus humanis (psychologia!) et moralibus, de lege, de conscientia, de peccatis et vitiis. Recenter tamen, sub influxu Sailer, Hirscher, etc., quidam auctores has quaestiones remittunt, maxima saltem ex parte, ad philosophiam et psychologiam (v.g. Tillmann et Reding). Sic tamen videtur nimis negligi character theologicus multarum quaestionum huius tractatus; imo, consequenter, etiam in theologia morali speciali omnes quaestiones legis naturalis remittendae essent ad philosophiam. Tillmann loco theologiae moralis generalis ponit tractatum de moralitate christiana ut sequela Christi, et hunc quidem potius unilateraliter in forma theologiae bibiicae.

Theologia moralis specialis aliter ab aliis dividitur: v.g. secundum virtutes (ut fecit S. Thomas), vel secundum varia obiecta (bona), vel secundum habitudinem hominis ad Deum — proximum — seipsum, vel secundum sacramenta, vel secundum decalogum (i.e. non secundum rationes intrinsecas: sed sub unoquoque praecepto agitur de quaestionibus cum eo cohaerentibus). Inseri solent praecipua praecepta ecclesiastica. Ordinarie auctores — exceptis illis, qui tendunt cum Sailer, etc. — addunt tractatum (potius canonicum) de sacramentis, imo quandoque etiam de aliis quaestionibus canonicis, uti v.g. de poenis ecclesiasticis. — Patet: diversi modi dividendi materiam facile manifestant diversam quoque intentionem auctorum, i.e. vel instruendi potius confessarios, vel procedendi modo magis systematico-scientifico, etc. [19]

---

[18] Elenchum vide in nota A ad calcem huius §.

[19] G. Ermecke theologiae morali generali vult praemittere « theologiam moralem fundamentalem », quae ageret de fundamentis ethicae nor-

b) *Hodie* multi, ultra expositionem bene ordinatam secundum criteria scientifice fundata, desiderant expositionem ita organizatam, ut haec explicet per totam tractationem *unam aliquam ideam centralem* (v.g. imitationem Christi, corpus Christi mysticum, regnum Dei, caritatem, Esse sacramentale, dialogum divinohumanum) [20]; tali modo non solum exhibetur cohaerentia intrinseca totius materiae sub determinato quodam aspectu, sed simul expositio acquirit quemdam valorem « kerygmaticum » - formativum. — Imo, non pauci accuratius inquirunt, qualenam sit theoretice *principium verum et unicum theologiae moralis*, et quidem principium quod sit tale tum obiective quoad se tum su-

---

mativae: de Esse hominis metaphysice et theologice spectato, de quaestionibus psychologicis, sociologicis, asceticis. Auctor tamen videtur errare, si putat hanc theologiam moralem fundamentalem (qui terminus ceterum pro theologia morali generali iam diu in usu est) se habere ad theologiam moralem eodem modo ac theologia fundamentalis se habet ad theologiam dogmaticam;· nam ipsa theologia fundamentalis praestat theologiae morali idem ac id quod praestat theologiae dogmaticae. Cfr. J. MAUSBACH - G. ERMECKE, *Katholische Moraltheologie* I, [9] Münster/W. 1959, 1-18.

[20] EXEMPLA QUAEDAM: *Idea centralis* « *imitationis Christi* » praevalet apud F. TILLMANN, *Die Idee der Nachfolge Christi* (*Handbuch der kath. Sittenlehre* III), [4] Düsseldorf 1953. Item apud B. HÄRING, *Das Gesetz Christi*, [5] Freiburg/Br. 1959, necnon suo modo apud J. MAUSBACH - G. ERMECKE, *Katholische Moraltheologie* I, [9] Münster 1959. — *Ideam centralem* « *corporis Christi mystici* » urget E. MERSCH, *Morale et corps mystique*, 2 vol., [3] Louvain 1949. Quoad asceticam: F. JÜRGENSMEIER, *Der mystische Leib Christi als Grundprinzip der Aszetik*, [7] Paderborn 1938. — *Ideam centralem* « *regni Dei* » exhibet (post J. B. HIRSCHER): J. STELZENBERGER, *Lehrbuch der Moraltheologie*, Paderborn 1953. Cfr. quoad NT: R. SCHNAKENBURG, *Die sittliche Botschaft des Neuen Testamentes*, München 1954. — *Ideam centralem* « *caritatis* » postulat: G. GILLEMAN, *Le primat de la charité en théologie morale*, [2] Louvain 1954. In morali speciali eam exhibet B. HÄRING, op. cit. Cfr. relationem nostram de his conatibus: *Die Liebe als Aufbauprinzip der Moraltheologie*: Scholastik 29 (1954) 79-87. — *Ideam centralem* « *hominis sacramentalis* » multum exhibet B. HÄRING, op. cit. Pro ascetica eam centralem habet: C. FECKES, *Die Lehre vom christlichen Vollkommenheitsstreben*, [2] Freiburg/Br. 1953. Cfr. G. ERMECKE, *Die Stufen der sakramentalen Christusbildlichkeit als Einteilungsprinzip der speziellen Moral*, in: *Aus Theologie und Philosophie* (ed. TH. STEINBÜCHEL et Th. MÜNCKER), Düsseldorf 1950, 35-48. — TH. STEINBÜCHEL, *Religion und Moral im Lichte christlicher personaler Existenz*, Frankfurt/M. (1951). — *Ideam centralem* « *dialogi personalis* » inter Deum et hominem multum exhibet B. HÄRING, op. cit. Cfr. TH. STEINBÜCHEL, *Religion und Moral*, l.c.

biective quoad nos [21]. Ad evitandas autem confusiones et discussiones non-necessarias in his quaestionibus, semper bene attendendum est: principium quoad se et quoad nos non esse necessario idem; principia posse esse magis remota vel proxima (cfr.: Deus — Christus — natura humana); alia principia manere satis generica et formalia (v.g. « evolvere Esse naturale - supernaturale hominis), alia esse magis materialia et explicativa [22].

NOTAE BIBLIOGRAPHICAE

A. Libri manuales qui hodie magis in usu sunt

(a) *In lingua latina*

J. AERTNYS - C. A. DAMEN, C.SS.R., *Theologia moralis*, [17]Taurini 1956/8.

L. J. FANFANI, O.P., *Manuale theorico-practicum theologiae moralis*, Romae 1950.

I. B. FERRERES - A. MONDRÍA, S.I., *Compendium theologiae moralis*, [17] Barcinone 1949/50.

E. GÉNICOT - I. SALSMANS - A. GOETEBECKE, S.I., *Institutiones theologiae moralis*, [17] Bruxellis (1951).

F. HÜRTH - P. M. ABELLÁN, *Notae ad praelectiones theologiae moralis* (Ad usum priv. auditorum), Romae 1947/8.

TH. A. IORIO, S. I., *Theologia moralis*, [8]Neapoli 1953/4.

A. LANZA - P. PALAZZINI, *Theologia moralis*, I (1949), II, 1 (1955), Appendix (*De castit.*) 1953, Taurini.

---

[21] De « *principio* » *theologiae moralis videas*: R. CARPENTIER, *Vers une morale de la charité*: Greg 34 (1935) 32-55. — G. ERMECKE, *Das Einheitsprinzip in der christlichen Lebensgestaltung*: Theologie u. Seelsorge 1944, 157-168. — J. FUCHS, *Die Liebe als Aufbauprinzip*, l.c. (n. 20). — P. HADROSSEK, *Die Bedeutung des Systemgedankens für die Moraltheologie in Deutschland seit der Thomasrenaissance*, München 1950. — J. KRAUS, *Zum Problem des christozentrischen Aufbaues der Moraltheologie*: DivThom (Frib.) 30 (1952) 257-272. — N. KRAUTWIG, « *Entfaltung der Herrlichkeit Christi* ». *Eine Wesensbestimmung katholischer Moraltheologie*: Wiss-Weish 7 (1940) 73-99. — O. SCHILLING, *Das Prinzip der Moral*: Theol-Quartalschrift 119 (1938) 419-426. — ID., *Mein moraltheologisches System*: ib. 132 (1952) 288-296. — F. TILLMANN, *Um eine katholische Sittenlehre*, in: *Menschenkunde im Dienste der Seelsorge und Erziehung* (ed. W. HEINEN - J. HÖFFNER), Trier 1948, 9-19. — Cfr. etiam L.-B. GILLON, *L'imitation du Christ et la morale de saint Thomas*: Angelicum 36 (1959) 263-286.

[22] Ad calcem §, in n. C, indicamus aliquam bibliographiam circa discussionem de theologia morali renovanda.

B. H. Merkelbach, O.P., *Summa theologiae moralis*, [8] 1949.

P. Lumbreras, O.P., *Praelectiones in secundam partem D. Thomae*, Romae 1935-1959.

H. Noldin - G. Heinzel. S.I., *Summa theologiae moralis*, [31] I-III (1955); *De castit.* [35] (1956); *De poenis* [37] (1956), Oeniponte.

A. Peinador, *Cursus brevior theologiae moralis*, Madrid 1946.

L. Rodrigo, S.I., *Praelectiones Theologico-Morales Comillenses*, II (*De lege*) et III, 1/2 (*De consc.*), Santander 1944/1954/1956.

D. M. Prümmer - J. Overbeck, O.P., *Manuale theologiae moralis*, [13] Barcinone, - Supplementum, ib. 1958.

A. Vermeersch - J. Creusen, S.J., *Theologiae moralis principia-responsa-consilia*, [4] II (1947), [3] II (1945), [4] III (1948), [4] IV, (1954), Romae.

M. Zalba, S.I., *Theologiae Moralis Summa*, [2] Matriti 1957/8.

Ante pauca decennia adhuc multum in usu erant: Lehmkuhl, Bucceroni, Tanqueray, Bouquillon (th. m. fundamentalis), Wouters, Konings, Marc-Raus, Ballerini-Palmieri, d'Annibale, Loiana-Grizzana, etc.

(b) *In linguis modernis*

H. Davis - L. W. Geddes, Moral and Pastoral Theology, London 1958.

G. B. Guzzetti, *La morale Cattolica*, Torino 1955-1957.

B. Häring, C.SS.R., *Das Gesetz Christi. Moraltheologie, dargestellt für Priester und Laien*, [5] Freiburg/Br. 1959. — Habentur versiones operis in varias linguas.

Initiation théologique, III, Paris 1952.

A. Lanza - P. Palazzini, *Principi di teologia morale*, Roma (1946-1956).

O. Lottin, *Morale fondamentale*, Tournai 1954.

J. Mausbach - G. Ermecke, *Katholische Moraltheologie*, [9] I (1959), [11] II (1959), [9] III (1953), Münster. — Versio italica.

M. Reding (ed.), *Handbuch der Moraltheologie*, München, inde ab a. 1953; exstant vol. 1, 4, 6, 9, 10, 11.

O. Schilling, *Handbuch der Moraltheologie*, Stuttgart 1952-1957.

J. Stelzenberger, *Lehrbuch der Moraltheologie*, Paderborn 1953.

F. Tillmann, *Handbuch der katholischen Sittenlehre*: I, 1/2: Th. Steinbüchel, *Die philosophische Grundlegung*, [4] 1951; II: Th. Müncker, *Die psychologischen Grundlagen*, [4] 1953; III: F. Tillmann, *Die Idee der Nachfolge Christi*, [4] 1953; IV, 1/2: Iz., *Die Verwirklichung der Nachfolge Christi*, [4] 1950; V. W. Schöllgen, *Die soziologischen Grundlagen*, [1] 1953.

I. Vittrant, *Theologie morale*, [19] Paris 1948.

Cfr. etiam: *Dizionario di teologia morale*, ed. a. F. Roberti, [2] Romae 1957.

Nota aliqua ex his operibus scripta esse etiam, vel praeprimis, pro laicis, v.g. Lanza-Palazzini, item: *Dizionario di teologia morale*, et: *Initiation théologique*.

(c) *Casus conscientiae ediderunt:*

P. PALAZZINI - A. DE JORIO (ed.), *Casus conscientiae*, 2 vol., Taurini
1958. — E. GÉNICOT - L. SALSMANS, *Casus conscientiae*, 2 vol., 8 Bruxelles
1947. — F. TER HAAR, *Casus conscientiae,* 2 vol., Taurini 1939. — J. MC
CARTHY, *Problems in Theology*, 2 vol., Dublin 1956/60. — E. J. MAHONEY,
Questions and answers, London 1949. — ID., *Priest's Problems*, 3 London
1960. — Ulterius, initio huius saeculi: A. LEHMKUHL, I. BUCCERONI, I. B.
FERRERES, AE. BERARDI, C. GENNARI, TH. SLATER.

APPENDIX: *Libri « ethicae theologicae » protestantium*

P. ALTHAUS, *Grundriss der Ethik*, 2 Gütersloh 1953. — D. BONHOEFFER,
Ethik, 4 München 1958. — E. BRUNNER, *Das Gebot und die Ordnungen*,
4 1945. — W. ELERT, *Das christliche Ethos*, Tübingen 1949. — N. N.
SØE, *Christliche Ethik*, München 1949. — H. THIELICKE, *Theologische
Ethik*, I et II, 1/2, Tübingen 1951/1955/1958. — W. TRILLHAAS, *Ethik*,
Berlin 1959. — G. WEHRUNG, *Welt und Reich. Grundlegung und Aufbau
der Ethik*, Stuttgart 1952. — H. VAN OEYEN, *Evangelische Ethik*, I et II,
Basel (s.a.). — Etiam: K. BARTH, *Die kirchliche Dogmatik*, maxime II, 2;
III, 4; IV, 2.

De ethica protestantium hodierna cfr.: H. H. SCHREY (prot.), *Die
protestantische Ethik der Gegenwart*, in: *Moralprobleme im Umbruch der
Zeit* (ed. V. REDLICH), München 1957, 41-65.

B. Generaliora de ethica biblica

P. AUDET, *La morale de l'Evangile:* Vie Spir, Suppl. n. 4 (1951) 153-
170. — K. BENZ, *Die Ethik des hl. Paulus*, Freiburg/Br. 1912. — J. BON-
SIRVEN, *Les enseignements de Jésus*, Paris 1946. — L. BOUVET, *L'ascèse
de saint Paul*, Lyon 1936. — A. DESCAMPS, *Les justes et le justice dans
les évangiles et le christianisme primitif*, Louvain 1950. — L. DEWAR,
An outline of New Testament ethics, Philadelphia 1950. — J. DUPERAY,
Le Christ dans la vie chrétienne d'après S. Paul, Paris 1928. — J. HER-
KENRATH, *Die Ethik Jesu*, Bonn 1926. — J. HUBY, *Mystique Paulinienne
et Johannique*, Paris 1946. — J. M. LAGRANGE, *La Morale de l'Evangile*,
Paris 1931. A. MEUNIER, *La Morale de l'Evangile:* RevEcclLiège 39 (1952)
208-226. — L. NIEDER, *Die Motive der religiös-sittlichen Paränese in
den paulinischen Gemeindebriefen*, München 1956. — O. PRUNET, *La mo-
rale chrétienne d'après les écrits johanniques*, Paris 1957. — R. SCHNAK-
KENBURG, *Die sittliche Botschaft des Neuen Testamentes*, München 1954.
— C. SPICQ, *La morale du Nouveau Testament*, in: *Initiation Théologique*
III. Paris 1952, 37-62. — ID., *Vie morale et Trinité Sainte selon
S. Paul*, Paris 1957. — G. STAFFELBACH, *Die Vereinigung mit Christus*

als Prinsip der Moral bei Paulus, Freiburg/Br. 1932. — A. WIKENHAUSER, *Die Christusmystik des hl. Paulus*, ² Freiburg/Br. 1956. — A. DESCAMPS - C. SPICQ - J. M. BRAUN, in: *Morale chrétienne et requêtes contemporaines*, Tournai 1954. — A. GRAIL - J. SCHMITT - J. GILBERT - Y. B. TREMEL - C. SPICQ, in: *Grandes Lignes de la Morale du Nouveau Testament*: LumièreVie, n. 21 (1955) 3-123.

C. De « renovanda » theologia morali

Colligimus quaedam, quae de hac quaestione ultimis decenniis scripta sunt. *Addenda sunt ea, quae iam indicavimus* de quaestione alicuius « ideae centralis » in expositione theologiae moralis (supra n. 20), de « principio » theologiae moralis (supra n. 21), de relatione theologiae moralis ad theologiam dogmaticam (supra n. 4) et disciplinam iuris canonici (supra n. 8), de casuistica (supra n. 16).

ALF. AUER, *Anliegen heutiger Moraltheologie*: TheolQuartalschrift 138 (1958) 275-306. — F. BÖCKLE, *Bestrebungen in der Moraltheologie*, in: *Fragen der Theologie heute* (ed. J. FEINER, J. TRÜTSCH, F. BÖCKLE), Einsiedeln 1957, 425-446. — F. CLARK, *The Challenge to Moral Theology*: ClergyRev 38 (1953) 214-223. — W. CONWAY, *The science of Moral. New Trends*: IrishTheolQuarterly 22 (1955), 154-158. — G. CREUSEN, *Spirito e metodo nell'insegnamento della Teologia Morale*, in: *Questioni attuali di teol. mor.* (Tre giorni ... 1958), Torino (s.a.). — PH. DELHAYE, *La théologie morale d'hier et d'aujourd'hui*: RevueScRel 27 (1953) 112-130. — ID., *Die gegenwärtigen Bestrebungen der Moralwissenschaft in Frankreich*, in: V. REDLICH (ed.), *Moralprobleme im Umbruch der Zeit*, München 1957, 13-39. — G. ERMECKE, *Die katholische Moraltheologie heute. Ein Beitrag zu ihrer Weiterentwicklung*: TheolGlaube 41 (1951) 127-142. — J. C. FORD - G. KELLY, *Contemporary Moral Theology* I, 60-103. — L.-B. GILLON, *La théologie morale et l'éthique de l'exemplarité personnelle*: Angelicum 34 (1957) 241-259. 361-378. — B. HÄRING, *Moraltheologie in Bewegung*: TheologischerDigest 2 (1959) 1-7. — R. HOFMANN, *Moraltheologie und christliches Gesinnungsethos*: MünchTheolZeitschrift 1,1 (1950) 53-63. — O. KARRER, *Moraltheologie in der Selbstprüfung*: Hochland 48 (1955) 165-172. — J. LECLERQ, *L'enseignement de la Morale chrétienne*, Paris 1950. — ID., *Die neuen Gesichtspunkte unserer Zeit in der Erforschung der Moral*, in: V. REDLICH (ed.), *Moralprobleme*, l.c., 1-12. — O. LOTTIN, *Morale pour chrétiens et Morale pour confesseurs*: EphTheolLov 35 (1959) 410-422. — B. OLIVIER, *La morale des manuels*: VieSpir, Suppl. n. 27 (1953) 381-400. — C. ROBERT, *Chronique de Théologie Morale*: RevueScRel 23 (1949). — O. SCHILLING, *Reform der Moraltheologie?* TheolPrQuartalschrift 92 (1939) 451-456. — W. SCHÖLLGEN, *Ein halbes Jahrhundert Moraltheologie*: Hochland 46 (1954) 370-376. — G. THILS, *Tendances actuelles en théologie morale*, Gembloux 1940. — M. ZALBA, *Exposición de la Moral cristiana*: EstudEccl 29 (1955) 65-80. — I. ZEIGER, *Katholische Moraltheologie heute*: Stimmen d. Zeit 68 (1938) 143-153. — ID., *De condicione theologiae moralis moderna*: PeriodMCL 28 (1939) 177-189.

CAPUT PRIMUM

DE MORALITATIS CHRISTIANAE PROPRIETATIBUS ET NORMA OBIECTIVA

§ 2

CONCEPTIO CHRISTIANA VITAE HUMANAE

Quaestio fundamentalis ponenda initio theologiae moralis est: quisnam sit homo, de cuius moralitate agitur, et praeprimis: quaenam sit eius relatio ad Deum. In qua quaestione haec alia includitur: quisnam sit finis vitae hominis. *Homo autem intelligitur ille, quem Deus, mittens Filium suum in hunc mundum, intendit et vult.* Unde *per se* quaestio est de homine, qui operis Christi *plene* particeps factus est, sc. qui vivit in gratia et in Ecclesia Christi. Talem enim hominem Deus per se vult; talis solummodo homo est secundum ideam Dei de homine, et ideo homo « normalis ». *Per accidens* est, si sunt homines, qui realitatem christianam non plene in se exsequuntur.

I. ELEMENTUM PRINCIPALE OPERIS CHRISTI

Maxime evitanda est conceptio « moralistica » operis Christi, quam multi tempore « illuminismi » nutriebant, quasi Christus venisset praeprimis ad docendam et iuvandam moralitatem « hominum ».

1. MUTARE HOMINES IN « FILIOS DEI » EST FINIS PRINCIPALIS OPERIS CHRISTI.

a) Haec est, *secundum S. Ioannem*, ratio caritatis Dei: « Videte qualem caritatem dedit nobis Pater, ut filii Dei nomi-

nemur et *simus*... Carissimi, nunc filii Dei sumus: et nondum
apparuit, quid erimus. Scimus, quoniam cum (Christus) appa-
ruerit, *similes ei* erimus » (*1 Io* 3, 1-3). Caritatem hanc Deus,
qui « ipse prior dilexit nos », nobis fecit mittendo Unigenitum
suum in mundum, « ut *vivamus* per eum » (*1 Io* 4, 8-10). Unde
iam nunc « ex Deo *nati* » sumus (*Io* 1, 11-13), re-nati « ex aqua
et Spritu Sancto » (*Io* 3, 5). — *Secundum S. Paulum*, per communicationem Spiritus Sancti (cfr. *2 Cor* 13, 13; *Rom* 8, 14-16)
sumus filii Dei *per adoptionem* (*Gal* 4, 4s; *Rom* 8, 14-17; *Eph* 1,
5ss), et ideo « *nova creatura* » (*2 Cor* 5, 17; *Gal* 6, 16), facta
« secundum Deum » (*Eph* 4, 24). — *S. Petrus* nos « *divinae con-
sortes naturae* » factos esse praedicat (*2 Petr* 1, 4), sanctificatos
per Spiritum Sanctum (*1 Petr* 1, 2).

Per Christum ergo, *praeter* nostrum « esse-natum », « esse-
creatum », « Esse naturae humanae », *aliud quid* nobis donatum
est, quo sumus nova creatura: quatenus nempe, Spiritu Dei
in baptismo operante — ergo *non* mediante renascentia mere
morali —, ad novam naturam et vitam filiorum Dei nati sumus.
Invenitur sic in homine non sola imago Dei naturalis, quae habetur in creatura spirituali ut tali et est capax cuiusdam cognitionis et amoris Dei, sed etiam *imago Dei supernaturalis*, quae
formaliter et plene consistit in *gratia sanctificante*, cum qua
Deus Trinus in nobis inhabitat (*Io* 14, 23) et operatur. *Hoc
novum Esse relationem nostram cum Deo maxime determinat.*

b) *Momentum novi Esse hominis christiani*[1] non intelligitur sufficienter nisi *ex historia salutis*. Ex hac enim historia
colliguntur *varia elementa, quibus esse hominis christiani determinatur*[2]. 1° - *Substratum fundamentale* est illud *esse-hominem*,
quo homo est imago Dei naturalis (cfr. *Gen* 1, 26s; *1 Cor* 11, 7;
Iac 3, 9; *Rom* 1, 19-23; 2, 14ss). 2° - *In statu originali* homo
iam donatus erat vita supernaturali (gratia); Christus redemptor ergo vitam supernaturalem hominibus non primo confert,
sed eam tamquam donum perditum *reddit* (cfr. *Rom* 5, 11;

---

[1] Cfr. F. HÜRTH, *Die Bedeutung der seinshaften Gnadenerhebung für
das Übernatürlich-Sittliche*: Scholastik 1 (1926) 105-108.

[2] Cfr. H. VOLK, *Was ist der Mensch? 5 theologische Bestimmungen seines Wesens*: WortWahrheit 11 (1956) 493-509. — ID., *Die theologische Be-
stimmung des Menschen*: Catholica 13 (1959) 161-182.

Eph 1, 10; 4, 23s; *Col* 3, 9s). Donum praeternaturale integritatis in hoc statu efficiebat harmoniam vitae religiosae-moralis, Deo facile subiectae. 3° - Filiatio divina, quam Christus nobis restituit, est donum datum non simpliciter *homini*, sed *peccatori*. Omnes enim in uno Adamo peccatores (peccatum originale) facti sunt (*Rom* 5, 16-18), et natura — i.e. uti nunc nascuntur et sunt ex sese, etiam independenter a peccatis personalibus — sunt filii irae Dei (*Eph* 2, 3) et a bono aversi (*Rom* 7, 18s): *status naturae lapsae*. 4° - Per gratiam Christi consequenter *peccatores* denuo *constituuntur iusti*, vere filii Dei, in quibus est illa caritas, qua in vita Trinitaria Pater diligit Filium (cfr. *Io* 17, 26): *status naturae reparatae*. Donum filiationis divinae nunc omnibus hominibus offertur; conceditur autem praeprimis mediantibus sacramentis, re vel voto susceptis (v. g. in actu caritatis). Manet tamen in iustificato concupiscentia rebellis, quae obest Spiritui Christi, agenti in nobis (*Rom* 7). 5° - Filiatio divina *interim data est tantum ut arrha* (2 *Cor* 1, 22; cfr. *Eph* 1, 14) *et donum occultum* (*1 Cor* 13, 12s; *Col* 3, 3s; *1 Io* 3, 2), quod adhuc perdi potest (*1 Cor* 10, 12; *Phil* 2, 12; *2 Cor* 5, 10); per se tamen « manere » (S. Ioannes) et crescere debet versus « virum perfectum », qui — sensu pleno — est solus Christus (cfr. *Eph* 4, 13). Tamen vere *iam est*, etsi initialiter et occulte, vita illa *eschatologica* in regno Patris (*1 Cor* 15, 28), in qua Filio glorioso similes erimus (*Rom* 8, 17; ib 29s; *Phil* 3,21; *Col* 3, 3s; *1 Io* 3, 2).

2. FILIATIO DIVINA NOBIS CONCESSA, VERE EST VITA ACTUOSA — in homine qui est compos sui —, non merum donum ontologicum. Est, sub aspectu morali-religioso, participatio caritatis, quae adest inter personas divinas (*Io* 17, 26). *Spiritus Sanctus* enim per *gratiam* actualem in nobis superat spiritum « carnalem », i. e. peccato originali infectum, et « agit » in nobis spiritum et vitam filiorum Dei (cfr. *Rom* 8); et sic *ipse homo christianus* hanc vitam vivit, si Spiritui Christi agenti non resistit: inde dynamismus vitae christianae, quae non solum non laedit quasdam regulas « minimas », sed tendit ad id quod est perfectum. Spiritus Sanctus sic in nobis operatur simul *sanationem* a debilitate hominis lapsi, qui incapax est faciendi bonum debito

modo, et *elevationem* ad vitam supernaturalem filiorum Dei, ad quam homo ut talis item incapax est. Spiritus haec omnia operatur, dando nobis gratiam sanctificantem, virtutes infusas, dona, gratias actuales. Fructus autem Spiritus operantis in nobis erit: « caritas, gaudium, pax, patientia, benignitas, bonitas, longanimitas, mansuetudo, fides, modestia, continentia, castitas » (*Gal* 5, 22s).

3. URGERE ET IUVARE VITAM MORALEM HOMINIS *pertinent ergo ad opus Christi, sed non sunt elementum eius principale.* Principale enim, ut vidimus est: hominem perditum reddere filium Dei, definitive et plene postea, inchoative nunc. Unde per Christum nunc homo ita fit filius Dei, ut « novitatem vitae » (*Rom* 6, 5) vere actuet, et ideo ex motu Spiritus Sancti agat tamquam homo spiritualis, filiationem suam fructibus Spiritus manifestans. Talis vita ex motu Spiritus Sancti *certo non erit contra ullam legem moralem* (cfr. *Gal* 5, 23); e contra caritas filiorum Dei *probatur ex obedientia erga mandata Dei* (*Io* 14, 21. 23). Unde Conc. TRIDENTINUM docet Christum non solum esse redemptorem, sed etiam *legislatorem* (D. 831): ita ut Christiani *non sint liberi* ab obligatione legis moralis (D. 829; *Rom* 6, 1. 15: « absit »). Christus ergo vere curam habet de vita morali hominum, sed haec cura non est elementum principale operis eius.

II. FINIS HOMINIS CHRISTIANI [3]

1. STATUS FINALIS HOMINIS CHRISTIANI

Synoptici statum nostrum finalem, in quem caritas Dei nos vocavit, exhibent ut participationem regalitatis Christi (*Mt* 22, 12ss; 25, 34) et itimam societatem cum Deo (*Mt* 24, 47; 25,23),

---

[3] Quaestionem de fine ultimo hominis breviter tantum exposuimus, cum expositio largior dari soleat philosophice in ethica, theologice in tractatu dogmatico de Deo Creante vel de Deo Uno. Remittimus v.g. ad DE FINANCE, *Ethica generalis*, Romae 1959, 281-318, et ad M. FLICK - Z. ALSZEGHY, *Il creatore. L'inizio della salvezza*, Firenze s. a. (1959), 114-163; ibi bibliographia. De statu hominis finali ulterius agitur in tractatu dogmatico de Novissimis. — Ulterius: S. THOMAS, *STh* I-II 1-5. — LESSIUS, *De perfectionibus mo-*

in qua nobis commensalibus (*Lc* 13, 29; 22, 30) Deus ipse famulabitur (*Lc* 12, 37). — *S. Ioannes* similitudinem nostram cum Christo in adventu eius effert (*1 Io* 3, 2); in *Apocalypsi* vitam beatissimam et intimam cum Deo in nova Ierusalem describit (7 et 21). - *S. Paulus* eos, qui sunt filii Dei, heredes Dei et coheredes Christi habet (*Rom* 8, 17; *Gal* 4, 6s); vita nostra aeterna secum fert beatitudinem inexpectatam (*1 Cor* 2, 9), unionem desideratissimam cum Christo (*Phil* 1, 23), glorificationem nostram cum Domino glorificato (*Col* 3, 3s; *Phil* 3, 21) et immediatam Dei visionem (*1 Cor* 13, 12).

Cum vita finalis beatificans consistat in unione stricte supernaturali (VIENN. - D. 475) cum Deo, ii soli eam consequentur, qui sunt vere filii Dei, ergo gratia sanctificante elevati. Haec vita filiorum Dei, etsi sit purum Dei donum, ab adulto non *acquiritur*, nisi ipse, gratia Dei iuvante, velit et se disponat (TRID. s. 6, cp. 6 - D. 798). *Permanentia* autem vitae divinae in adulto exigit, ut condicionem sine qua non, vitam moralem et religiosam conformem voluntati divinae (TRID. c. 6, cp. 11 - D. 804); talem vitam homo lapsus sine Dei gratia quidem diu non praestabit, sed gratia eam possibilem reddit (cfr. ib.). Tandem vita filiorum Dei est causa *meritoria* augmenti gratiae et vitae aeternae (TRID. s. 6, cp. 10 - D. 803); gratiam sufficientem ad talem vitam Deus nemini denegat. Assecutio autem huius finis non datur tantum ut possibilitas, sed omnibus hominibus adultis *obligatorie imponitur*: qui beatitudinem finalem non consequitur, poena aeterna punietur (cfr. tractatum dogm. de novissimis).

2. FINIS ULTIMUS PERSONALITER INTENDENDUS

a) Homo metaphysica necessitate ut finem ultimum beatitudinem appetit, i.e. realizationem sui tam perfectam, ut ea obtenta,

ribusque divinis, 1. 14. — V. DE BROGLIE, *De fine ultimo humanae vitae tractatus theologicus*, pars prior positiva, Paris 1948. — Z. ALSZEGHY - M. FLICK, *Gloria Dei*: Greg 36 (1955) 361-390. — R. GUINDON, *Béatitude et Théologie morale chez saint Thomas d'Aquin: Origines-Interprétation*, Ottawa 1956. — C. MOONEN, *Het tractaat « de fine ultimo » in de moraaltheologie*: Jaarboek 1950, 18-100. — J. M. RAMIREZ, *De hominis beatitudine tractatus theologicus*, Matriti 1947. — T. RICHARD, *Fin dernière*, in *Dict-Théol-Cath* V, 2377-2504.

nihil ulterius sibi desiderare queat[4]. In quonam bono quaeren-
do homo explicet *subiective* tendentiam in beatitudinem, ab ipsius
libera decisione pendet. *Obiective* autem beatitudinem invenire
non potest in possessione alicuius boni limitati — tale enim bonum pro limitatione sua nequit satiare intellectum et voluntatem spiritualem, quae non sunt limitata ad aliquod verum vel
bonum particulare, — *sed* solus Deus, cognitione et summo amore
possibili habitus, potest esse beatitudo hominis. - *Modus* huius
unionis cum Deo, ex *natura* hominis *non univoce* determinatur.
De facto non prostat hominibus alius modus unionis cum Deo[5]
nisi ille supernaturalis, quem diximus esse statum finalem hominis christiani[6]. Nec ullo tempore homines habebant finem
ultimum non-supernaturalem. Ideoque homo, non assequendo finem supernaturalem, non reincidit in finem « naturalem », quia
talis finis non existit. — Ad hanc supernaturalem beatitudinem
sibi appetendam per vitam vere christianam tum Christus tum
Apostolus homines admonent: « qui autem seminat in spiritu, de
spiritu metet vitam aeternam ...Ergo dum tempus habemus, opere-
mur bonum ... » (Gal 6, 8-10). Concessio beatitudinis in meritum eiusque denegatio in poenam (cfr. supra) demonstrant *rationem sanctionis* quam beatitudo habet.

*b) Status tamen beatitudinis est finis ultimus hominis
primario non qua ipsum hominem beatificans, sed qua cedens
in Dei gloriam.*

Scriptura clare docet *Deum ipsum esse finem* mundi et hominis (cfr. *Rom* 11, 36; *1 Cor* 8, 6; *Col.* 1, 16); ideo homines
debere vivere Deo-(*Rom* 6, 11) *atque esse in gloriam et laudem
eius* (*Mt* 5, 16; *Rom* 1, 18-21); et hanc speciatim esse vocationem hominis *christiani*, « ut simus in laudem gloriae eius »
(*Eph* 1, 11s; cfr. *Phil* 1, 11; *1 Cor* 10, 31).

Ratio est *quod Deus creando, et ad gratiam et gloriam filiorum Dei vocando, non potuit habere ut finem cui ullam crea-
turam, sed necessario ut finem habuit seipsum:* seipsum autem,

---

[4] *Cfr.* BOETHIUS, *De consolatione philosophiae* III, prop. 2.

[5] Vide tamen ea, quae theologi habent de « limbo » infantium sine baptismo defunctorum.

[6] In theologia dogmatica disputant de natura « desiderii naturalis »
hominis in Deum.

cum sit perfectissimus, non ut beatificandum (VATIC. s. 3, cp. 1
- D. 1783), sed « ad manifestandam perfectionem suam per bona,
quae creaturis impeditur » (ib.), vel « ad Dei gloriam » (VATIC. s.
3, cn. 5 de creatione . D. 1805). Sic tamen ipse non est proprie
finis *cui;* nam Dei gloria non videtur intelligenda ut aliquid,
quod Deus sibi quaerat: quia hoc videretur esse in maiorem beatitudinem acquirendam[7]. Sub hoc aspectu nec distinctio inter
Dei gloriam *obiectivam* (quae est in *esse* rerum et hominis) et
formalem (quam homo operative et libere Deo refert) nimis urgenda videtur; etenim omne esse et bene-operari hominis sunt
participatio et manifestatio perfectionis Dei: huiusmodi sunt
perfectiones, ipsa quoque beatitudo, maxime autem cognitio et
amor Dei, quibus manifestantur per participationem cognitio et
amor, quae Deus habet de se ipso. Finem *ergo* nostrum ultimum,
i.e. statum ultimae perfectionis nostrae et ideo beatitudinis, intendere debemus *praeprimis non quatenus est res nostra, sed quatenus cedit in gloriam Dei. Cum in iis autem, quae sunt Dei gloria, emineat amor Dei, hic amor personalis est radix ultima, ex
qua a parte nostra procedere debent omnia, quae fiunt in gloriam Dei.*

Cum vero finis noster ultimus — « visio beata » — sit stricte
supernaturalis atque consistat formaliter in cognitione et amore
Dei supernaturali, ad *maiorem* Dei gloriam non pertinet necessario illa participatio perfectionis Dei, quae esset in maxima
evolutione hominis *naturalis.* Perfectio enim naturalis aestiman-
da est ut perfectioni supernaturali subordinata et inserviens: habet ergo valorem mere relativum.

3. VITA PRAESENS CONSIDERANDA EST NON SOLUM UT MEDIUM
assequendi statum eschatologicum beatitudinis et gloriae Dei; *sed
etiam in seipsa et immediate* debet esse gloria Dei, ut ex fine
creationis patet: et *sic tantum* ducit ad finem eschatologicum,
imo, est iam initium eius. *Scriptura* frequenter insistit in hac
finalitate *immediata* vitae praesentis spectanda, imo, saltem apud
S. Paulum, frequentius quam in fine eschatologico: « An nesci-

---

[7] Quaestionem discussam de natura « gloriae Dei » vide apud Z. ALSZE-
GHY - M. FLICK, *Gloria Dei,* l. c.

tis, quoniam membra vestra templum sunt Spiritus Sancti?...
glorificate et portate Deum in corpore vestro » (*1 Cor* 6, 19s);
« exhibeatis corpora vestra hostiam viventem, sanctam, Deo pla-
centem, rationabile obsequium vestrum (*Rom* 12, 1); « liberati a
peccato, servi facti Deo » (*Rom* 6, 22).

Nec deest vitae praesenti in Deum ordinatae *immediata quaedam bea-*
titudo, utique imperfecta. Et hoc non tantum ut consequentia propriae perfectionis, in qua praecise Dei gloria invenitur, sed maxime ex operatione
Spiritus Sancti in nobis. Unde *S. Paulus*: « pax Christi exultet in cordibus
vestris » (*Col* 3, 15; cfr. *Phil* 4, 7), « pax et gaudium in Spiritu Sancto »
(*Rom* 14, 17); praesertim autem sumus « spe gaudens » ob promissionem
vitae venturae (*Rom* 12, 12), — aliter ac « ceteri, qui spem non habent »
(*1 Thess* 4, 13).

Cum ergo finis vitae praesentis *immediatus* sit magis gloria Dei immediata quam propria perfectio, iam patet, quod *etiam
sic primus valor consistit in amore* (*supernaturali*) *Dei*. Qui amor *in
omnibus* Deum ut finem respicere facit. Unde subordinat creatu-
ras creatori, fines temporales fini eschatologico, valores naturales
valoribus supernaturalibus; integrat hominem in corpus humanitatis et Ecclesiae, in gloriam Dei vocatae; in omnibus rebus (naturalibus et supernaturalibus) servat ordinem a Deo Creatore et
Redemptore eis inditum. *Sic finis hominis creati et regenerati
determinat totam vitam moralem hominis et respicit totum hunc
mundum.*

Caritas Dei, quae Deum in vita praesenti glorificat, est simul caritas *oboediens*; et sic conducit ad finem hominis et regni
caelorum. Nam « qui facit voluntatem Patris mei, qui in coelis
est, ipse intrabit in regnum coelorum » (*Mt* 7, 21), quia sic praecise est Christi frater et soror et mater (*Mc* 3, 35). Hic amor
oboediens, *qua amor,* limites nescit, sed ad perfectum movet (cfr.
maximum mandatum: *Mt* 22, 36-38), *qua oboedientia* autem hunc
dynamismum exprimit intra ambitum legis moralis et sub vocatione personali.

III. VITA CHRISTIANA « IN CHRISTO »

Qui sunt filii Dei adoptivi, in finem proprium vocati sunt
eumque assequentur solum ut *coheredes Christi* (*Rom* 8, 17;

Gal 4, 6s). Unde moralitas christiana plene non intelligitur nisi
ut « in Christo ». Quae ergo breviter explicata sunt de filiatione
divina hominis christiani et de eius finalitate, nunc consideranda
sunt sub hoc aspectu christologico.

1. VITA VERE CHRISTIANA INTELLIGENDA EST UT PARTICIPATIO
vitae Christi. Sic *obiective*: nam homines participant in vita
divina, quia Filius Dei factus est particeps vitae humanae; ex
ipso Deo-homine et de plenitudine eius nos omnes accepimus
(*Io* 1, 16), ita ut simus palmites in vite, quae est Christus (*Io* 15,
1-8), et membra in corpore, cuius ipse caput (*Eph.* 4, 15s).
Ideo praecise in fine ei similes erimus et coheredes cum eo in-
veniemur (cfr. supra). *Ex parte nostra ergo non sufficit, ut at-
tendamus ad vitam « moralem » vivendam, sed attendere debemus ut haec vita sit « in Christo », i.e. in gratia, quae est parti-
cipation vitae eius et relationis eius ad Patrem.* Sic realizatio actuosa nostri Esse per vitam moralem erit actuosa actualizatio
vitae « Christi in nobis ». Nota insuper nec vitam plene moralem
naturalem in homine esse, nisi homo sit particeps vitae Christi
(cfr. tractatum de gratia).

2. EX VITA CHRISTIANA UT PARTICIPATIONE VITAE CHRISTI SE-
QUITUR [8] : CHRISTUM ESSE EXEMPLAR, EXEMPLUM ET VIRTU-
TEM VITAE CHRISTIANAE.

a) Christus est *exemplar* (typus) vitae christianae actuosae;
vita enim christiana est et debet esse *manifestatio* (participativa)
Christi, cum vita eius sit in nobis. Idem sequitur ex Scriptura;

---

[8] Apponimus hoc loco aliquam bibliographiam de Christo ut centro
vitae moralis in *S. Scriptura*; ceteram bibliographiam vide infra in § 8. —
Quoad evangelia: Praeter opera auctorum R. SCHNACKENBURG, J. HERKEN-
RATH, J. M. LAGRANGE, J. BONSIRVEN, indicata ad calcem § 1, nota B, cfr.:
TILLMANN, *Die Idee der Nachfolge Christi*⁴, Düsseldorf 1953. — H. PINARD
DE LA BOULLAYE, *L'imitation de Jésus dans le NT: RevAscMyst* 15 (1934)
333-358. — ANDREAS AB ALPE, *De imitatione Christi*: Verbum Domini 22
(1942) 57-64; 86-90. — J. LEAL, *Ego sum via, veritas et vita (Jo* 14, 61: Ver-
bum Domini 33 (1955) 336-341. — A. VALSECCHI, *Gesù Cristo nostra
Legge*: ScuolaCatt 88 (1960) 81-110. — *Protestantica*: H. J. SCHOEPS,
Von der imitatio Dei zur Nachfolge Christi, in: *Aus frühchristli-
cher Zeit*, 1950, 286-301. — TH. SÜSS, *Nachfolge Jesu*: Theol-
LiterZeitung 78 (1953) 129-140. — G. KITTEL, *Theol Wörterbuch z. NT*,

Christus enim est « *primogenitus ex mortuis* » (*Col* 1, 18) et « caput corporis Ecclesiae » (ib.), « *ut* sit in omnibus ipse primatum tenens, *quia* in ipso complacuit omnem plenitudinem inhabitare » (ib. 18s; cfr. *Eph* 1, 22s): ut ergo sit initium et plenitudo et typus eorum, qui vivunt vitam quae est ex morte et resurrectione eius, *vitam proinde crucifixam simul et sanctam.* Sed non tantum hoc; nam Christus (non solum Verbum aeternum, ut videtur, sed Deus-homo), et quidem qua Redemptor (ut multi insistunt)[9], est etiam « *primogenitus omnis creaturae*: quoniam in ipso condita sunt universa...; omnia per ipsum... creata sunt; ...et in ipso omnia constant » (ib. 15ss; cfr. *1 Cor* 8, 6; *Eph* 1, 3-10): unde ab initio creationis, ex Dei consilio, ipse est plenitudo et principium et typus vitae nostrae. *Vita ergo christiana, et quidem in omni situatione, erit vita manifestans realitatem Christi* — crucifixi et gloriosi —, *participatio plenitudinis eius.*

b) Quia Christus est exemplar vitae christianae, consequenter Christus nobis est etiam *exemplum*: non ergo solum exemplar participandum et manifestandum, sed etiam exemplum historicum nobis notum, quod — modo infra adhuc determinando — *imitari* possumus et debemus. — *Christus* ipse explicite exemplum se exhibuit: humilitatem suam (*Io* 13, 12-15: lotio pedum), modum suum diligendi Deum (*Io* 15, 10: « sicut ego ») et proximum (*Io* 13, 34: « sicut dilexi vos »). — *S. Petrus* proponit Christum, qui passione sua reliquit « exemplum, ut sequamini vestigia eius » (*1 Petr* 2, 21). — *S. Ioannes* monet, quod christianus « debet, sicut ille ambulavit, et ipse ambulare » (*1 Io* 2, 6).

---

voces: *akolouthéo, mathetés, miméomai.* — Quoad S. Paulum, praeter opera iam citata auctorum SCHNACKENBURG, PINARD DE LA B., TILLMANN, ANDREAS AB A., KITTEL, VALSECCHI et auctorum A. WIKENHAUSER, G. STAFFELBACH, K. BENZ, J. DUPERAY, J. HUBY, quos citavimus in nota B, ad calcem § 1, cfr.: L. CERFAUX, *Le Christ dans la théologie de S. Paul,* Paris 1951. — F. BLÄSER, *Glaube und Sittlichkeit bei Paulus,* in: *Festschrift Meinertz,* Münster 1951, 114-121. — ST. LYONNET, *La legge della carità in S. Paolo,* Roma 1954 (gallice in: Catéchistes n. 15 [Paris 1953]). — ID., *Liberté chrétienne et Loi de l'Esprit selon s. Paul: Christus* n. 4 (1954) 6-27. — C. SPICQ, *Vie morale et Trinité Sainte selon s. Paul,* Paris 1957. — Plurima scripta *protestantium* de hac materia cfr. apud exegetas.

[9] Interpretatio, quae magis magisque ab exegetis accipitur, tenet Apostolum in his textibus non loqui de solo Verbo aeterno (quod, utique in Christo incarnatum est), sed simpliciter de Christo ut est Deus-homo.

S. Paulus christianos et seipsum dicit imitatores Christi (*1 Thess* 1, 6; *1 Cor* 11, 1). Christianis proponit exemplum Christi, et quidem etiam Christi *historici* [10], remittit tamen magis ad Christi dispositiones et tendentias quam ad actus particulares (*Phil* 2, 7s: oboedientia usque ad crucem; *Rom* 15, 1-3: patientia; *Rom* 15, 7: Christus nos suscipiens). Cum praeferentia et saepissime apostolus exigit conformationem cum Christo *glorioso*, unito christianis per fidem et sacramenta; unde eius hortatio ut vivamus Christi mortem, resurrectionem et novitatem vitae (cfr. *Rom* 6); ut induamur Christum (*Rom* 13, 14), ut participemus in Christi passionibus (*2 Cor* 1, 5; *Phil* 3, 10, tribulationibus (*Col* 1, 24), persecutionibus (*2 Tim* 3, 12), patientia (*2 Thess* 3, 5), veritate (*2 Cor* 11, 10), amore (*Phil* 1, 8).

c) Utpote in nobis — per communicationem propriae vitae — vivens, Christus nobis est simul *virtus* ($=$ vis) illius vitae activae, qua manifestatur participative eius exemplar et qua imitamur exemplum eius. Ipse nobis est vitis (*Io* 15, 1-8) et vita (*Io* 14, 6) et plenitudo (*Io* 1, 16; *Col* 1, 19); Spiritus eius, incessanter in nobis agens, vitam christianam in nobis operatur (cfr. *Rom* 8).

3. CHRISTUS EST FINIS VITAE NOSTRAE. *Omnia enim creata sunt, sicut per ipsum, sic etiam in ipsum* (*Col* 1, 16: « eis autón »); unde Christus venit in hunc mundum ut « in propria », et « sui » eum non receperunt (*Io* 1, 11). *Ulterius*, in hoc « *Christus mortuus est, ut et mortuorum et vivorum dominetur* » (*Rom* 14, 9; cfr. ib. 7s); ab ipso empti (*1 Cor* 6, 20) et liberati (*1 Cor* 7, 22) facti sumus eius servi (*1 Cor* 7, 22s) et proprietas (*1 Cor* 3, 23), et ipsum habemus ut legem nostram (*Gal* 6, 2; *1 Cor* 9, 21). Unde « si Christus est finis vitae nostrae, vitam nostram debemus regulare non secundum voluntatem nostram, sed secundum voluntatem Christi » [11]. Consequenter *Christus* (Deus-homo) *gloriosus*, seu unio nostra cum ipso, est vere *finis ultimus* beatificans, quem homo christianus appetit (Textus vide supra, II).

---

[10] Non solius Christi glcriosi, ut multi protestantes volunt.
[11] THOMAS AQU., *In 2 Cor* 5, 3.

**4. SEQUELA CHRISTI EST UNIO OPERATIVA PROPRIAE PERSONAE
ET VITAE CUM PERSONA ET VITA CHRISTI**: unio *personalis* et
fiduciosa, procedens ex maxima reverentia et caritate.

a) Haec sequela agnoscit — ut oportet — Christum esse unicum mediatorem (*1 Tim* 2, 5) et unicam viam (*Io* 14, 6) et unicum accessum ad Patrem (*Eph* 2, 18; 3, 12; *Rom* 5, 2); libenter
et cum gratitudine eum agnoscit ut illum, « qui dilexit me et tra-
didit semetipsum pro me » (*Gal* 2, 20). Sequela nostra simul agnoscit Christum (cfr. supra) ut finem nostrum et Dominum, ut
exemplum et exemplar, ut virtutem et vitam quam participamus.
Qui sequitur Christum, intrat in condiciones vitae eius: discipulus
non erit supra magistrum (*Mt* 10, 24s), tollet crucem suam sicut
magister (cfr. *Mt* 16, 24 = *Mc* 8, 34 = *Lc* 9, 23).

Clarum est sequelam hanc personalem non esse simpliciter
idem ac imitationem, sed ducere ad imitationem, quae autem
ut talis nondum dicit sequelam. Mera imitatio moralis, sine sequela personali, non sufficit.

Christus historicus, vocans discipulos ad sequelam (*Mc* 1, 16-20; *Mc* 2,
14; 3, 13; *Lc* 9, 59; etc), voluit ut physice irent secum (cfr. *Mc* 1, 17:
« Venite post me »), reliquendo omnia (cfr. *Lc* 5, 11). Voluit sic eos esse discipulos, ad modum discipulorum rabbinorum, instruendos et ducendos ab
ipso, qui est solus magister (*Mt* 23, 10), auctoritate loquens, missus a Patre,
Messias, rex, unus cum Patre. Habebatur sic communitas vitae et sortis
(bonorum, paupertatis, persecutionis, crucis; cfr. *Mt* 10, 40), atque communitas *salutis* (regni Dei, vtae aeternae; cfr. *Lc* 9, 61s; *Mo* 10, 17ss; *Io* 8,
12), inclusa salute eschatologica (cfr. *Io* 12, 26; 17, 24; *Mt* 19, 28). Varia
autem erat vocatio singulorum discipulorum, plurium (*Lc* 10, 1), turbae
magnae (cfr. *Lc* 6, 17; 10, 1; 19, 37, etc) [12]. « Sequi Christum » ergo, *in
evangeliis*, simul *cum sensu historico*: ire cum Iesu, habet *sensum spiritualem*: habere Christum ut centrum vitae, esse eius asseclam interne, et hoc
tum pro vita praesenti tum pro vita aeterna.

Post Christi ascensionem praevalet conceptus imitationis prae conceptu
sequelae. Vide textus supra (2) allatos ex S. Petro, S. Ioanne, S. Paulo.

b) Cum vero Christus debeat esse « *primogenitus in multis
fratribus* » (*Rom* 8, 29), et hoc ut caput corporis sui, quod est Ec-

---

[12] *Lc* 9, 23 « omnes » = *Mc* 8, 34 « turba cum discipulis »: apud
Mt 16, 14 restringitur ad discipulos (quae relatio secundum exgetas probabilius est originalis).

clesia (*Col* 1, 18), *non datur — per se — sequela Christi nisi in Ecclesia;* nec est vera sequela, nisi quae aedificat corpus eius (cfr. *Eph* 4, 16). Sed nec datur denegatio sequelae, quae non detrahat corpori eius.

c) Vita autem Christi, primogeniti inter multos fratres, erat ingens *colluctatio contra diabolicam potestatem* in hoc mundo. In sequela Christi, vita nostra inseritur tota quanta huic operi Christi. Stans ex parte Christi, homo christianus unitur principatibus et potestatibus caelestibus (cfr. *Eph* 3, 10) et colluctatur non solum contra carnem et sanguinem, sed « adversus mundi rectores tenebrarum harum, contra spiritualia nequitiae, in calestibus » (*Eph* 6, 12).

Talis autem est colluctatio hominis christiani non solum in vita quasi « privata »; in sequela enim Christi homo vocatur ultra vitam « privatam » ad activam collaborationem et colluctationem in opere Christi, ad perficiendam victoriam regni eius.

5. ULTIMATIM AUTEM PATER NOBIS EST — IN CHRISTO — VITA, VIRTUS, EXEMPLAR ET FINIS.

Adest enim in Christo mysterium filiationis divinae et humanitatis, quo Christus est « minor » Patre (*Io* 14, 28) et ab eo missus, et ideo via ad Patrem. Sic tandem Pater est f i n i s ; nos quidem sumus Christi, Christus antem est Dei (*1 Cor* 3, 23); ideo in fine « ipse Filius subiectus erit ei, qui subiecit sibi (Christo) omnia, ut sit Deus omnia in omnibus » (*1 Cor* 15, 28): unde interim nos vivimus « Deo in Christo Iesu » (*Rom* 6, 11). Sic et Christus ipse in vita sua Patrem clarificavit, faciendo voluntatem eius (cfr. *Io* 17, 4); nobis autem dilectionem et oboedientiam erga Patrem docuit et imposuit (cfr. *Mt* 7, 21). — Christum autem ut *finem ultimum beatificantem* importare beatam visionem ipsius Dei iam supra dictum est. — V i t a m filiorum Dei, et ideo etiam v i r t u t e m huius vitae esse ex Deo item iam ostensum est. Ipse Pater enim filios suos diligit et in eis manet (*Io* 14, 23); unde si interim « vita » nostra nondum apparet, hoc est quia est abscondita cum Christo *in Deo* (*Col* 3, 3). Ceterum, Spiritus Christi qui operatur hanc vitam et virtutem, est Spiritus, qui ab ipso Patre procedit (*Io* 15, 26). — Si autem Christus est

nobis exemplar, eo magis Pater, cuius imago est Christus
(*Col* 1, 15; *2 Cor* 4, 4). Inde idea de imitatione Dei:
dilectione enim et misericordia perfectos esse oportet « sicut et
pater vester coelestis perfectus est » (*Mt* 5, 48; cfr. *Lc* 6, 36;
Mt 16, 14s); « estote ergo imitatores Dei... » (*Eph* 4, 32-5, 1).
Assimilatio nostra ad Christum, usque ad gloriam definitivam
(*2 Cor* 3, 18; *Rom* 8, 29s), ultimatim est assimilatio ad Deum.

Moralitas christiana ergo est perfecte *theocentrica;* hic theo-
centrismus autem magis determinatur mediante Christo, qui est
Dei Filius factus *homo.* Consequenter Deus iam non intelligitur
mere ut ille Deus unus et creator, cui creatura inservit; sed christiani, assumpti re vera in vitam Trinitariam, serviunt Patri ut
filii cum Filio in virtute Spiritus. En « novitatem » totius nostrae
vitae moralis, — non mere aliquod motivum aliquoties reflexe
« addendum »! Christiani autem servitium filiale Patri praestare
contendunt *via Christi,* tendentes — in omni gratitudine et dilectione — in maiorem semper cognitionem Christi (*Eph* 4, 13;
Phil 3, 10) et ut transformentur in eum: « in virum perfectum,
in mensuram aetatis plenitudinis » eius (*Eph* 4, 13).

Aliud quoque habetur. Cum vita hominis coram Deo creatore
vivenda sit de facto ut vita filii coram *Patre,* et ideo in sequela
et imitatione eius qui est Filius Dei naturalis et « primogenitus
ex mortuis » (*Col* 1, 18) et « primogenitus in multis fratribus »
(*Rom* 8, 29): homo per cognitionem et amorem personae et exempli Christi cognoscet in concreto (et exequetur) id, quod Deus hic
et nunc ab ipso exspectat, facilius quam si *sola* normarum moralium applicatione indagare deberet voluntatem Dei. Atque cognoscet (et faciet) facilius non solum quaedam praecepta minima, sed ea, quae sibi, tendenti in plenitudinem Christi, conveniunt.

Exemplar autem et prototypus unionis, imitationis et sequelae Christi
est BMV; et quidem, ut videtur, non solum ut *aliquod* exemplum altissi-
mum recipiendi Christum, sed ut illud *unicum* exemplar in historia salutis
ab ipsa loco omnium realizatum, praesertim occasione annuntiationis (« fiat
mihi ») et sub cruce, et ideo a nobis iterum realizandum [13].

    [13] De BMV typo hominis redempti et Ecclesiae cfr. O. SEMMELROTH,
Urbild der Kirche, 2 Würzburg 1954. — H. RAHNER, *Maria und die Kirche,*
Innsbruck 1951. — A. MÜLLER, *Ecclesia-Maria. Die Einheit Marias und

Nota: 1° - In eis, quae dicta sunt in hac § de finalitate et moralitate hominis, implicantur ea omnia, quae etiam philosophice de homine, qualem ex experientia, novimus, dici possunt. Philosophice enim statui potest ordinatio hominis in Deum et finem ultimum, cum consequentiis supra expositis; sed quonam modo speciali et elevato hoc totum de facto verum et reale sit pro homine in nostro ordine salutis existente, solum ex supernaturali revelatione explicari potuit.

2° - Moralitas christiana, sensu pleno sumpta, est moralitas hominis, qui in gratia et caritate Christi in Ecclesia vivit. Alium hominem consilium Dei non intendit; unde nec alius finis ultimus vel alius ordo moralis habetur. Ergo est *per accidens*, si dantur homines, qui non sunt, vel non sensu omnino pleno, christiani. Unde hi *per accidens* non realizant totum sensum et plenitudinem moralitatis christianae. Sic v.g. christianus *peccator*, qui non vivit in gratia et caritate, non potest ante conversionem vitam divinam et imaginem Christi in se plene evolvere, cum eis careat; sed interim ob cognitionem Christi vel etiam ob characterem baptismalem tenetur non solum ad opera, quae exiguntur a vita christiana, sed etiam ad conversionem et vitam Christi dein vere in se evolvendam. Item *infidelis*, qui ignorat Ecclesiam vel etiam Christum, ob ignorantiam non potest realizare multa, quae ad vitam christianam per se pertinent: unde personaliter nec tenetur ad ea realizanda. (Sed nec talis salvatur, nisi realizet ea, quae sunt *media salutis* necessaria [re vel voto]; praeprimis ergo nisi habeat fidem, caritatem, gratiam, i.e. nisi sit filius Dei; quomodo hoc possibile sit, in theologia dogmatica tractabitur). Tenendum ergo est: aliam moralitatem ac christianam a Deo non admitti; admittitur autem datis condicionibus haec *eadem* moralitas, *per accidens deficiens*. — Ceterum non desunt theologi, etiam eximii, qui putent omnem omnino hominem, sive sit peccator sive infidelis, vivere semper *conscie* coram

---

der Kirche, ² Freiburg/Sch. 1955. — H. Coathalem, *Le parallélisme entre la Sainte Vierge et l'Eglise dans la Tradition latine jusqu'à la fin du XII° siècle*, Romae 1954.

« Deo vitae aeternae », qui eum supernaturaliter illuminat, quin tamen haec conscientia fieri possit *reflexa* nisi per propositam revelationem externam [14].

§ 3

DE CHARACTERE RELIGIOSO-PERSONALI MORALITATIS CHRISTIANAE

Deus cum nos vocaverit in statum finalem visionis beatae, consequenter nos vocat ad vitam terrestrem talem, quae ad illum statum perducat. Vita haec terrestris, ad quam vocamur, dicitur *moralis* (seu moraliter bona). Sed iam patet: moralitas non est aliquod neutrale-impersonale, puta mera observatio alicuius legis moralis impersonalis; a fortiori non aliquid *profanum* a *religioso* simpliciter distinctum vel separatum; sed, implicite saltem, responsum personale Deo vocanti datum. Dicitur: implicite; actus enim, qui explicite et « thematice » in Deum se refert, potius actus « religiosus » dici solet, dum actus, qui solos valores morales explicite et « thematice » intendit, Deum autem mere implicite et « non thematice », actus « moralis » vocatur. Character *personalis* et *religiosus moralitatis* attenditur *maxime* a christianis, quia ii bene cognoscunt Dei personalitatem, eius revelationem personalem, eius communicationem personalem sui-ipsius (i. e. propriae naturae et vitae), atque tandem eius gratiam actualem, hic et nunc nos illuminantem et moventem.

I. VITA MORALIS UT DIALOGUS INTER HOMINEM ET DEUM [1]

1. NORMA MORALIS, *etsi de proxima disputetur, ultimatim est ipse Deus.*

---

[14] Cfr. v. g. K. RAHNER, *Natur und Gnade*, in: J. FEINER - J. TRÜTSCH - F. BÖCKLE, *Fragen der Theologie heute*, Einsiedeln 1957, 209-230, praecise 222s.

[1] Cfr. B. HÄRING, *Das Heilige und das Gute. Religion und Sittlichkeit in ihrem gegenseitigen Bezug*, Krailing vor München 1950. — ID., *Das Gesetz Christi*, 5 Freiburg/Br. 1959, 84-101 (= *La loi du Christ*, I, Tournai 1955, 29-46). — TH. STEINBÜCHEL, *Religion und Moral im Lichte christlicher Existenz*, Frankfurt a. M., 1951. — G. MCGREGOR, *Les frontières de la morale et de la religion*, Paris 1952. — E. DHANIS, *De natura*

Norma moralis[2] est id, cui tota vita hominis correspondere debet, ad hoc ut moraliter bona dici possit. Norma distingui solet *constitutiva*, — sive proxima (v. g. natura humana) sive remota (v. g. essentia divina) —, et *manifestativa*, — quae aliis est id, ex quo bonum et malum materialiter distingui potest, aliis ipsa potentia dignoscitiva moralitatis. Agimus hic potius de norma constitutiva, sed etiam de manifestativa sensu posteriori accepta. — In ethica naturali fuse ostendi solet, normam *proximam* moralitatis *non* constitui aliqua lege extrinseca, ne divina quidem; nec consistere in conducentia ad nostram felicitatem, quomodocumque haec intelligatur; nec in altruismo vel in utilitate pro aliis; nec in conformitate cum « lege vitae » vel « lege evolutionis »; nec in libertate ut tali; nec in kantiana forma universali legis; haec omnia enim rationem *absolutam* normae moralis explicare nequeunt. — *Inter auctores scholasticos iam diu discussio* est, utrum norma moralitatis formaliter sit: rerum ordinatio ad ultimum finem, an natura rationalis complete spectata cum omnibus relationibus suis, an ipsa ratio recta.

Sic nobis dicendum videtur: 1° - Convenientia cum *fine* ultimo *formaliter fundat* normam moralitatis, quatenus homo ut *persona* spiritualis totus est in finem. Cum autem persona humana in suo Esse sit materialiter determinata, sequitur quod ipsa *natura humana* — et quidem supernaturaliter elevata — est norma quae *materialiter* dignoscere permittit, quaenam de facto actiones hominis personalis (actiones nempe naturae humanae correspondentes) ordinari possint ad Deum, conditorem hominis. 2° - Dum norma moralis *fundatur* in fine et Esse (= natura rationalis) hominis, ratio, et maxime ratio fide illuminata, *ordinem* sic fundatum *cognoscit*. Utrum recta ratio ulterius sit elementum formalissime *constituens* normam (Thomistae), est quaestio theoretica discussa; responsum paululum a conceptu formali « normae » pendere videtur. 3° - Recentius, non sine ratione, aliqui auctores putant non *naturam* humanam, sed *personam* huma-

---

religiosa obligationis moralis, in: *Acta II congressus thomist. internat.,* Romae 1937, 454-467.

² De hic dicendis cfr. L. DE FINANCE, *Ethica generalis*, Romae 1959, 57-166.

nam dicendam esse normam (vel fundamentum normae) moralitatis. Sic enim: (a) indicantur simul et finalitas personalis et
determinatio materialis; (b) insinuatur non solam naturam omnibus communem, sed etiam proprietatem individualem et personalem uniuscuiusque influere in determinationem materialem
moralitatis (cfr. § 4)³.

Dum de norma morali *proxima* habetur discussio inter catholicos, *ultimum fundamentum fundans ordinem moralem est,*
omnibus consentientibus, ipsum Esse Dei, in quo radicatur Esse
hominis et naturale et supernaturale. Ergo norma ultima moralitatis est *essentia Dei,* vel (thomistice) *ratio Dei* quae proprium
Esse ut ordinem moralem fundans perspicit. Consequenter norma
moralis, utpote ultimatim in Deo fundata, non est aliquod profanum, sed sacrum; unde qui characterem eius absolutum tangit,
implicite saltem tangit ipsum Deum.

NOTA non semper explicite distingui inter normam et fundamentum normae; si v. g. natura humana dicitur *norma,* omnes intelligunt hoc de *fun-*
damento normae moralis.

2. OBLIGATIO MORALIS⁴ *item ultimatim explicatur ex cha-*
ractere absoluto Dei, in quo fundatur. De fundamento tamen
proximo obligationis discussio est, utrum scil. inveniatur — etiam
quoad nos — in ipsa norma morali an in voluntate Dei eam
imponente; imo, utrum noster conceptus obligationis supponat
— quoad nos — conceptum Dei obsoluti.

3. VOLUNTAS DEI *pro vita morali eo maxime est momenti,*
quod ab ea totaliter pendet existentia hominis ideoque mo-
ralitas correspondens. Deus enim, *quatenus* vult existentiam hominis et facit ut ille — mediante ratione et lumine fidei — intelligat ordinem moralem fundari in Esse (naturali - supernaturali)
hominis, revera vocat hominem existentem ad observandum ordinem moralem. Unde homo invenit non solum aliquem ordinem-
normam-legem neutralem-impersonalem observandam, sed etiam

_____

³ Sic H. MERTENS, *De persona humana ut norma moralitatis:* Collect-
Mechlin 44 (1959) 526-531; qui sequitur auctorem L. JANSSENS, *Perso-*
nalisme en Democratisering, Brussel 1957, maxime pag. 93s.

⁴ Cfr. L. DE FINANCE, *Ethica generalis,* l. c., 147-162.

Deum personalem ad hanc observationem *vocantem*. Ideo per vitam moralem respondet, implicite et exercite saltem, Deo vocanti. *Vita moralis est, implicite vel explicite, dialogus inter Deum vocantem et hominem respondentem*. Homo est Deo responsabilis pro vita hac in terra gerenda. *Tota ergo formatio mundi, societatis humanae et propriae vitae, inquantum fit actibus vere humanis, habet, implicite saltem, characterem religiosum-dialogalem.*

Si ordo moralis intelligendus esset mere ut aliquid neutrale-impersonale, *a Deo mere sancitum*, periculum esset, ne ab homine observaretur intentione plus minusve egocentrica, sc. ad iustitiam et salutem animae sibimetipsi assecurandam, imo ad eam propriis quasi viribus operandam (et non potius a gratia Dei exspectandam). E contra, si ordo moralis intelligitur *in Esse Dei fundatus et ulterius a Deo existentialiter nobis propositus* ut observetur, vita moralis facilius, saltem ultimatim, concipietur et actuabitur ut reverentia erga Deum et responsum Deo vocanti datum. Ratio quidem propriae salutis curandae non est a vita christiana aliena, sed non est eius ratio ultima atque centrum et cor: homo enim est — sicut homo Iesus Christus — ultimatim et totus relatus in Deum. Certo sine spe propriae perfectionis et salutis — ut condicione sine qua non — vita moralis tamquam relatio potius personalis-religiosa homini vix est possibilis; sed solum si vita moralis ultimatim constituit dialogum cum Deo, eius sensus verus et profundus realizatur.

Sed responsio-oboedientia non est intelligenda mere formaliter ut talis. Deus enim in ordine morali *ad determinatum aliquid* vocat: ad hunc vel illum valorem realizandum; qui diversi valores perfectionem Dei alio et alio modo resplendere faciunt. Unde non solum per oboedientiam formalem Deo respondendum est, sed *per personalem affirmationem diversorum valorum, in Deo fundatorum.*

NOTA vocem « vocatio » per se non excludere, intra ordinem normae moralis (obligantis ut aliquod totum) adesse etiam consilia et permissiones (sed cfr. § 4: VI).

4. HOMO, QUI NULLAM COGNITIONEM DEI HABET, ad minimum non realizat profunditatem vitae moralis desiderandam, cum mo-

ralitas eius non sit mediatio-expressio relationis personalis ad
Deum. Qui putant cognitionem normae et obligationis moralis
tamquam aliquod absolutum possibilem esse etiam sine cognitione
Dei, per se etiam admittunt possibilitatem vitae moralis secundum normas (habitas ut absolutas), *quin* accedat illa profunditas
religiosa, quae provenit ex Deo percepto ut fonte rationis absoluti quae est in norma morali. Quod autem quaestionem facti
attinet, non est improbabilis sententia, quae putat hominem, qui
obligationem moralem ut aliquod vere *absolutum* agnoscit, in hoc
absoluto agnito etiam cognoscere Deum, — saltem in conscientia
sui *directa*, etsi in coscientia *reflexa* atheismum forsitan profi-
teatur[5]. Huiusmodi homo atheista ergo, non obstante tali pro-
fessione reflexa, viveret moralitatem religiosam-personalem.

Evidens est conscientiam characteris religioso-personalis admittere diversos *gradus explicitationis et intensitatis*. Per se haec
conscientia fovenda est. Religiositas magis intensa sensum *coactionis* ab obligatione morali aliquantulum aufert: homo tunc
agit moraliter magis ex amore quam ex coactione. Debilitas reli-
giositatis, e contra, ipsum sensum *obligationis* debilitare potest.

II. DEUS VOCANS IN SITUATIONE CONCRETA ET PER NORMAS UNIVERSALES

1. Maxime situatio concreta, existentalis, ut vox Dei intelligitur.

Situatio dicit realitatem subiecti agentis totalem, internam
et externam, quae decisionem voluntariam ab homine exigit
(cfr. § 4).

a) Facilius ut vocatio intelliguntur situationes, in quibus
Deus intervenit *modo extraordinario*, v. g. ut revelans. — Sed
situationes quoque *ordinariae* interpretandae sunt ut vocatio divina: quod valet etiam relate ad earum elementa entitativa,
tum naturalia tum supernaturalia, sive haec inveniantur in aliis
quoque subiectis, sive in hoc solo individuo. *In momento enim*

---

5 Cfr. K. Rahner, *Atheismus*, in: *LexikTheolKirche* I, 2 Freiburg/Br.
1957, 983-989.

situationis: 1° - tota realitas situationis pendet quoad existentiam suam a Deo sciente et in hoc momento eam volente, ut docet doctrina de conservatione; 2° - haec realitas non solum quoad existentiam, sed etiam quoad taleitatem a Deo hic et nunc pendet, ut docet doctrina de Deo providenete et gubernante; 3° - consequenter sensus et intentio huius situationis, ab homine hic et nunc « realizandae », a Deo sunt.

b) Concrete ergo, in situatione, Deus per ipsam realitatem situationis, quae hic et nunc totaliter ab eo venit, *personaliter* nos vocat et postulat. Et quidem vocat ad aliquid *individuale-concretum*: ita ut numquam eadem praecise vocatio repetatur, nec relate ad idem subiectum, nec — a fortiori — relate ad alium hominem. Vocatur autem *homo personalis*, qui ex realitate concreta intelligit concretam Dei vocationem ideoque per decisionem suam personalem de modo agendi in situatione dat responsum Deo personaliter hic et nunc vocanti: sive positivum — ut optandum est — sive negativum.

Christus autem per Spiritum suum Sanctum et gratiam nos iuvat, ut bene vocationem Dei cognoscamus, atque nos invitat et movet ad responsum positivum. Consequenter vox Dei concreta est pro nobis vox caritatis Christi, cui respondendum est non sola substantiali praestatione operis, sed praestatione operis in caritate.

2. Normae morales universales, i. e. applicabiles pluribus numero situationibus vel etiam personis (cfr. § 4), *extra* concretam situationem, in qua applicandae sunt, nihil a nobis exigunt, nisi nostram agnitionem ipsarum et promptitudinem eas, casu dato, observandi; solum *in* situatione concreta executionem realem volunt. *Normae hae universales*, extra concretam quoque situationem, in qua applicandae sunt, *intelligendae sunt ut vox Dei, « universaliter » per eas vocantis.* Hoc dicendum est de normis naturalibus non minus quam de normis, quae in Esse hominis supernaturali fundantur; imo, etiam de legibus positivis, sive divinis sive humanis, quamdiu valent.

§ 4

VOLUNTAS DEI CONCRETA ET LEGES UNIVERSALES

Dispositio Dei de homine *in concreto* est individualis et ad aliquid concretum. *Quaestio est, quid Deus ab homine in concreto velit.*

Ex alia parte habentur leges universales. Ex norma enim morali fundamentali fluunt, quoad diversa obiecta particularia, variae normae morales magis particulares. Quae, quatenus in « Esse » specifico hominis (christiani) fundatur et pluribus hominibus applicari possunt, sunt *universales* atque formulari et *externe proponi* possunt. Sic habent similitudinem quamdam cum legibus positivis; unde *leges* (morales) vocantur. Hoc maxime valet de illis normis, quae ad aliquid *obligant;* minus de illis, quae dictant aliquid esse bonum, vel licitum, vel melius. Haec ultima terminologia tamen (qua nempe vocantur leges — morales — etiam normae respicientes bonum, licitum, melius) non omnino excluditur, quatenus *totus ordo* moralis, qui etiam permissiones, etc., continet, creaturae personali *impositus* est (etsi non mere positive): unde in sua totalitate « lex » vocatur. *Quaestio est, quomodo Dei vocatio individualis se habeat ad leges universales* [1].

---

[1] *Ex copiosa bibliographia indicamus*: J. Fuchs, *Situation und Entscheidung*, Frankfurt/M. 1952. — Id., *Situationsethik in theologischer Sicht*: Scholastik 27 (1952) 161-182 (resumptum in: Theology Digest 2 [1954] 20-30). — Id. *Morale théologique et morale de situation*: NouvRev-Théol 76 (1954) 1073-1085 (resumptum in: Digest religioso 2 [1955] 23-37). — Id., *Lex naturae. Zur Theologie des Naturrechts*, Düsseldorf 1955, 116-135. — K. Rahner, *Situationsethik und Sündenmystik*: Stimmen der Zeit 145 (1949/50) 330-342. — Id., *Über die Frage einer formalen Existentialethik*, in: *Schriften zur Theologie* II, Einsiedeln 1955, 227-246. — Id., *Prinzipien und Imperative*, in opere: *Das Dynamische in der Kirche*, Freiburg/Br. 1958, 14-37. — J. C. Ford - G. Kelly, *Contemporary Moral Theology* I, Westminster (Maryl.) 1958, 104-140. — J. Kraus, *Situationsethik als pastoral- und moraltheologisches Problem*, Mainz 1956. — D. v. Hildebrand, *True morality and its counterfeits*, New York 1955 (= *Wahre Sittlichkeit und Situationsethik*, Düsseldorf 1957). — A. Poppi, *La 'morale di situazione', esposizione e critica* (dissert.), Roma 1957. — A. Perego, *L'etica della situazione*, Roma 1958. — J. Mz. de Lahidalga y

I. NOTIO « CONDICIONIS CONCRETAE » (= « SITUATIONIS ») ET CORRELATIVA QUAESTIO MORALIS

Condicio vel realitas concreta hominis, vel etiam hominis *necessitas* agendi in condicione concreta, hodie vocari solent « *situatio* ». Situatio, utpote condicio individualis-personalis-existentialis, per se distinguenda est a « *casu* » morali, qui est hypotheticus et ideo universalis-impersonalis-essentialis. De situatione est iudicium ultimo-practicum: quid in hoc momento reali et non iterabili sit faciendum; de casu habetur solutio, quae re vera est lex moralis universalis, multis situationibus realibus applicabilis.

Situatio determinatur non solum a circumstantiis externis, ad quas subiectum de facto habet relationes personales, sed etiam a condicionibus subiecto internis et personalibus. Nota quod ad condiciones internas subiecto et personales pertinet quoque subiecti reactio sive spontanea sive voluntaria ad circumstantias externas. Unde situationes diversorum hominum possunt esse *substantialiter eaedem,* sed simul non tantum numerice, sed et qualitative, etsi *accidentaliter, differentes.* Item situationes successivae *eiusdem* hominis differentiam quandam accidentalem important, cum saltem experientiae et decisiones personales continuam quandam modificationem subiecti secumferant. Quae differentiae, etsi non semper pro actu morali externo, facilius tamen pro eius personali intensitate, etc., non sine influxu manent.

In vita morali enim *homo totalis* qualis est hic et nunc realizandus est, nullo elemento neglecto, — non ergo mere homo « ut sic »; quaeritur enim: quid vult Deus praecise « a me »

AGUIRRE, *La llamada 'Moral nueva' a la luz del Magisterio de la Iglesia* (Vitoria 1957). — *Inter plurimos articulos, maxime post Instructionem S. Off. diei 2.2.1956 editam scriptos, videas:* E. RANWEZ, in: Dev. dioc. de Namur 9 (1954) 155-171. — R. W. GLEASON, in: Thought 32 (1957-8) 533-558. — J.-M. LE BLOND, in: Etudes 1957 (février) 238-256. — F. SCHOLZ, in: *Der Mensch unter Gottes Anruf und Ordnung,* ed. a R. HAUSER - F. SCHOLZ, Düsseldorf (1958), 32-50. — *Protestantice:* A. TROOST, *Casuïstiek en Situatie-Ethiek; een methodologische terreinverkenning,* (dissert.) Utrecht 1958.

et a me « in hoc momento »? Unde factum est, ut, de situatione
quaerentes, *alii* laudabiliter moralitatem sinceram et personalem
curare velint, dum *alii* valorem legum universalium pro situatione diminuendum esse falso putant (« ethica situationis »
erronea).

II. DISPOSITIO DEI DE SITUATIONE CONCRETA

Deus disponit personaliter de omni situatione uniuscuiusque
hominis. Quomodo? Per totalitatem realitatis concretae hominis
(natura et persona) in situatione positi; homo enim debet hanc
suam realitatem « vivere », i. e. realizare rationem moralem vivendi, in hoc suo Esse fundatam. Ut ergo voluntas Dei de
homine hic et nunc agente cognoscatur, omnia et singula elementa situationis respicienda sunt.

1. ELEMENTA SITUATIONIS: 1° - *Elementum fundamentale*:
natura humana. 2° - *Qualitates individuales subiecti*: corporis,
spiritus, affectus, etc.; sive historice factae (v. g. per propriam
vitam actuosam, per dispositionem internam relate ad circumstantias actuales, etc.), sive congenitae; sive mere de facto tales,
sive etiam « de iure », i. e. ob aliquod « individuale qualitati-
vum », soli subiecto (non-reflexe) notum [2]; sive naturales, sive
supernaturales (v. g. gratiae). 3° - *Relationes ad circumstantias
externas*: nam his relationibus (non ipsis circumstantiis!) subiectum accidentaliter determinatur: *vel* ad alias personas, et
quidem eo modo, quo hae a subiecto sentiuntur; *vel* ad res,
eventus, etc.; *vel* ad cursum historiae, si v. g. pro hoc vel illo
eventu forsitan exspectando modus agendi in situatione alius et
alius esse debet. 4° - *Dispositio divina de persona individua* ut
tali, cum persona non sit unitas mere numerica, sed habeat in
se ipsa, et non solum in specie humana, proprium sensum existen-

---

[2] Cfr. C. NINK, *Metaphysik des sittlich Guten*, Freiburg/Br. 1955, 77:
« Homo moraliter bene agens, si applicat principium legis naturalis, actum
moraliter bonum non ponit subsumptione mere formali-dialectica, sed semper actione individuali-existentiali, secundum sensum et finem proprii Esse,
secundum proprietatem suam individualem-existentialem in situatione historica » (versio nostra).

tiae, et quidem aeternae; hoc sensu maxime loquuntur de « ethica
existentiali » ³. 5° - Nec absolute excludendus est *Dei interventus
extraordinarius*, quo *vel* exigitur aliquid, quod ceterum ordine
morali generali non postulatur, *vel* (in materia possibili) conceditur sic dicta dispensatio impropria (cfr. infra § 6: IV),
— transferendo v. g. iura ab uno in alium ⁴.

In elementis situationis simul sumptis fundatur « lex moralis
situationis ». Haec de situatione dicit: 1° - *quid non liceat*, v. g.
occisio directa foetus, quippe qui sit homo; 2° - *quid positive* liceat
vel faciendum sit: actio externa, affectus internus, intentio in
actione; v. g. quomodo medicus externe et interne se habere
debeat, si, occisione foetus prohibita, mater gravida est in periculo; 3° - *qua intensitate* actus sit ponendus, v. g. actus poeni-
tentiae sub concretis condicionibus personae et motu gratiae
Spiritus Sancti.

NOTA, quod etiam iudicium conscientiae personale personae agentis pertinet ad situationem. Imo, infra dicetur positionem personalem actus dirigi iudicio conscientiae personali. Quaestio autem de dispositione Dei circa
situationem potius non est de hac *positione actus* secundum dictamen conscientiae, sed de ipso *actu ponendo* in se et obiective spectato, independenter ergo a iudicio (vero vel erroneo) conscientiae personalis de eo.

2. LEGES MORALES UNIVERSALES IN RELATIONE AD ELEMENTA SITUATIONIS

Aliae sunt normae morales materialiter et determinate correspondentes determinatis elementis situationis, v. g. « non licet
directe occidere foetum ». *Aliae* vix modo materiali-determinato
respiciunt determinata elementa situationis: si v. g. certo « debemus esse misericordes », adhuc determinandum est, quid hoc sub
concretis condicionibus significet. *Imo, quaedam leges sunt potius*
« *formales* » *quam* « *materiales* », i. e. vix dicunt, *quid* materia-

---

³ Cfr. K. RAHNER, *Über die Frage einer formalem Existentialethik* (cfr.
supra n. 1). — J. KRAUS, *Situationsethik...* (ib.). — F. BÖCKLE, *Bestrebungen in der Moraltheologie*, in: FEINER-TRÜTSCH-BÖKLE (edit.), *Fragen
zur Theologie heute*, Einsiedeln 1957, 425-446.

⁴ Sic Ecclesia ex institutione Dei habet ius exigendi, ut clerici exempti
maneant a servitio militari. — « Obiectores conscientiae » autem interventum Dei *probare* deberent!

liter sit bonum vel faciendum. Etsi v. g. certo « debemus rationem
habere cursus historiae, cogniti vel praevidendi », quid hoc materialiter importet, talis lex non dicit. Item certo « debemus
sequi motum Spiritus in nobis »; obiectum tamen huius motus
lege non significatur, sed est cognoscendum ex motu Spiritus,
verificato regulis obiectivis discretionis spirituum. Similiter dicendum de obligatione oboediendi speciali interventui Dei. Atque
si aliquod elementum subiecto internum, quod conceptibus —
et ideo externe — exprimi non potest (= est « ineffabile »), in-
fluit in « legem situationis » (v. g. quoad convenientem modum
interne se habendi), huiusmodi elementum a lege universali
(= conceptuali) materialiter et determinate non dicitur.

III. COGNITIO NOSTRA DISPOSITIONIS DEI CONCRETAE

Quaestio de *cognitione morali* alibi quidem tractatur; sed
pro rei momento quaedam hoc loco iam dicenda videntur.

Per se, perspecto Esse totali hominis in situatione positi,
ratio fide illuminata intelligere potest, quisnam modus agendi,
sub aspectu morali, obiective per hoc Esse fundetur. Nunc vero,
de facto, ad iudicandam situationem nobis semper iam nota sunt
aliqua *principia generaliora* ordinis moralis, quae in situatione
applicanda sunt: sive haec principia sint revelata, sive accepta
ab aliis, sive cognita ratione a nobismetipsis. Principia autem
generaliora iam nota iuvant ad intelligendam moralitatem situationis concretae; quod magni momenti est, quia principia generaliora facilius et securius intelliguntur quam solutiones concretae [5], cum concreta contineant plus realitatis quam abstracta.

Practice ergo:

*a) Ordinarie applicantur aliquae leges universales iam
notae* situationi diiudicandae: 1° - *Sub legibus materialiter satis
determinatis* simpliciter *subsumuntur* ea elementa situationis,
de quibus in lege generali determinate sermo est: « numquam
licet foetum directe occidere », ergo neque nunc. 2° - *Sub legibus*

---

[5] *STh* I-II 14, 3c.

materialiter minus determinatis, vel potius formalibus, item subsumuntur elementa correspondentia situationis; sed, sicut v. g. principium minus materiale « estote misericordes » fundatur in Esse hominis et inde cognoscitur, sic etiam *talis* misericordia exercenda fundatur in *tali* Esse hominis, situatione sua determinati, et hinc intelligitur. Perspecto ergo Esse concreto hominis, intelligi quoque potest moralitas materialis obiectiva fundata in tali Esse[6]. Intervenit in hac intellectione virtus *prudentiae,* et quidem prudentiae supernaturalis propter Spiritum Sanctum iuvantem, quae invenit *quaenam* principia iam nota applicanda sint hic et nunc, *et quo modo.*

Haec virtus prudentiae facit etiam adhibere regulas, theologice fundatas, ad dignoscendum interventum vel motum divinum ubi occurrunt: sive tali motu divino indicetur id, quod per se ipsa ratio prudens ex ceteris elementis situationis intelligere potest[7], sive indicetur id, quod ex ceteris elementis situationis erui nondum potest, sed ex mero ductu gratiae divinae[8]. Discretio spirituum commendatur a Christo (cfr. *Mt* 7, 16: « a fructibus eorum cognoscetis eos ») et a discipulo praedilecto (*1 Io* 4, 1: « probate spiritus, si ex Deo sint »); item ab apostolo gentium, qui in hac discretione exercenda distinguit artem omnibus communem (*1 Thess* 5, 21) et speciale charisma (*1 Cor* 12, 10). — Quaedam tamen regulae discretionis spirituum traditionales cum datis scientiae psychologicae hodiernae confrontari debent, ne motus spirituum confundantur cum dynamismis psychicis. Et nota: facilius distinguitur tendentia bona a mala, quam motus spirituum suprahumanorum a tendentia psychica; securius stabiliuntur regulae negativae (quid non possit esse a Deo), quam positivae (quid dicendum sit esse a Deo);saepius habetur certitudo sufficiens ad licite sequendum quendam motum bonum, quam ad eum habendum ut vocationem obligatoriam divinam.

---

[6] J. DE FINANCE, *Ethica generalis,* Romae 1959, 189: « Et sic in ordine morali habetur quidam *processus inventionis.* Novae 'situationes' quae exsurgunt, non quidem mutant leges universales et essentiales, sed novas *modalitates applicationis* suscitant, e quibus rursus possunt novae legum universalium determinationes erui... ».

[7] S. IGNATIUS A LOYOLA electiones factas approbationi divinae, discretione spirituum cognoscendae, subiicere facit: v. g. *Exercit. Spirit.,* n. 183.

[8] Cfr. K. RAHNER, *Die Logik der existentiellen Erkenntnis bei Ignatius von Loyola,* in opere: *Das Dynamische in der Kirche,* Freiburg/B. 1958, 74-148. — S. IGNATIUS A L., *Exercit. Spirit.* n. 176 (Secundum tempus electionis).

b) Applicatio legum universalium tamen non necessario fit modo explicito; nec requitur cognitio abstracta et antecedens *omnium* principiorum. Immediata enim quadam intellectione (dicunt: « intuitu ») perspici potest situatio sub aspectu morali, quae cognitio ergo minus est deductiva *ex,* quam potius fundata *in* suis rationibus perspectis[9]: *unde obiective adhuc fieri posset applicatio explicita legum universalium, criterii causa.* Nec oblivioni danda est doctrina Aquinatis de cognitione morali ex quadam connaturalitate[10].

c) Media inepta ad Dei voluntatem exquirendam non raro adhiberi videmus: 1° - Arbitrarie statuunt possibilem aliquem eventum futurum ut signum divinum. (Aliud tamen est: sorte eligere unum ex pluribus mediis aeque [quoad nos] aptis, fiducialiter rogando Deum, ut rem bene dirigat; cfr. *Act* 1, 15-26, de electione successoris in apostolatu Iudae Iscar.). 2° - Nimis facile et arbitrarie interpretantur viam et eventus vitae praeteritae ut signum voluntatis divinae; potius situatio praesens prudenter analyzanda est.

IV. VALOR ABSOLUTUS LEGUM MORALIUM SUB CONDICIONIBUS CONCRETIS

Multi non-catholici, et etiam aliqui catholici, erronee putant: leges morales, quae non sunt mere positivae, habere quidem valorem « ontologicum », in « Esse » hominis personalis fundatum, *carere autem valore morali absoluto et universali;* unde admittunt eas non in omni omnino situatione correlativa esse necessario applicabiles.

1. PHILOSOPHICE, praeter personalismum actualisticum, apud multos hodiernos subest difficultas non soluta *problematis universalium.* Putant situationem utpote unicam — non numerice tantum sed et qualitative — ideoque ineffabilem (conceptibus), nullo modo iudicari posse legibus universalibus (conceptibus). Et in hoc errant, non videntes, quod *ea* situationis elementa, quae in aliqua lege universali praecise respiciuntur, necessario

[9] Cfr. ea, quae habet S. THOMAS de modo cognoscendi angelorum: *STh,* I 58, 3 ad 2.
[10] *STh* II-II 45, 2c.

hac lege etiam iudicantur; imo, lex praecise fundatur in « esse »
talis elementi (humani) et est eius expressio sub aspectu morali.
— *Verum tamen est*: 1° - situationem, etsi totam, forsitan tamen
non *totaliter* (= adaequate) iudicari aliqua lege morali generali (cfr. supra II et III); 2° - nec *complexum* legum universalium
efficere solutionem pro situatione, sed solum pro « casu », qui
ipse non est nisi « typus », ita ut eius solutio sit iterum lex
universalis[11].

NOTA valorem absolutum pro situatione competere etiam legibus *posi-*
tivis, si hae intelliguntur non solum secundum verba, sed secundum verum
earum significatum: sic enim veram exceptionem non patiuntur (cfr. § 10:
III, Z).

2. THEOLOGICE, maxime ex conceptione protestantica, varia
afferuntur argumenta contra valorem absolutum legum universalium pro situatione[12]. Quibus respondendum est:

a) *Non licet invocare excellentiam et libertatem absolutam*
Dei, vel Christi, quasi possint permittere vel exigere etiam
actionem contra leges morales, maxime in hoc mundo « chaotico »
postlapsario, in quo secundum hos theologos propter peccatum
iam non invenitur verus ordo. Nec fingenda est aliqua voluntas
Dei « impropria », qua homini postlapsario concedatur libertas
agendi aliquando contra voluntatem Dei « propriam », sperando
in veniam Dei. Revelatio talem libertatem non novit. Atque in
genere, qui ita volunt, non satis recogitant, quod Esse (naturale
et supernaturale) hominis non solum in Dei *voluntate*, sed,
« profundius », in intellectu et *essentia* eius fundatur. Cfr. tamen
ea, quae infra dicentur de sic dicta dispensatione impropria
(§ 6: IV). Unde nec sufficit admittere valorem legum mere
« directivum », qui quidem exigat, ut lex in « solutione » situationis « attendatur », non autem ut absolute « observetur ». Ceterum, criterium sufficiens distinguendi inter observationem de-

---

[11] « Iuvat recolere doctrinam S. Thomae de impossibilitate exhauriendi
singulare per conceptus universales, I 14 11 »: I. DE FINANCE, *Ethica ge-*
neralis, Romae 1959, n. 192. In ordine practico prudentia intervenire debet.

[12] Varia argumenta invenies apud theologos protestantes, v. g. E. BRUN-
NER, K. BARTH, N. H. SØE, H. THIELICKE, *Inter catholicos vide* E. MI-
CHEL (laicum; cfr. infra V).

bitam et non-debitam indicari non potest. Qui hanc distinctionem proponunt, indicant quidem internum motum Spiritus Sancti: sed quomodo iste vere « discerni » potest, cum motus sit praecise contra legem Dei? A fortiori non admittendi sunt illi, qui, ad Scripturam se referentes, dicunt Deum dirigere homines omnino non lege universali, sed solis praeceptis individualibus. Contra quam affirmationem videas v. g. *Mt* 19, 9, de adulterio.

b) Nec licet invocare libertatem filiorum Dei, quasi haec liberet ab absoluta obligatione legum moralium. Respondet enim apostolus: « absit » (*Rom* 6, 1. 15). Nam libertas christiana liberat quidem a lege mere ab extra cogente, non autem ab ipsa obligatione; potius haec libertas consistit praecise in virtute tendente ad bonum faciendum, ut in § seq. explicabitur. Nec iure dicitur *personalitatem* hominis, vel hominis christiani, excludere obligationem per legem impersonalem; lex enim est expressio voluntatis personalis Dei, sive naturaliter sive supernaturaliter revelatae (cfr. § 3).

c) A fortiori erroneum est extollere relationem personalem inter Deum et hominem (vel hominem christianum), quasi homo non accipiat a Deo (Patre, amico) verum mandatum, sed ineat cum eo consilium de agendis. Quo argumentandi modo valor legum moralium certo relativus fit. In tali sententia enim pessumdatur ratio creaturae, a Deo dependentis, quae tamen manet etiam in homine personali ad filiationem divinam vocato.

d) Caritas autem christiana erga Deum, et maxime erga proximum, non obstat — quod tamen saepe affirmatur — *valori absoluto legum moralium.* Omnes enim leges, lege amoris incluso, verum *ordinem* constituunt: et sensus intimus omnium legum moralium est caritas exprimenda. Caritas quidem vult, ut in agendo rationem habeamus aliorum hominum eorumque necessitatum; sed verum Esse aliorum hominum, ideoque eorum intrinseca exigentia, legibus moralibus vere exprimitur, etsi forsitan non adaequate. Unde voluntas explicita proximi, si legi morali contraria est — v. g. petitio euthanasiae —, implenda non est: et hoc quidem non solum ut aliqua lex impersonalis vel voluntas Dei observetur, sed ut respondeatur intimae exigentiae proximi.

e) Non timenda est collisio officiorum, ob pluralitatem legum moralium absoluti valoris forsitan oritura. Etenim: 1° - Voluntas Dei de situatione potest esse *una* tantum; ideo impossibile est haberi obiective duas obligationes sibi contrarias. Apparentia contrarii est mere ex inadaequata legum formulatione externa; sic obligatio medici servandi vitam matris periclitantis restringenda est appositione « mediis, quae tum physice tum moraliter praesto sunt »: unde v. g. lex moralis prohibens directam occisionem infantis nondum nati non contradicit obligationi medici salvandi matrem, si haec obligatio recte intelligitur. 2° - Ordo enim moralis, ut diximus, est *unus,* cuius diversae expressiones (leges) consequenter impossibilem reddunt collisionem officiorum.

Quoad ordinem variarum legum moralium inter se, qui consequenter admittendus est, quaedam *regulae* [13] indicantur: in apparenti conflictu lex naturalis semper praeferenda est legi positivae, lex positiva divina generatim legi positivae humanae, lex negativa (prohibens) semper legi affirmativae (cfr. adagium: *lex affirmativa valet semper, sed non pro semper, lex negativa semper et pro semper*), obligatio iuris generatim obligationi caritatis (sed cfr. adagium: *irrationabiliter invito non fit iniuria*), etc.

f) Nec ex admisso valore absoluto legum moralium necessario consequitur mens legalistica, quae contenta esset *opere* secundum legem posito. Idem ordo moralis enim non exigit solum hoc vel illud *opus* praestitum, sed simul *animum et intentionem* rectam, quae in opere praestando non solum quaerit sibimetipsi suam « iustitiam » (iustificationem), sed vere bonum proximi et, ultimatim, donationem suiipsius Deo. Revera, Deus vult hominem, et cor eius, non solum aliqua opera. Periculum mentis legalisticae ergo non venit ex admisso valore absoluto legum moralium, sed ex imperfecta consideratione totalitatis ordinis moralis atque ex eius conceptione minus personali (cfr. § 3).

---

[13] Cfr. NOLDIN-HEINZEL, *Summa theol. mor.* I, Oeniponte 1952, n. 207.

V. « ETHICA SITUATIONIS »

1. TERMINUS « ethica situationis » non est univocus. Ethica quoque christiana, si cum quadam insistentia ad momentum « situationis », sensu supra (I) explicato attendit, optime « ethica situationis christiana » vocari potest. Quod tamen hodie minus opportune fit, cum generatim, et in ipsis documentis Ecclesiae, terminus reservetur formis ethicae situationis damnandis. Sed etiam ipsae formae damnandae variae sunt.

Influxum in ortum ethicae situationis exercuit tum quaedam *philosophia* existentialis-personalistica-actualistica, tum variae conceptiones *theologicae* protestantismi (cfr. supra IV, 2). Nominanda sunt praeprimis opera theologica S. KIERKEGAARD, et ethica quam scripsit E. GRISEBACH [14].

Situationistae generatim opinantur existentiam *personalem* ultimatim vix mensurari posse legibus *essentialibus* (universalibus); consequenter moralitatem situationum ultimatim esse, vel posse esse, independentem a normis essentialibus.

Apud catholicos falsa ethica situationis occurrit potius *exercite*, i. e. in iudiciis particularibus ferendis, et ut *tendentia*, minus ut verum systema; hoc ultimum, etsi vix apud theologos, tamen apud quosdam laicos habetur [15].

2. INSTRUCTIO S. OFFICII diei 2.2.1956 damnavit determinatas quasdam tendentias ethicae situationis [16].

Instructio non damnat omnem formam « ethicae situationis », sed eam solam quam ipsa describit (« *cuiusdam* Ethicae Situa-

---

[14] *Gegenwart. Eine kritische Ethik*, Halle 1928. De quo cfr. TH. STEIN-BÜCHEL, *Die philosophische Grundlegung der kathol. Sittenlehre* I (F. TILL-MANN, *Handbuch der kath. Sittenlehre* I, 1), Düsseldorf 1951, 237-257.

[15] Maxime E. MICHEL, *Der Partner Gottes. Weisungen zum christlichen Selbstverständnis*, Heidelberg 1946. — ID., *Renovatio. Zur Zwiesprache zwischen Kirche und Welt*, Stuttgart 1947. — ID., *Ehe. Eine Anthropologie der Geschlechtsgemeinschaft*, Stuttgart 1948 (relatus in Indicem libr. prohib.). — ID., *Gläubige Existenz*, Heidelberg 1952.

[16] AAS 48 (1956) 144s. — Praecesserant 2 allocutiones PII XII: 23.3.1952 (AAS 44 [1952] 270-278) et 24.4.1952 (ib. 413-419). — Commentarium in Instructionem scripsimus in NouvRevThéol 78 (1956) 798-818: *Ethique objective et éthique de situation*. — Item F. HÜRTH, *Annotationes*: PeriodMCL 45 (1956) 140-204.

tionis »); eamque refert ad solam legem *naturalem*. Ethica, quae damnatur, dicitur habere pro *ultima* norma *obiectiva* moralitatis actionis intimum aliquod iudicium mentis: sive hoc correspondeat ordini obiectivo recto sive non. In hoc huiusmodi ethica contraria esse dicitur ethicae traditionali catholicae, quae pro ultima norma honestatis obiectivae actionis habet: ordinem obiectivum rectum, in ipso Esse fundatum, naturae lege determinatum, extra hominem (i. e. extra iudicium subiectivum) positum, cuius principia applicantur ad casum particularem, attentis tamen prudenter particularibus situationis adiunctis; qui ordo obiectivus in omni casu manet mensura iudicii interni hominis.

Obiectivitas ordinis, de quo Instructio, in quonam consistit? Certo non in *persuasione* subiectiva; sic explicite Instructio. Nec in ratione *universalitatis* legum obiectivarum; universale enim et obiectivum non sunt idem. Nec in eo, quod hae leges nobis externe *proponuntur*, v.g. a theologis, vel ab Ecclesia; nam lex naturalis in actu primo est lex interna, nec per se indiget propositione externa. *Sed obiectivitas est in hoc, quod hic ordo in Esse fundatur et consequenter ex Esse cognosci potest*: unde est validus independenter a iudicio personali; nec refert, utrum agatur de aliqua lege universali an de « lege » situationis concretae.

Principia universalia ordinis moralis obiectivi, cum in Esse fundentur, possunt, secundum Instructionem, mensurare actionem in aliqua situatione concreta ponendam, consideratis tamen prudenter situationis adiunctis. Consequenter etiam aliquod iudicium personale immediatum circa determinatam situationem semper manet mensurabile, per se saltem, per dicta principia, etsi mensuratio de facto non fiat explicite et reflexe.

VI. QUAESTIO CONNEXA: DE OBLIGATIONE CONSILIORUM ET BONI MELIORIS

Haec duplex quaestio est *de obligationibus in concreto, quae* non imponuntur omnibus hominibus ideoque *non continentur legibus universalibus*: sc. *de consiliis*, maxime evangelicis, et *bono meliore*.

1. QUAEDAM BONA MORALIA SUNT DE CONSILIO, *non autem de lege universali praecipiente* [17]. Longa traditio Ecclesiae enumerat

17 J. DANIÉLOU, *Les conseils évangéliques*: VieSpir 58 (1948) 660-674.
— B. HÄRING, *Die Bedeutung des Systemgedankens in der Moral-*

praesertim tria *consilia evangelica*: paupertatem, virginitatem, oboedientiam.

a) *S. Scriptura*:

Paupertatem Christus non postulat ab omnibus, sed solum ab illis, personaliter vocatis, qui eum sequuntur in praedicando evangelio (cfr. *Mc* 6, 7-9); item a « iuvene divite» (*Mc* 10, 17-22). — *Virginitatem* Christus laudat in illis, qui eam eligunt propter regnum caelorum: quod specialem vocationem supponit (« qui potest capere, capit ») (*Mt* 19, 12). *Nec* S. Paulus cognoscit legem universalem, quae virginitatem imponeret (*1 Cor* 7, 7. 25-35): non habet mandatum Domini, sed propriam suam opinionem (25), imo desiderium (7) et consilium (1.8.26), et quidem ob relationem ad Christum et tempus eschatologicum. - Pro *oboedientia* maxime recurrendum videtur non ad vocationem discipulorum ut Christum sequantur, sed ad verba Domini « quicumque voluerit fieri maior, erit vester minister » (*Mc* 10, 43), et similia (cfr. 10, 44; 9, 35; *Lc* 14, 11; 18, 14; *Mt* 23, 12). Unus ex modis in praxim reducendi hanc mentalitatem certo est oboedientia libere praestita.

Conclusio: *Admittenda sunt consilia*, quae non omnibus praecipiuntur, sed specialem vocationem supponunt. *Non autem sequitur*: talem specialem vocationem, cum sit solummodo ad *consilium*, non esse verum praeceptum.

Vocatio *enim* « iuvenis divitis » ad consilium paupertatis praeceptiva fuisse videtur. Nam verba « *Si vis* perfectus esse » (*Mt* 19, 21) non negant obligationem, sicut neque eam negant verba parallela « *Si* autem *vis* ad vitam ingredi » (*Mt* 19, 17), quae certo obligationem significant. Ceterum tendentia in perfectionem de qua agitur (« Si vis perfectus esse ») alibi apud eumdem evangelistam Matthaeum non arbitrio relinquitur, sed omnibus imponitur (*Mt* 5, 48). Atque apud Marcum (10, 21) clare dicitur: « Unum tibi *deest* » (nempe paupertas), quae verba

---

theologie...., München 1950, 262-281. — B. Häring - R. Schnackenburg, *Evangelische Räte*, in: *LexTheolKirche* 2 III, 1245-1250. — B. Häring, *Das Gesetz Christi*, 5 Freiburg/B. 1959, 321-329. — A.-I. Mennessier, *Conseils évangéliques*, in: *DictSpirit* (II, 1591-1609. — K. Rahner, *Der Einzelne in der Kirche*: Stimmen d. Zeit 139 (1946/7) 260-276. — Th. Steinbüchel, *Existentialismus und christliches Ethos*: TheolQuartalschrift 123 (1948) 1-27. — Fr. Tillmann, *Die Idee der Nachfolge Christi*, 4 Düsseldorf 1953, 198-205.

dicunt necessitatem, cum referantur ad quaestionem de vita
aeterna percipienda (*Mc* 10, 17) [18].

Consequenter: ea quae sunt de consilio, etsi non *omnibus*
sint medium necessarium pro eorum perfectione obligatorie
assequenda, *singulis* possunt esse modus obligatorius perfectionis
obligatorie assequendae, si nempe ad talem modum vocantur.

b) Theologice tenendum est: 1° - Esse determinatos modos
perfectionis assequendae, qui aliis modis per se perfectiores sunt;
sic habet Scriptura et traditio, sic definitum est de virginitate
(D. 980). Nec excluduntur alia consilia praeter illa tria *evangelica.* 2° - Modos minus altos tamen esse modos verae perfectionis,
etsi sensum vitae christianae, seipsam transcendentis et unionem
definitivam cum Christo exspectantis, non eadem eminenti ratione exprimunt ac consilia.

Falsum est dicere: *non omnes homines obligari ad perfectionem appetendam.* Omnibus enim Christus dicit (etsi in textu
immediate respectu determinatae quaestionis tantum): « Estote
ergo vos perfecti, sicut et pater vester caelestis perfectus est »
(*Mt* 5, 48) [19]. Similiter S. Paulus (*2 Cor* 13, 11; cfr. *1 Thess* 4, 3;
Eph 1, 4) et S. Iacobus (1, 4). Ulterius, quomodo quis vere
Christum sequitur, si perfectionem non intendit; maxime, cum
sequela Christi in caritate consistat? Sed omnes tenentur Christum sequi et caritatem habere. « Diliges Dominum Deum tuum
ex toto corde tuo et in tota anima tua et in tota mente tua »
(*Mt* 22, 37).

Item falsum est dicere: *modum appetendae perfectionis pro
omnibus esse eundem ideoque legibus universalibus adaequate
expressum.* Nam media exprimendi voluntatem perfectionis correspondere debent proprietati individuali et personali singulo-

---

[18] Interpretatio data praeferenda videtur, et ob rationes allatas ex-
cludit aliam, valde sparsam, quae nimis insistit in verbis « Si vis ». Cfr.
R. SCHNACKENBURG, *Die Vollkommenheit des Christen nach den Evange-
lien*: GeistLeben 32 (1959) 420-433, speciatim 428-431. — J. HERKENRATH,
Die Ethik Jesu in ihren Grundzügen, Düsseldorf 1926, 164s. — J. SCHMID,
Das Evangelium nach Matthäus, ³Regensburg 1956, 282.

[9] A. GEORGE, *Soyez parfaits comme votre Père céleste: Bible et vie
chrét.*, n. 19 (1957) 84-90.

rum hominum, condicionibus situationis, gratiae singulos personaliter moventi; gratia autem Spiritus Sancti nos moventis non
limitatur legibus universalibus, cum hae potius sint expressiones-
limites (et pro omnibus communes) gratiae (cfr. § 5). — *Inde
tamen logice non sequitur: modum appetendi perfectionem relin-
qui simpliciter arbitrio hominis*; nonne situatio et Dei vocatio tam
clarae esse possunt, ut vere « legem individualem-personalem »
imponant, — *ultra* leges universales? Dicimus: « situatio » individualis, sicut potest prohibere electionem consiliorum (v. g.
electionem virginitatis in eo, qui est moraliter ineptus), sic etiam
potest variissimas ob causas obligatoriam reddere (graviter vel
leviter) electionem consiliorum, v. g. si quis prudenter iudicat se
in alio genere vitae salutem vix assequi posse. Theologi hoc generatim admittunt ut obligationem consiliorum « per accidens »;
et quidem etiam illi multi, qui obligationem consiliorum « per
se », i. e. ob Dei vocationem personalem, non admittunt, quia
iuxta eos est vocatio ad solum *consilium* [20]. Videtur tamen dicendum: mediante prudenti discretione (explicita vel implicita)
spirituum vocationem personalem posse esse tam claram, ut
eligere consilium non sit solum licitum, sed etiam a Deo volitum,
i. e. obligatorium [21]. Nota tamen hanc claram vocationem personalem illum ordinarie non habere, qui non est intime et libenter
paratus sequendi internum motum Dei vocantis.

Consilia ergo libertatem servant: quatenus nempe nemo ad
ea *lege* (universali) tenetur, sed *Dei libera vocatione personali*
quis excitatur ad ea tamquam « opera supererogatoria » praestanda. Terminus ergo « opera supererogatoria » secundum explicationem datam significare potest non solum opera *pro arbitrio*
uniuscuiusque praestanda, sed simpliciter opera, quae sunt *ultra
ea, ad quae lege (universali) tenemur.*

Nota alibi magis explicite agi de vocatione sacerdotali et religiosa.

---

[20] V. g. M. Zalba, *Theol. Mor. Summa*, II, ² 1957, n. 1933. — Item
O. Zimmermann, *Lehrbuch der Aszetik*, Freiburg/Br. 1932, qui autem
plurimas causas pro obligatione « per accidens » enumerat (260ss).
[21] Cfr. K. Rahner, *Die Logik der existentiellen Erkenntnis bei Ignatius von Loyola*, in opere: *Das Dynamische in der Kirche*, Freiburg/Br.
1958, 74-148.

2. QUAESTIO DE BONO MELIORE SEMPER ELIGENDO intrinseca est quaestioni expositae de consiliis. Non quaeritur, utrum bonum *obiective* melius semper faciendum sit, — omissio eius dici solet *imperfectio negativa*; responsum negativum supra iam dedimus. E contra *agitur de bono quod morali cum certitudine cognitum est ut mihi melius*, — omissio eius vocari solet *imperfectio positiva*. Quaestio a multo tempore et etiam hodie est discussa: alii obligationem tenent ideoque imperfectionem positivam peccatum esse affirmant, alii sunt sententiae contrariae [22].

Sententia affirmans obligationem probabilior esse videtur. *Obiective* enim non videtur esse rationabile omittere bonum, quod clare cognitum est ut bonum maius, in favorem boni minoris; agere irrationabiliter autem est agere contra normam moralitatis, est ergo peccatum. *Subiective* autem conscientia, quae aliquid ut bonum maius cognovit, non potest, ut videtur, simul eius omissionem ut rationabilem iudicare. — *Vel aliter*: perfectio, ad quam tendere tenemur (cfr. supra), est perfectio *caritatis*; haec autem nobis non proponitur ut *materia determinata*, quam ergo exhaurire possimus, sed ut *finis*, qui semper ulterius appetendus manet. Omissio autem actionis, cognitae ut hic et nunc melioris, non potest ut talis exprimere caritatem, vel tendentiam perfectionis. Talis omissio nihil esse videtur nisi: evadere motionem gratiae Spiritus Sancti, quae est praecise motio caritatis.

Nec videtur opponi posse: electionem boni minoris manere electionem *boni*; quod de substantia actus quidem est verum, sed non de caritate hic et nunc exprimenda. Caritas enim, per omnem electionem boni exprimenda, non est indifferens, per quodnam bonum hic et nunc exprimatur, sed ex natura sua non admittit limitationem sui ad gradum determinatum (sive

---

[22] *Uberem bibliographiam*, simul cum acuta defensione sententiae affirmantis obligationem, vide apud O. LOTTIN, *Morale fondamentale*, Tournai 1954, 498-505. — Adde: C. V. TRUHLAR, *Structura theologica vitae spiritualis*, Romae 1958, 142. — E. RANWEZ, *Morale et perfection*, Tournai 1959. — Quoad manualia: affirmat obligationem v. g. A. VERMEERSCH, *Theol. mor.* I, ⁴1947, n. 405; negat Z. ZALBA, *Theol. Mor. Summa* I, ²1947, n. 994-999.

« bonum minus », sive bonum lege communi determinatum); et hoc valet non
solum pro tendentia caritatis ad perfectum *in genere*, sed etiam de quacumque eius expressione *particulari*. — Usus autem « libertatis » omittendi bonum melius, non videtur esse per se aliquod bonum (libertas enim est *ad
bonum realizandum*), ergo nec aliquod bonum, cuius appetitione iustifica-
retur omissio boni melioris.

Auctores, qui contrarium tenent, ex alia parte non raro affirmant magna
damna pro vita spirituali, imo pro salute secure assequenda (in quo affir-
mando aliquando exaggerant). Ulterius multi concedunt circumstantias et
motiva in omissione boni melioris saepissime esse irrationabilia ideoque peccaminosa; unde *quoad praxim* duae sententiae non tantopere differunt.

Notandum est pro praxi: 1° - Ordinarie omissio boni maioris
non est nisi peccatum *veniale*, imo saepe « venialissimum ». 2° -
Ut obligatio eligendi bonum maius affirmari possit, morali certitudine *constare debet*: agi non solum de aliquo bono meliore
in se, sed de bono meliore *pro me*, et quidem *hic et nunc*. Nec
aestimandum est, id quod est *difficilius*, ideo esse etiam pro
subiecto hic et nunc bonum maius. Sed videndum est, quid
subiecto conveniat, consideratis possibilitate eius physica, psychica, morali, atque motu et mensura gratiae ei collatae. — Ulterius,
etsi constat ad bonum maius pertinere, ut aliquoties abstineamus
ab illis, quae nobis potius placent, tamen bonis a Deo datis
etiam, cum gratiarum actione, utendum est. Unde prudenter in-
dagandum est, quaenam sit recta mensura pro nobis. Non autem
facile moraliter *certi* esse possumus: praecise *nunc* abstinendum
potius quam utendum esse, ut vita sit perfectior. Ille ergo, qui,
propriam indolem noscens, in christiana libertate et christiana
caritate Dei utitur et abstinet *sine continua reflexione, per se*
non incidit facile in peccatum voluntariae omissionis boni melioris. Nisi tamen in concreto motus Spiritus sit moraliter certus,
nec cum quadam coactione psychica (« *perfectionismus* » *psychicus*) *confundatur*. 3° - Unde *nec anxie agendum est, nec coac-
tionibus psychicis cedendum*. Periculo anxietatis vel nimiae con-
strictionis omnino resistendum est. Tale periculum enim obest libertati caritatis christianae, quae modo tranquillo se offert Deo.
Ubi ergo tale periculum sentitur, bonum maius praecise est: *non*
semper eligere id, quod, tali periculo non subsistente, esset bonum
maius.

§ 5

DE MUNERE «LEGIS» IN MORALITATE CHRISTIANA

In §§ praecedentibus potius in obliquo de «legibus» moralibus egimus: de earum existentia et natura (§ 4, init.), de earum
fundamento et charactere religioso-personali (§ 3), de earum
relatione ad situationes concretas (§ 4). In praesenti § *natura*
«legis» moralis magis enucleanda est, ut dein monstretur eius
munus proprium in vita morali christiana, quae maxime motu
Spiritus Sancti (et gratia) regitur.

I. NATURA LEGIS MORALIS

1. DEFINITIO LEGIS «*in genere*» potest esse: «quaedam
regula vel mensura, secundum quam aliquis inducitur ad agendum, vel ab agendo retrahitur»[1]. *Lex moralis* «de sui ratione
duo habet: primo quidem, quod est regula humanorum actuum;
secundo, quod habet vim coactivam»[2] in conscientia. *Vel*, magis
concrete, lex moralis est «dictamen practicae rationis»[3], rationis
tamen fide illustratae; *ratio* enim determinat *necessitatem* finium
et mediorum ex cognito Esse hominis personalis.

Malumus non ponere definitionem «classicam» Aquinatis: «ordinatio
rationis in bonum commune ab eo qui curam communitatis habet promulgata»[4]. Haec enim definitio proprie est de lege positiva humana, atque
non sine variis explicationibus applicari potest legi morali, v.g. naturali,
vel aeternae[5].

2. PROPRIETATES LEGIS MORALIS, qualis haec *generatim* accipitur, tres potissimum enumerari possunt: 1° . *Lex est obligatoria;*

---

[1] *STh* I-II 90, 1c.
[2] *STh* I-II 96, 5c.
[3] *STh* I-II 91, 1c.
[4] *STh* I-II 90, 4c.
[5] De quo cfr. O. LOTTIN, *La valeur des formules de saint Thomas
d'Aquin concernant la loi naturelle*, in: *Mélanges Maréchal* II, Bruxelles
1950, 345-377. — ID., *Psychologie et Morale aux XIIe et XIIIe siècles*,
II, 1, pg. 11-47.

nisi tamen quis sub termino « lex » etiam permissiones, consilia, etc., comprehendat (cfr. § 4). 2° - *Lex est universalis*, ideoque applicabilis ad plures personas, quae eiusdem condicionis sunt. Mandata e contra quae singulis ut talibus dantur, potius sub nomine *praecepti* veniunt. Non est tamen omnino extra usum modus loquendi de « lege *mea* », vel de « lege *situationis* » individuali et personali. 3° - *Lex est externa*; etsi detur usus loquendi etiam de « lege interna », qualis est lex naturae et lex gratiae Christi (de quibus infra). *Exterioritas autem legis varia significare potest*: (a) Legem aliquam esse *mere positivam*, ergo externe ab auctoritate competente datam. (b) Legem aliquam esse *externe propositam*, etsi natura sua et per prius sit lex interna, eo sensu quod lex in ipso Esse subiecti moralis fundatur. Sic lex naturae est per prius lex interna, tamen propositiones legis naturalis proponuntur etiam externe. (c) Legem aliquam esse *coactivam*; et *maxime hoc sensu lex dicitur externa*. Coactivitas hic dicit plus quam obligatorietatem (supra, 1). Lex enim dicitur coactiva, quatenus hominem movet ad agendum mere ab extra, puta per iussionem externam. Hoc sensu accepta, lex externa opponitur illi legi *internae*, quae hominem ad agendum movet non per coactionem externam, sed per tendentiam vel motum internum, ut est v. g. motus Spiritus (« lex gratiae » [6].

II. MUNUS LEGIS (EXTERNAE) [7]

Quaestio de munere legis in moralitate hominis a Deo supernaturaliter vocati respicit praeprimis, etsi non exclusive, legem *qua externam-coactivam*. Talis potest esse etiam aliqua lex, quae non est externe proposita, vel non universalis; sic

---

[6] Cfr. *STh* I-II 106-108. — ID., *In Rom.* 6, 14, lect. 3: (Esse sub lege dicitur) « dupliciter: Uno quidem modo, quasi legis observantiae *voluntarie subiectus*. Et hoc modo etiam Christus fuit sub lege... Alio modo dicitur aliquis esse sub lege, quasi a lege *coactus*; et sic dicitur esse sub lege, qui non voluntarie ex amore, sed timore cogitur legem observare. Talis autem caret gratia, quae si adesset, inclinaret voluntatem ad observantiam legis... ».

[7] Cfr. B. HÄRING, *Die Stellung des Gesetzes in der Moraltheologie*, in: V. REDLICH (ed.), *Moralprobleme im Umbruch der Zeit*, München 1957, 133-152.

praecepta legis naturalis, etsi per se non sunt externe proposita, tamen ab homine postlapsario valde ut externa-coactiva sentiuntur.

1. PROBLEMA indicatur a *S. Paulo*: Lex VT posita est iniustis, non iustis (*1 Tim* 1, 9), manifestat malitiam hominis peccatoris (*Rom* 3, 20; 7), facit abundare peccatum (*Rom* 5, 20; 7, 5ss) et in evidentiam ponit liberantem gratiam Christi (ib.); lex sic est paedagogus ad Christum (*Gal* 3, 24).

Theologi protestantes [8] inde a tempore LUTHERI multum insistunt in doctrina de « usu legis » (externae), ut dicunt. 1° - LUTHERO. *et lutheranis* usus (cuiuscumque verae) legis *primarius* est eius « usus theologicus » (= « paedagogicus » = « elenchticus »); i.e. finis legis est, ut hominem peccatorem accuset et damnet, qui sic duci potest ad ponendam totam spem in Christo, in quo solo hominis iustificatio habetur. Pro usu *secundario* legis habent « usum politicum », quatenus leges ex Dei ordinatione servant mundum postlapsarium ab inordinatione prorsus chaotica, observatio legis « politica » habet momentum mere civile (« iustitia civilis »), non autem theologicum, scil. pro relatione hominis ad Deum. Attamen, iam MELANCTHON incepit tribuere usui politico momentum quoque paedagogicum, i.e. disponendi hominem ad Christum. Melanchthon ulterius induxit sic dictum « *tertium usum* » legis, nempe « didacticum »; i.e. lex indicat viam moralem ipsis quoque iustificatis, quatenus nondum sunt exclusive sub ductu gratiae, sed simul sub concupiscentia. Sed nec hodie omnes lutherani hunc tertium usum admittunt. 2° - CALVIN *et reformati* « usum tertium » in usum *primarium* pro homine iustificato vertunt. « Usus theologicus » praedestinatis prodest. Usus quoque « politicus » similiter ac apud MELANCHTHON, disponit ad Christum. - Quaestio de « usu legis » etiam *hodie* valde discussa est in theologia protestantica, maxime sub forma problematis fundamentalis de relatione inter Evangelium et Legem. *Pro lutheranis* Evangelium (gratia) liberat a Lege (ut accusante et damnante). *Pro reformatis*, saltem secundum K. BARTH, Lex continetur in Evangelio et est eius forma concreta; Evangelium liberat Legem a deformatione per homines inducta, quae in hoc consistit, quod homines observationem legis ut opus meritorium salutis habent.

---

[8] Brevem conspectum, cum bibliographia, praebent: J. L. WITTE, *Antinomismus*, in: *LexTheolKirche* I, ²Freiburg/Br. 1957, 642-646. — W. KÜNNETH, *Protestantische Ethik*: ib. III, ²1959, 1130-1135. — P. BLÄSER, *Gesetz und Evangelium*: Catholica 14 (1960) 1-23.

2. SOLUTIO QUAESTIONIS

a) *Positive*:

Praeprimis: *Ratione sui,* omnis vera *lex est bona et sancta* (*Rom* 7, 12, de lege VT). Id enim, quod lege effertur, ultimatim fundatur in ipso Deo. Unde: 1° - Observatio legis, quousque fit, nos facit vere bonos (non dicimus: iustos). Et nota: legem (sensu pleno sumptam) exigere non solum aliqua opera, sed totum hominem; nec sola opera externa, sed intentionem quoque et cor. 2° - Lex est quaedam communicatio ipsius Dei, ideoque signum caritatis eius. Non est ergo illud impersonale, quod intermediet inter Deum et hominem, eos separando, sed potius medium communicationis personalis (cfr. § 3).

In homine autem iustificato, lex ut imperativus nostri « Esse in Christo » praeprimis intelligenda est ut *explicatio externa motus interni gratiae Spiritus Sancti*: qua explicatione hic motus divinus etiam in particularibus securius intelligatur; obstat enim huic intellectui maxime concupiscentia, quae etiam in iustificatis manet. Motus internus Spiritus procedit *quidem* ultra id, quod indicatur lege externa (universali), etsi supernaturali: Spiritus Sanctus enim ducit personam individuam et unitam Deo caritate; *tamen* hic motus Spiritus est sensus intimus ipsius legis externae. Consequenter, cum Spiritus in nobis operetur maxime caritatem, *leges explicant, quinam actus humani (externi et interni) esse possint et debeant expressio et mediatio caritatis.* — Consequitur: omnem legem moralem, etiam illam naturalem, in homine concreto inservire vitae supernaturali « filiorum Dei ». Quod valet etiam quoad illos homines, qui de facto non vivunt in gratia et sub habituali influxu Spiritus. Leges enim illis indicant eam vitam, quae in eis *deberet esse* expressio caritatis et signum Spiritus inhabitantis in eis, imo quae etiam in eis probabilius non *est* sine motu Spiritus, etsi non inhabitantis, per gratiam tamen actualem operantis.

Secundo: *Character coactivus* videtur legi iam aliquomodo proprius esse, inquantum homo est *in statu viatoris*. Nam ut viator, Deum nondum videns et possidens, homo deficere potest:

unde semper (vel in ipso statu originali, in quo ex caritate, a
Spiritu infusa, vivebat) legem aliquomodo ut externam coactivam
sentire videtur. — *Maxime tamen homo post-lapsarius*, quatenus
iam non vivit sub ductu Spiritus, legem sentit propriis tendentiis
egoisticis contrariam, ergo externam-coactivam: coram lege intelligit se esse contrarium ad id, quod legis Dei est, se ergo
tendere ad peccata et esse peccatorem; unde forsitan (gratia
movente) ad hoc perveniet, ut omnem iustitiam et virtutem a
solo Christo exspectet. *Sed haec functio legis non est eius functio
primaria*, cum sit potius per peccatum hominis *occasionata*, dum
functio primaria (cfr. supra) sit intrinseca legi («hominis»
et «filii Dei»). — *Homini iustificato per Christum*, i. e. viventi
sub gratia et motu Spiritus, eatenus *lex non est externa-coactiva*,
quatenus homo iustificatus vivit ex caritate Spiritus moventis;
quatenus autem idem homo manet adhuc sub concupiscentia, lex
retinet functionem eum instruendi, dirigendi et cogendi ab extra,
et quidem non mere ut viatorem, sed maxime ut egoistice con-
cupiscentem. *Unde, quo magis quis se gratiae subdit, eo minus
est sub lege* (externa-coactiva); cfr. *1 Tim* 1, 9: lex iniustis
posita est, non iustis.

Tertio: «*Usum politicum*» lex quidem habet, quatenus scil.
iuvat ad vitam hominum ordinandam; hic usus tamen non est
mere politicus, sed simul et primario moralis-religiosus (cfr.
supra). Imo, cum conservatio hominis postlapsarii a parte Dei
videatur esse ad hoc, ut homo in Christo redimatur, lex, eiusque
« usus politicus », ex Dei intentione videntur esse in servitium
redemptionis in Christo.

b) *Negative*:

Primo: *Lex, ut externa, non iustificat*: non enim liberat
ab egoismo postlapsario, ideoque non facit diligere Deum modo
debito. Quae omnia praestat sola gratia, a Spiritu data.

Secundo: *Lex, ut externe proposita, ideoque universalis,
non dicit determinate totum id, quod homini individuali hic et
nunc agendum est.* Ad hoc movet gratia Spiritus.

Auditur saepe leges esse mere *negativas*, eas esse nonnisi « marginem » vel « saepem ». Cautius loquendum esse putamus: 1° - Leges, non solum affirmativae, sed etiam negativae, sunt de aliquo *bono* positive servando vel realizando. 2° - In situatione concreta non una tantum lex (et quidem negativa), sed *complexus* legum (etiam affirmativarum) applicandus erit. 3° - Attamen leges universales situationem non plene et determinate exhauriunt(cfr. § 4).

Tertio: *Lex non est elementum principale in ordine morali praesenti; elementum principale enim est motus Spiritus et gratiae, cui lex — eum explicans — servit.* Duplex periculum ergo vitandum est : 1° - Ne insistentes in lege, vel multiplicitate legum, obliviscamur practice attendere ad id, quod est principalius : motum Spiritus (gratiae) in nobis, qui unumquemque ad *suum* finem movet. « Non sumus sub lege, sed sub gratia » (*Rom* 6, 14). 2° - Ne fiducia in motum internum Spiritus nos ducat ad quemdam antinomismum, qui deprimit valorem legum.

III. BREVIS CONSPECTUS THEOLOGIAE PAULINAE DE LEGE [9]

S. Paulus prae oculis habet *legem VT*, comparans eam cum *lege Christi*. Sed in eius affirmationibus *subest* problema generale *de lege ut tali, quae ab extra hominem cogit, non autem ab intra eum movet.* Haec quaestio hic nostra interest.

Lex, utpote a Deo data, est bona et sancta (*Rom* 7, 12ss) et ut talis a nobis agnoscitur (*Rom* 7, 17). Ideo est observanda (*Rom* 8, 7): non solum si ab extra, sed etiam si mere ab intra, in corde hominum, promulgatur (cfr. *Rom* 2, 14s); ergo etiam lex in corde hominis tantum promulgata, est lex externa-coactiva. Lex externa-coactiva manifestat, quam peccaminosa sit illa tendentia, quae in homine postlapsario ad malum movet (*Rom* 3, 20;

---

[9] Cfr. P. BLÄSER, l.c. — ID., *Das Gesetz bei Paulus*, Münster/W. (1941). — ST. LYONNET, *Liberté chrétienne et loi de l'Esprit selon s. Paul*: Christus, n. 4 (1954) 6-27. — R. SCHNACKENBURG, *Die sittliche Botschaft des Neuen Testamentes*, München 1954, §§ 21. 28. — B. HÄRING, *Das Gesetz Christi*, 5Freiburg/Br. 1959, 273-277 (= *La loi du Christ* I, Tournai, 1955, 383-387) (bibliogr.). — J. FUCHS, *Lex naturae*, Düsseldorf 1955, cap. 2 (= *Essai théologique sur le droit naturel*, Tournai 1960, cap. 2). — H. BODDEKE, *De christlijke vrijheid beij Sint Paulus*: NederlKathStemmen 52 (1956) 129-144.

7, 13); lex cognita auget cognitionem peccati (*Rom* 3, 20; 7, 7) et auget peccatum (*Rom* 7, 7-25) ac transgressiones (*Rom* 5, 20). Quo magis autem peccatum augetur et abundat — propter legem —, eo magis manifestatur copiosa gratia Christi (*Rom* 5, 15-21).

Ratio huius pessimae sequelae legis, ex sese bonae, est *status postlapsarius hominis*, in quo operatur vis peccati (cfr. *Rom* 8, 3; 7, 5ss). Propter hominis inclinationem peccaminosam et consequentem eius debilitatem coram lege, haec fit *occasio* peccandi et ideo mortis (*1 Cor* 15, 36). Lex ipsa non potest hominem liberare a tali statu debilitatis et dare virtutem faciendi opera legis: salus ergo non est speranda a lege. Ideo fieri potest, ut homo postlapsarius, videns debilitatem suam coram lege, adducatur ad Christum (*Gal* 3, 24), qui potest eum liberare a « lege peccati » et « corpore mortis » (*Rom* 7, 23ss; 8, 2), eo quod eum liberat a statu debilitatis.

Christus enim, donans nobis novam vitam filiorum Dei, simul nobis dat Spiritum huius vitae, qui (aliter ac mera lex) non solum ab extra obligat ad ea quae sunt legis, sed etiam ab intra ad ea operanda movet et iuvat. Sic quidem « lex Spiritus » (*Rom* 8, 2), vel « lex Christi » (*Gal* 6, 2; *1 Cor* 9, 21), obligat (*Rom* 6, 1-15; *Gal* 5, 13) nos ad vitam operosam, quae correspondet gratiae sanctificanti nos; obligat autem minus ut lex externa-coactiva, *sed* ut lex interna (gratia), quae opera legis in nobis operatur. Hoc sensu illi, *qui Spiritu et gratia ducuntur, non sunt sub lege* (i. e. externa-coactiva) (*Gal* 5, 18). In hoc maxime consistit *libertas filiorum Dei* (cfr. *Gal* 5, 13), quod per gratiam Christi sunt liberi *a* (morali) necessitate agendi id quod est contra legem (*Rom* 8, 7), a. v. quod sunt liberi *ad* faciendam libenter iustitiam legis (*Rom* 8, 4; cfr. *Gal* 5, 16).

Theologia paulina de lege, ut talis, non invenitur exposita in aliis scriptis NT. Sed nec verba *Christi* (ceterum difficilia interpretatu) de lege VT adamussim adimplenda et ad perfectionem ducenda (cfr. exegetas), nec insistentia S. *Ioannis* (*1 Io* 2, 3s; 3, 22-24) et maxime S. *Iacobi* in operibus legis praestandis, contraria sunt theologiae paulinae. Formula S. Iacobi de fide,

quae sine operibus esset mortua (2, 14-26), similis est formulae
S. Pauli de fide, quae per caritatem operatur (*Gal* 5, 6). Apud
S. Iacobum lex est lex *Christi*, ideoque « lex perfecta libertatis »
(1, 25; cfr. 2, 12 et 2, 8), quae non vult sola *opera*, sed dat
caritatem, quae opera praestat (2, 8ss).

NOTA: Ulteriora de proprietate et perfectione legis Christi dicentur in
§§ sequentibus, maxime in § 7.

§ 6

DE LEGE NATURALI IN LEGE CHRISTI

Terminologice, diximus, « legem » non sumi semper sensu
strictiori ut normam obligatoriam-universalem-externam. Non
raro enim *totum* alicuius ordinis moralis dicitur « lex ». Sic
sermo fit de « lege Christi », etsi haec sit praeprimis lex interna et secundario tantum lex externa (cfr. § 7). *Lex Christi,
quae est lex nostra, habet historiam suam cum historia salutis
nostrae*: lex status originalis (supernaturalis) — lex hominis
lapsi — lex VT — lex Christi definitiva (vel lex Christi simpliciter talis). *Legi Christi autem inest, in quocumque statu evolutionis eius, aliquod elementum permanens*: lex « hominis » et
quidem hominis « supernaturaliter vocati ». In hoc elemento
permanente iterum distinguenda sunt duo elementa: *elementum
naturale* et *elementum supernaturale*. Priusquam in seq. § dicamus de historia legis Christi, *in praesenti dicemus de elemento
permanente naturali, i. e. de lege naturali*. Hoc elementum autem
naturale *est maximi momenti*, quia repraesentat ordinem moralem, qui per se humanae rationi, et ideo omnibus hominibus, per-
vius est sine revelatione supernaturali. Quaestio, quomodo lex
naturalis sit *in lege Christi*, iam in praesenti § attenditur, magis
autem elucescet in § 8.

Necessitas tractationis eo *etiam* habetur, quod, ob rationes
theologicas, theologi *protestantes* valorem legis naturalis diminuunt vel denegant; quodque non pauci theologi *catholici*, ducti
tendentia unilateraliter supernaturali, eius valorem non satis per-

spiciunt, — etsi inde permultum pro theologia morali et vita sociali pendeat. *Supponimus tamen tractationem philosophicam,* et eam, inquantum possibile est, non repetemus. Unde *potius ad conceptionem theologicam legis naturalis attendimus,* quatenus nempe haec lex historice semper erat et est elementum ordinis moralis hominis supernaturaliter vocati. Sed de hoc elemento substantialiter naturali potest et debet dici separatim-abstracte.

I. CONCEPTUS ET PROBLEMA [1]

1. BREVITER MONEMUS « NATURAM » HIC NON INTELLIGI tamquam elementum *spiritui oppositum* (in sensu scientiarum naturalium), sed essentiam hominis spiritualis-corporalis; *neo* eam assumi ut *constantiam statisticam,* in modo agendi maioris partis hominum, quae constantia enim variis rationibus explicari potest (ignorantia, consuetudine contracta, proclivitate

---

[1] *Nota bibliographica*: J. FUCHS, *Lex naturae. Zur Theologie des Naturrechts,* Düsseldorf 1955 (= *Essai théologique sur le droit naturel,* Tournai 1960). — ID., *De valore legis naturalis in ordine redemptionis:* PeriodMCL 44 (1955) 45-64. — ID., *Naturrecht und positives Recht:* Stimmen der Zeit 163 (1958) 130-141. — ID., *Positivistisches Naturrecht?* Orientierung 20 (1956) 113-115. 127-129. — G. AMBROSETTI, *Il diritto naturale della riforma cattolica,* Milano 1951. — ALB. AUER, *Der Mensch hat Recht,* Graz 1956. — TH. DAVITT, *The Nature of Law,* St. Louis 1951. — PH. DELHAYE, *Le Droit naturel:* L'ami du clergé 69 (1959) 617-624. 681-684; 70 (1960) 33-39 (continuabitur). — G. ERMECKE, *Die natürlichen Seinsgrundlagen der christlichen Ethik,* Paderborn 1941. — J. FUNK, *Primat des Naturrechts. Die Transzendenz des Naturrechts gegenüber dem positiven Recht,* Mödling bei Wien (1952) (prior editio latina, dissertatio in Pont. Univ. Gregor.). — E. GALÁN Y GUTIÉRREZ, *Ius naturae,* Valladolid 1954. — E. HAMEL, *Loi naturelle et Loi du Christ:* SciencesEcl. 10 (1958) 49-76. — G. KÜCHENHOFF, *Naturrecht und Christentum,* Düsseldorf 1948. — J. LECLERCQ, *Leçons de Droit naturel,* 5 vol., Namur-Louvain 1933-1937. — CH. LEFÈBVRE, *Droit naturel,* in: DictDroitCan VI. — O. LOTTIN, *Morale fondamentale,* Tournai 1954, 106-128. 165-201. — G. M. MANSER, *Das Naturrecht in thomistischer Beleuchtung,* Freiburg/Schw. 1944. — J. MESSNER, *Das Naturrecht,* [3] Innsbruck/Wien, 1958 (= *Social Ethics, Natural Law in the Modern World,* St. Louis [Mo] 1949). — *Naturrecht,* in: *Staatslexikon* IV, [6]Freiburg/Br. 1960. — K. RAHNER, *Bemerkungen über das Naturgesetz und seine Erkennbarkeit:* Orientierung, 30.11.1955. — H. ROMMEN, *Le droit naturel. Histoire et doctrine,* Paris 1945. — H. ROMMEN, *Die ewige Wiederkehr des Naturrechts,* [2]München 1947. — F. M. SCHMÖLZ, *Das Naturgesetz und seine dynamische Kraft,* Freiburg/Schw. 1959. — J. B. SCHUSTER, *Natürliches und übernatürliches Sitten-*

hominis in statu naturae lapsae); *nec ut variabilitatem sociologicam*, secundum quam homines aptent mores circumstantiis vitae socialis; *nec ut variabilitatem biologicam*, secundum quam homines libere eligendo vivant (cfr. in re sexuali: heterosexualitatem, homosexualitatem, masturbationem,, monogamiam, polygamiam, etc.); *nec ut inclinationem spontaneam* (v.g. homosexualitatem), cum sola inclinatio naturae *rationalis* ut talis attendenda sit.

Neque concipitur natura, et correlativa lex moralis, ad modum classicum *Graecorum*, subiicientium individuum reipublicae; *neque* ad modum *pantheismi stoici; neque* ad modum *rationalismi* saeculi XVIII, qui ex ratione autonoma stabilire voluit conceptum naturae cum consequenti ordine iuridico in omnibus et pro semper a priori definito.

2. E CONTRA, NATURA INTELLIGITUR ESSENTIA HOMINIS, tum secundum suum *Esse metaphysicum* («animal rationale», cum omnibus consequentiis inde necessario fluentibus), tum secundum suum *Esse physicum*, quo Esse metaphysicum ex voluntate creatoris de facto reale est, simul cum quibuscumque relationibus accedentibus. Haec natura, ideoque et lex naturalis, intelliguntur fundata in voluntate creatrice Dei, remotius in eius intellectu et essentia. Natura autem, et correlativa lex moralis, rationi humanae per se impervia non sunt. — *Natura, et correlativa lex moralis, distinguuntur ab elementis supernaturalibus, cum correlativa lege morali*, quae saltem ut talia, rationi prorsus imperviae sunt et revelatione necessario indigent.

3. LEX NATURALIS EST ERGO ille ordo moralis, qui 1° - in ipso *Esse hominis* ut hominis fundatur, et 2° - per *lumen rationis* humanae ex hoc fundamento cognosci potest (saltem per se; cfr. infra V) — *Consequenter lex naturalis per prius non est lex scripta, et formulis expressa, sed «lex insita»*, i. e. correspondens

---

gesetz: Scholastik 13 (1938) 392-399. — G. STADTMÜLLER, *Das Naturrecht im Lichte der geschichtlichen Erfahrung*, Recklinghausen 1949. — TH. STEINBÜCHEL, *Die philosophischen Grundlagen der katholischen Sittenlehre* I. (= FR. TILLMANN, *Handbuch de kath. Sittenlehre* I, 1) «Düsseldorf 1951. — J. VERMEULEN, *Moraaltheologie en natuurwet*: Jaarboek 1951, 179-200. — C. WEIER, *Die natürlichen Ordnungen in ihrer schöpfungsgemässen und heilsgeschichtlichen Bedeutung. Zum Problem Naturrecht und Ordnungen,* in: *Die Kirche Christi* (ed. O. ISERLAND, Einsiedeln (s. a.), 191-291. — Ulteriora infra sub textu. Ceterum, videas bibliographiam apud SCHMÖLZ, l. c., et LOTTIN, l. c., 141s.

ipsi Esse (naturae) hominis.[2] *Attamen,* 1° - normae particulares legis naturalis conceptualiter formari et *externe proponi* possunt; 2° - lex naturalis, etsi proprio Esse correspondens, ab homine status naturae lapsae ut tali sentitur omnino ut *externa-coactiva.*

Quatenus omnes homines eandem substantialiter naturam habent, lex naturalis, et propositiones ex natura haustae, *de omnibus hominibus valent* : est lex *universalis.*

Unde dici solet [3]: *omnes homines esse subiecta legis naturalis,* saltem « radicaliter », i.e. etiam in casu, quo eam de facto non sufficienter cognoscunt. *Consequenter solet affirmari:* in ignorantibus, v.g. infantibus et amentibus, violationes ordinis naturalis esse peccata materialia; et eos, qui haec peccata materialia in subiectis legis inducunt, reos esse peccati formalis: lex naturalis enim promulgata est, etsi illis subiectis non satis divulgata. Quas *conclusiones* libenter admittimus; *modus explicationis* tamen nimis « iuridice » procedere videtur, i.e. ac si lex naturalis esset lex positiva.

Forsitan melius dicitur sic: homo amens (natura spiritualis-corporalis a Deo creata), quia est *persona,* non est plene ordinatus in alios homines, ita ut hi arbitrarie de eo disponi possint: hi, e contra ad ordinem et teleologiam naturae in alio homine servanda tenentur. Ideo v.g. non licet nobis in infante vel amente pollutionem sexualem inducere, — quod in animalibus brutis facere tamen licitum esse potest (v.g. ob fines scientificos), quia animalia — non personalia — natura sua sunt ad dispositionem hominis.

4. TERMINOLOGICE per se *distinguendum esset inter legem moralem naturalem et ius naturale,* sicut in genere distinguendum est inter ordinem moralem et ordinem iuris, inter moralitatem et ius. Haec distinctio terminologica tamen non semper fit, nec apud auctores medioaevales, nec in documentis Ecclesiae: *lex naturalis* et *ius naturale* saepe mutuo adhibentur. Qui modus certo non est per se laudandus. Sed si agitur de probationibus et proprietatibus exhibendis, eadem dicenda sunt pro utraque realitate, — salva differentia inter ius et moralitatem. Ceterum, quatenus ius et iustitia (quae est virtus moralis) correlativa sunt, ius mediante iustitia necessario intrat etiam in ordinem moralem.

II. EXISTENTIA ET NOTIO MAGIS DETERMINATA LEGIS NATURALIS

Abstrahendo interim a quaestionibus particularibus, *ostendenda est ipsa existentia legis naturalis, et quidem valentis in*

---

2 « Naturae »: *et inclinationibus eius* (STh I-II 94, 2); sed nota: inclinationibus naturae *rationalis.*

3 Cfr. v. g. M. ZALBA, *Theol. Mor. Summa* I, ²1957, n. 420s.

nostro ordine salutis. Quod fontes positivos attinet, *simul ad
notionem legis naturalis melius intelligendam attendimus.* Propter hanc ultimam rationem incipimus a doctrina Ecclesiae.

1. Doctrina Ecclesiae [4]

a) *Doctrinae propositio*:

Magisterium Ecclesiae *olim* rarius et minus explicite ac
hodie de lege naturali loquebatur; cfr. tamen v. g. D. 160, 717 g,
1198s, 1292, 1677, 1756, 1767. (Nota rem aliquando modo *negativo* dici: v. g. aliquam veritatem non esse de mera lege positiva).
Recentius, e contra, lex naturalis saepius, imo saepissime effertur, maxime sub pontificatibus Leonis XIII, Pii XI et Pii XII;
ulterius cfr. *CIC* 6, 6°; 27; 1110; 1139 § 2; 1405 § 1; 1499;
1509; 1513, § 2.

Facile conceditur, ob hanc propositionem ecclesiasticam,
*doctrinam de lege naturae, saltem quoad substantiam, pertinere
ad fidem;* maxime si simul consideramus traditionem theologorum sub vigilantia magisterii sese evolventem, et doctrinam
S. Scripturae.

b) *Brevis doctrinae ecclesiasticae descriptio*: .

Fundamentum ontologicum legis naturalis dicitur esse natura humana (= Esse hominis), a Deo creata. Cognito hoc
fundamento, correlativa lex naturalis *ratione cognosci potest*:
ipsa quoque ratio vocatur lex naturalis. Unde lex naturalis,
secundum *Rom* 2, 15, dicitur scripta in corde hominis: i. e., ex
Esse hominis per rationem naturalem lex cognosci potest. —
Consequenter lex naturalis *valet* semper et ubique et immutabiliter, ideoque ipsi populi primitivi semper aliquam culturam
habent. Reiicitur opinio tenens *propositiones* vere immutabiles
legis naturalis non esse nisi paucas. — Lex naturalis ratione sui
est lex divina, quia tum natura (elementum ontologicum) tum
ratio (elementum noëticum) sunt a Deo creata. Terminologice

---

[4] Rem magis explicavimus in: *Lex naturae,* Düsseldorf 1955, cap. 1
(= *Essai Théologique sur le droit naturel,* Tournai 1960, cap. 1). — Cfr.
J. Y. Calvez - J. Perrin, *Eglise et société économique,* Paris 1959, 58-102.

tum in medio aevo tum hodie *a lege naturali distingui solet*
« lex divina ». Haec lex divina (positiva) dicitur esse ex parte
supernaturalis elevationis hominis, vel revelationis, vel bibliae,
vel Christianismi, vel Redemptoris, — dum lex naturalis est ex
parte « creatoris naturae » (vel « creationis ») in contradistinc-
tione ad « supernaturale ». Quae terminologia (« lex creatoris »
vel « creationis ») tamen non simpliciter idem dicit ac in
theologia protestantica, ubi hic terminus (« Schöpfungsordnun-
gen ») se refert ad statum originalem hominis, sumptum sine
distinctione inter naturam et supernaturale. — *Revelatio dicitur
confirmare et perficere* legem naturalem. *Unde lex naturalis
pertinet ad legem christianam* atque subest propositioni et defi-
nitioni magisterii ecclesiastici. — Cognitio naturalis, rationi humanae per se non impossibilis, propter lapsum primi hominis
facta est tam impedita, ut humanitas moraliter *indigeat aliqua
revelatione legis naturalis* (cfr. infra V).

2. DOCTRINA S. SCRIPTURAE

Omittentes doctrinam VT, in quo maxime ad libros Sapien-
tiales attendendum esset, breviter inspicimus Novum Testamentum [5].

    *a) Christus legem naturalem implicite saltem affirmat;
haec ergo constituit partem legis christianae: non solum quia
lex naturalis semper et immutabiliter valet, sed etiam quia Christus eam positive promulgavit.*

    Ut exemplum sint verba Christi *de indissolubilitate matri-
monii* (*Mt* 19, 3-12, maxime 4s et 8). Indissolubilitas dicitur fuisse
proprietas matrimonii *ab initio*: « ab initio » autem in hoc textu
non mere historice et positive (Dei praeceptum) intelligitur, sed
metaphysice, i. e. resultans ex natura hominis, creati ut vir et
mulier. — *Similiter quoad illiceitatem divortii et adulterii* Christus ad rerum naturam se refert (*Mt* 5, 31s; 5, 27s).

---

[5] Rem magis explicavimus: l. c., cap. II. Cfr. PH. DELHAYE, in: L'ami
du clergé 69 (1959), 681-684.

Christus supponit esse in homine scientiam de bono et malo,
quin se referat ad cognitionem legis VT (cfr. *Mc* 7, 20-23: catalogus peccatorum; *Lc* 12, 57: « ipsi iudicate »; *Mt* 7, 12: sic
dicta regula aurea: «Omnia ergo quaecumque vultis ut fa-
ciant vobis homines, et vos facite illis»).

Legem VT profundius exponens, Christus distinctionem facit:
legem caeremonialem mere positivam reiicit (cfr. *Mc* 7, 15),
legem moralem (non mere positivam) maxime urget.

*In sermone montcno, lex nova non opponitur naturae sump-
tae ut essentia hominis,* sed naturae intellectae in sensu hominis
lapsi cum tendentiis pravis. — *Iura naturalia* hominis Christus
non negat, sed reprobat omnino tendentiam *egoismi et ultionis*;
imo, nec prosecutionem iurium omnino reprobat, sicut proprio
exemplo docet (cfr. *Io* 18, 23; *Io* 8, 49s; *Mt* 12, 24ss).

Postulata legis naturalis, in decalogo proposita, Christus
necessaria esse affirmat ad vitam aeternam obtinendam (*Mt* 19,
17-20: « iuvenis dives »). — Imo, ipse agnoscere videtur etiam
« *ordines naturales* » (Status, tributa solvenda), etsi praedicatio
eius non est praeprimis de his, sed de moralitate interna hominis (cfr. *Mt* 17, 24-27; 22, 15-22).

b) S. Paulus [6] *non agit thematice de lege naturali; nec
vocem habet. Sed in expositionibus eius de lege, de peccato, de
redemptione, de libertate christiana, inclusa est ipsa res, quae
hodie venit nomine legis naturalis.* Eam videt in relatione ad
legem VT (cfr. *Rom* 2, 14 s) et NT (cfr. *Rom* 8, 4), eamque
christianis praedicat ut *elementum aliquod evangelii Christi* (cfr.
1 Thess 4, 2; *Phil* 4, 9; *1 Cor* 7,10): *lex naturalis ergo promulgatur ut lex Christi.*

----

[6] Cfr. O. KUSS, *Der Römerbrief,* Regensburg 1957, 42-46. 72-76. —
ID., *Die Heiden und die Werke des Gesetzes (nach Röm. 2, 14-16):* Münch-
TheolZeitschrift 5 (1954) 77-98. — ST. LYONNET, *Quaestiones in epistolam
ad Romanos* I, Romae 1955, 68-108. — J. QUIRMBACH, *Die Lehre des hl.
Paulus von der natürlichen Gotteserkenntnis und dem natürlichen Sittengesetz,* Freiburg/Br. 1906. — G. STAFFELBACH, *Die Vereinigung mit Christus als Prinzip der Moral bei Paulus,* Freiburg/B. 1932, 16-30. — P.
BLÄSER, *Das Gesetz bei Paulus,* Münster/W. 1941. — A. FEUILLET, *La
connaissance naturelle de Dieu par les hommes, d'après Rom. 1, 18-23:*
LumièreVie n. 14 (1954) 63-80. — J. DUPONT, *Gnosis, La connaissance
religieuse dans les Epitres de Saint Paul,* Paris 1947.

Rom. 1, 18 32: (*a*) *Gentes, etsi non noverint legem VT* formaliter ut talem (nec revelationem Christi), simul cum cognitione Dei *conscii sunt obligationis moralis non* « detinendi in iniustitia » veritatem Dei, sed honorandi Deum eique gratias agendi. Unde sunt *inexcusabiles* (21). *Cognitio haec moralis est aeque naturalis ac cognitio Dei*: ex creatis — per rationem — sine revelatione.

NOTA: 1° - « Creatura » est idem ac: realitas huius mundi nobis nota ex experientia, *quin* excludatur ibi contineri etiam *effectus* ordinis supernaturalis (v. g. concupiscentiam)! 2° - *Non* excluditur *gratia*, quae nos de facto iuvat in cognitione naturali (i.e. per rationem).

(*b*) *Actus sodomitici iudicantur esse contrarii* « *naturae* » (physis), i. e. contra Esse hominis (26s). *Esse hominis ergo consideratur ut fundamentum ordinis moralis.*

(*c*) Propter contextum *similiter dicendum est de catalogo peccatorum* ibi exhibito (29-31).

Rom 2: (*a*) *Norma boni et mali* eadem esse affirmatur pro Christianis, iudaeis, paganis: « opera », de quibus hic Paulus loquitur, sunt quidem materialiter opera legis VT (cfr. 14), sed *ultimatim* sunt opera *legis naturalis, quatenus nempe paganus legem VT formaliter ut talem non novit.* VT et NT ergo hanc legem moralem *non fundant, sed suo modo promulgant.* (1-11).

(*b*) *Gentes explicite dicuntur facere opera legis* VT (14), etsi legem externe non habeant: quae ergo *scripta est in cordibus eorum* (15). Conscientia eorum hoc demonstrat, ut in iudicio ultimo apparebit (15s; sic exegesis probabilis). Cfr. totum textum 13-26.

Rom 5 et 7: Ratio hominis iudicat legem a Deo datam esse bonam, tendentias contrarias esse malas. Unde peccatum erat etiam ante legem externe datam. - *Apostolus ergo attribuit rationi humanae capacitatem iudicandi de bono et malo,* - per se independenter a revelatione VT (et NT).

Praedicatio Pauli argumenta saepe sumit ex rerum natura; cfr. de relatione inter auctoritatem statalem et subditos (*Rom* 13, 1-7). Apostolus hortatur ad ea, quae et gentibus (sine lege) et iudaeis (sine evangelio) sunt honesta (cfr. *1 Thess* 4, 12; *1 Cor* 10, 32; *Rom* 12, 17; maxime conferas *Phil* 4, 3).

Libertati christianorum obligatio legis naturalis non obstat. Christianorum libertas enim praeprimis non excludit obligationem, sed legem modo mere externo-coactivo obligantem. Observes non paucos exegetas admittere, ordinem moralem apostoli esse, quoad substantiam, illum Veteris Testamenti. *Ideo lex moralis naturalis*, in VT contenta, nunc, in ordine christiano, *valet quidem*, aliter ac praecepta mere positiva VT (cfr. v.g. *Gal* 2, 14; 5, 2-6; 4, 10); *promulgatur autem nunc non* ut lex VT, quae ex sese erat mere externa-coactiva et ideo nunc iam prorsus non valet (*Gal* 2, 9; 4, 5; *Rom* 7, 4), sed ut *lex Christi*, quae datur *praeprimis* ab intra, per gratiam Spiritus Sancti moventem. — NOTA: *legem naturalem* sub Christo *novam habere qualitatem;* unde v.g. fornicatio est specifice contra unionem cum Christo et Spiritu Sancto (*1 Cor* 6, 13-20): sed hoc ita non est, nisi supposita malitia *intrinseca* naturali fornicationis.

3. SCRIPTORES CHRISTIANI PRIMORUM SAECULORUM non pauca de lege naturali scripserunt. Minus tamen modo aristotelico-metaphysico (ut medioaevales), sed, ex una parte dependenter a philosophis paganis, ex alia parte potius intra conceptionem theologicam-supernaturalem: diversi auctores tamen alio et alio modo. Studia historica profundiora de hac re adhuc desiderantur[7]. — *Theologi medioaevales* multa et profunda de lege naturali habent; nec desunt bona studia historica de doctrina medioaevali[8]. — Notum est auctores *scholasticos saeculorum XVI et*

---

[7] Liceat tamen aliqua magis generalia indicare: O. SCHILLING, *Naturrecht und Staat nach der Lehre der alten Kirche*, Paderborn 1914. — PH. DELHAYE, *Le droit naturel*, chap. III et IV: L'ami du clergé 69 (1959) 684s; 70 (1960) 33-39. — V. E. HASLER (prot.), *Gesetz und Evangelium in der alten Kirche bis Origenes*, Zürich 1953. — F. FLÜCKIGER (prot.) *Geschichte des Naturrechtes* I, Zollikon 1954. — V. GIORGIANNI, *Il concetto del Diritto e dello Stato in S. Agostino*, Padova 1951.

[8] Videas O. LOTTIN, *Le droit naturel chez saint Thomas d'Aquin et ses prédécesseurs*, Bruges 1931. — ID., *Psychologie et Morale aux XIIe et XIIIe siècles* II, Gembloux 1948, 71-100. — M. W. ONCLIN, *Le droit chez les Romanistes des XIIe et XIIIe siècles*, in: *Miscellanea Janssen* II, Louvain 1949, 329-337. — M. CROWE, *The Natural Law before St. Thomas*: IrishEcclRecord 76 (1951) 193-204. — ID., *St. Thomas and the Natural Law*: ib. 293-305.. — D. O'DONOGHUE, *The Thomistic Concept of Natural Law*: IrishTheolQuart 22 (1955) 89-109. — P. M. VAN OVERBEKE, *La loi naturelle et le droit naturel selon St. Thomas*: RevueThom 57 (1957) 53-78. 450-495; 58 (1958) 285-336. 674-694. — F. WAGNER, *Das natürliche Sittengesetz nach der Lehre des hl. Thomas v. Aquin*, Freiburg/Br. 1911. — W. STOCKUMS, *Die Unveränderlichkeit des natürlichen Sittengesetzes in der scholastischen Ethik*, Freiburg/Br. 1911.

XVII doctrinam de lege naturali, praesertim de *iure* naturali, multum coluisse [9].

NOTA: SCOTUS [10] affirmat nonnisi duo priora praecepta decalogi esse *ex conceptu* necessaria, et affert tamquam rationem hoc, quod Deus potuisset creare alium ordinem rerum. Attamen, etiam secundum Scotum, alius ordo fuisset participatio summi boni, ergo non simpliciter arbitrarius sed necessario *rationabilis* — etsi *non* a ratione *dictatus* tamquam unicus ordo possibilis. Scotus certo certius nimis criticus erat; nonne dominatio spiritus super sensum, ut exemplum afferamus, est ordo absolute necessarius? Attamen *in favorem* Scoti est haec observatio, quod scil. finalitas biologica sexualitatis non est absolute servanda: attendenda enim est solum in homine personali, non autem in animalibus (cfr. infra 4a).

4. RATIO INTRINSECA [11]

a) *Ratio legis naturalis in eo est, quod homo ut homo est Dei imago personalis.* Quod duo dicit: 1° . totum Esse hominis, eiusque sensus internus et teleologia, fundatur in Esse (exemplari) Dei; 2° - propter personalitatem totum Esse hominis ordinatur *immediate* in Deum. *Inde ratio nostra intelligit*: totum Esse hominis, etiam in particularibus, vitaliter realizandum esse secundum internum eius sensum et finalitatem.

Quid hoc significet, apparet ex *comparatione* cum animalibus, quorum Esse quidem etiam in Esse Dei fundatur, quibus tamen deficit personalitas. Unde *immediate* non in Deum, sed in hominem ordinantur. Consequenter homini licet v.g. agere contra finalitatem biologicam sexualitatis in animalibus, e.c. ad fines scientificos. Non ita in homine, qui talis, qualis a Deo creatus est, *immediate* in Deum ordinatur et vitaliter realizandus est. Consequentia patet: finalitas biologica sexualitatis (in genere) quidem fundatur in Deo (exemplari), quin tamen hoc fundamentum ut tale iam uni-

---

[9] Maxime FR. DE VITORIA et FR. SUAREZ. Sub eorum influxu scripserunt magni iuristae GROTIUS et PUFENDORF.

[10] Similia habentur apud GROTIUM. De utroque cfr. H. MEYER, *Die Gelung des natürlichen Sittengesetzes - nisi daretur Deus*: PhilJahrbuch 62 (1953) 159-175. — Cfr. G. BUDZIK, *De conceptu legis ad mentem J. D. Scoti*, Burlington (USA) 1954. — G. STRATENWERTH (prot.), *Die Naturrechtslehre des Duns Skotus*, Göttingen 1951. — M. OROMI, *Principios basicos de la etica de Escoto*: VerdVida 13 (1935) 393-434.

[11] De ea amplius in ethica philosophica agunt; nota tamen nos *ex parte revelationis quoque* doceri de creatione, de homine ut Dei imagine naturali, etc!

voce determinet sensum huius vestigii divini, utrum nempe finalitas biologica
alii finalitati (v.g. homini) subdita sit necne.

Aliter dicendum videtur de illis vestigiis, quae immediate spiritum
tangunt: horum sensus, propter eorum fundationem in Deo spirituali, univoce definitus esse videtur; cogita de superioritate spiritus super sensum,
de veracitate in usu facultatis communicativae, etc. — Unde, si quaeritur,
utrum Deus legem naturalem mutare possit, dicendum videtur: 1° - per se
negative; 2° - exipe, si Deus ipsam naturam mutat v. g. eo quod, ordine rerum mutato, fines superiores homini superaddit (cfr. infra [IV] doctrinam
medioaevalium de « dispensatione impropria »); 3° - sed huiusmodi casus non
datur, cum agitur de ordinibus qui spiritum tangunt, ideoque ob fundationem in Deo spirituali univoce determinati sunt quoad sensum et finalitatem.

Confirmatur ratio proposita tum *experientia* omnium hominum, tum *consensu* hominum omnium temporum, — *saltem*
quoad conscientiam obligationis moralis in genere et quoad principia legis naturalis maxime generalia. *Defectus autem cognitionis in particularibus* facile explicantur ex debilitate rationis
et inclinatione deviata hominis postlapsarii. *Unde fieri potest
ut homines sat multi, nec ut singuli nec collective (in aliquo
coetu vel regione) sumpti, cognoscant illiceitatem polygamiae,
divortii, masturbationis, occisionis inimici nationalis, etc.*

b) *Ratio intrinseca legis naturalis, quam attulimus, non
infirmatur ob statum postlapsarium hominis.* Propter distinctionem enim inter elementa naturalia et supernaturalia hominis
status originalis habetur, quod homo nunc existens, etiam prae-
scindendo a restitutione elementi supernaturalis, non est solum
aliqua « *reliquia* hominis », vel « *productum peccati* », vel aliquod « mere *profanum* », sed sensu pleno « *homo* », a Deo creatus,
Dei imago. Cui affirmationi contradicunt plurimi theologi protestantes. — *Consequenter etiam pro ordine supernaturali, ergo
pro ordine quoque redemptionis christianae,* tenere debemus:
legem naturalem habere plenum valorem et momentum pro
relatione hominis ad Deum. *Noster ordo moralis totus,* elementa
eius naturalia et supernaturalia, *est ultimatim a solo Deo (creante
et elevante),* sed non a « sola gratia », a « sola fide », a « sola
Scriptura ».

III. « HISTORICITAS » LEGIS NATURALIS

Lex naturalis, cum in ipsa essentia hominis personalis ra-
dicetur, videri possit esset aliquid plene staticum et non-histori-
cum; inde praecise sunt tot obiectiones contra doctrinam legis
naturalis. Revera, natura humana historice, quodam sensu, mutabilis est, ut habet S. Thomas; consequenter, et eodem sensu,
etiam lex naturalis [12]: *quod autem recte intelligendum est.*

1. LEX NATURALIS, UT LEX PER PRIUS INTERNA, i.e. *non* summa legum externe propositarum, sed ordo moralis fundatus in
in Esse hominis, *obiective iudicat omnem actum hominis, in quacumque condicione historica.* Illud « esse hominem » — quidquid
accurate sit — *obiective fundat iudicium rationis rectae*, quinam
actus homini conveniant: sive ratione solius « esse hominem »,
sive ratione huius « esse hominem » in relatione ad naturam rea-
litatum accidentalium, quae — vel extra vel intra hominem —
accedere possunt.

Non excluduntur ab hoc iudicio illae realitates — accidentales relate
ad essentiam hominis —, quae sunt *effectus* ordinis supernaturalis, *qui tamen naturaliter cognoscuntur* (etsi non *prout* sunt ordinis supernaturalis);
ut est concupiscentia postlapsaria, vel adiutorium gratiae in nobis. *Neque
excluduntur* ab hoc iudicio *realitates supernaturales*, naturae hominis ad-
venientes, *postquam nobis revelatae sunt*. Attamen veritates morales, quae
praeterquam in natura humana, fundamentum habent in factis necessario
revelandis, non solent vocari leges naturales, sed potius leges naturales
« hypotheticae » (i.e. fundatae in adimplenda condicione talis revelationis),
vel leges « quadammodo naturales » (SALMANTICENSES), vel « connaturales

---

[12] Cfr. S. Thomam: *Suppl.* 41, 1 ad 3: « natura humana non est
immobilis, sicut divina; et ideo diversificantur ea, quae sunt de iure naturali, secundum diversos status et conditiones hominum ». — *STh* II-II 57,
2 ad 1: « illud quod est naturale habenti naturam immutabilem, oportet
quod sit semper et ubique tale. Natura autem hominis est mutabilis ». — *De
malo* 2, 4 ad 13: « iusta et bona possunt dupliciter considerari. Uno modo
formaliter; et sic semper et ubique sunt eadem: quia principia iuris, quae
sunt in naturali ratione, non mutantur. Alio modo materialiter; et sic non
sunt eadem iusta et bona ubique et apud omnes; sed oportet ea lege determinari. Et hoc contingit propter mutabilitatem naturae humanae, et diversas
conditiones hominum et rerum, secundum diversitatem locorum et temporum... » Aquinas haec dicit ad necessitatem legum positivarum ostendendam.

gratiae » (SUAREZ), vel leges « naturae supernaturalizatae », vel leges « divino-naturales » [13]. Lex autem naturalis simpliciter vocantur omnes eae veritates morales, quas ratio humana per se cognoscere potest ex experientia
rerum, etsi in hac experientia intrent *effectus* ordinis supernaturalis (ut
diximus).

Iam patet: *lex naturalis est magis historica quam ipsa lex
positiva*, etsi haec ultima lata sit praecise pro condicionibus hi-
storicis. Quod maxime ostenditur per licitum usum *epikeiae*, quae
praecise ob insufficientem historicitatem legis positivae permittit
recursum ad legem naturae (cfr. § 10: III, 2).

2. LEX NATURALIS, QUATENUS SECUNDARIO LEGIBUS EXTERNE
    PROPOSITIS EXPLICARI POTEST, *suo modo vim historicam le-
gis naturalis ostendit.* Elementa enim naturae humanae, *alia* in
omni periodo adsunt in homine existente, *alia* e contra non; unde
distingui possunt elementa naturae *absoluta* et elementa contingentia seu *relativa*. Eodem modo distingui possunt in legibus
moralibus correlativis: leges *absolutae*, quae in omni periodo actu
applicari possunt [14], et *relativae*, quae solum in periodis, in quibus
elementa correlativa realia adsunt, applicationem permittunt.

Exemplum sit *ius coërcendi*, quod competit auctoritati: societati humanae ut tali (v.g. Statui vel familiae) propria est
semper *auctoritas* (ius *absolutum*), quae auctoritas in statu harmoniae supernaturalis originalis vix habet ius *coërcitionis* (quod
ergo est ius *relativum*), illud autem omnino exigit pro statu naturae lapsae (ergo iterum: ius *relativum*). Similiter *salarium fa-
miliare debetur* sub condicionibus oeconomiae et societatis, quales
sunt hodie apud nos, non autem aliis sub condicionibus: et *utrumque* sic est propter legem *absolutam* de *salario iusto* dando.

Natura enim humana accidentaliter mutabilis est; *consequenter leges mere relativae, sensu explicato, in alias leges rela-
tivas necessario mutantur.* Nota tamen: 1° - ipsum « esse hominem » *absolute* exigere hanc praecise mutationem ratione condicionum mutatarum: v.g. ipsa ratio societatis humanae absolute

---

[13] Cfr. J. MAUSBACH - P. TISCHLEDER, *Katholische Moraltheologie* I,
8Münster/W. (1941), 101-106.
[14] Applicatio in concreto forsitan dicenda est *analoga*: cfr. C. NINK,
Metaphysik des sittlich Guten, Freiburg/Br. 1955, 73.

exigit, tum ut in statu harmoniae originalis actu desit ius coërcitionis, tum ut in statu lapso ius coërcitionis sit actuale; 2°
relativitatem harum legum proprie deberi modo inadaequato proponendi eas: ius coërcitionis v.g. societati humanae *absolute* adiu-
dicandum est *pro casu* deficientis harmoniae; *lex ergo adaequate
proposita est absoluta.*

Quaenam elementa pertinent ad naturam absolute? 1° - Ea, quae dicuntur in definitione metaphysica. 2° - Ea, quae sequuntur naturam physicam,
in qua realizatur essentia metaphysica: *sive* hoc sit ex necessitate metaphysica
(quod deductione transcendentali cognoscitur), *sive* mere de facto, ex voluntate Dei creatoris (v.g. bisexualitas) [15].

Leges naturales omnes, quae respiciunt aliquod ex his elementis absolutis, vel etiam aliquod elementum relativum, dici solent *metaphysice* necessariae; et recte quidem, quia natura humana necessario definit, in relatione
ad naturam elementorum contingentium, determinatum modum agendi.

3. LEX NATURALIS ABSOLUTA ET RELATIVA IN HISTORIA SALUTIS

*a) Mutatio accidentalis maxima inducta est in naturam
hominis per peccatum Adae.* Ideo multa, quae erant lex relativa
pro statu originali (i.e. applicabilis solum in tali statu, propter
condiciones eius speciales), nunc mutata sunt. Unde multa, quae
in nostro statu naturae lapsae (et reparatae) dicuntur et sunt
lex naturalis, sunt relativa pro nostra condicione; eorum valor
(applicabilitas) actualis supponit peccatum quod intravit in hunc
mundum, atque est eius signum [16]: v.g. ius coërcitionis, servitus
(pro determinatis condicionibus), ius proprietatis privatae (secundum plures auctores omnium saeculorum), cooperatio materialis ad malum aliquando licita, restrictio late mentalis, etc. —
Terminologice ius naturale relativum (!) status naturae *originalis* dici solet ius naturale *primarium; ius naturale relativum (!) postlapsarium* dicitur ius naturale *secundarium* [17]. NOTA:

---

15 Quod forsitan in aliquo casu speciali nobis non clare innotescit.
Cfr. K. RAHNER, in: Orientierung, 30.11.1955.

16 Lex naturalis secundaria *non est ipsa peccaminosa* (ut plures theologi protestantes volunt); e contra continetur in lege naturali semper et
absolute, *modo latenti tamen, vel potentiali.*

17 De hac quaestione multa inveniuntur apud S. Patres; cfr. O. SCHIL-
LING, *Naturrecht und Staat nach der Lehre der alten Kirche,* Paderborn
1914, 227ss. — Pro medio aevo cfr. S. BONAVENTURAM, *In II Sent.* dist. 44,

1° - *Primarium-secundarium* intelligi *historice*, non metaphysice; atque se referre solum ad mutationem legis naturalis *relativae*, (quae scil. correspondet elementis relativis naturae humanae; cfr. 2. in initio), non absolutae (quae ergo numquam « transformatur » in relativam); 2° - *primarium-secundarium* non identificari cum *eadem terminologia* ethicae philosophicae, ubi significat *vel* diversam necessitatem intrinsecam variarum legum naturalium, *vel* diversam facilitatem rectae cognitionis earum.

b) PLURES THEOLOGI PROTESTANTES [18] terminologiam *lex naturalis absoluta - lex naturalis relativa* alio sensu adhibere solent: referentes *legem absolutam* ad totum status originalis, in quo distinguenda non esset natura a supernaturali, *legem relativam* ad statum postlapsarium; unde lex *primaria* esset absoluta, *secundaria* autem relativa. *Consequenter dicunt*: legem primariam-absolutam intrinsece mutatam vel transformatam esse in secundariam-relativam; primariam-absolutam autem iam non congruere homini existenti, secundariam-relativam non esse Dei voluntatem originariam: ideoque nec hanc nec illam esse normam *absolute* ligantem pro homine existenti. *Doctrinae catholicae obiiciunt*: eam esse nimis staticam (= non dynamicam-historicam), atque multa, quae dicuntur lex naturalis, non esse nisi legem naturalem (absolutam) inadvertenter *transformatam* in legem statui hominis peccaminoso adaptatam (lex relativa); ratio est, quod non vident eosdem terminos (*natura, absolutum, relativum, primarium, secundarium*) apud protestantes et catholicos aliud et aliud significare. *Consequentia est*, quod, pro norma morali, facile, vel etiam unice, recurrunt ad revelationem [19]. — De difficultate eorum circa *cognitionem* legis naturalis infra (V) dicetur.

c) INSTRUCTIO SOff diei 2.2.1956 [20] damnat sententiam eorum catholicorum, qui dicunt legem naturae humanae « existentis » esse, paucis exceptis, relativam, mutabilem, ideoque omni semper situationi *adaptabilem* (i.e. non vere applicabilem).

---

a. 2, q. 2: « Quaedam sunt de dictamine naturae simpliciter, quaedam de dictamine naturae sunt secundum statum naturae institutae, quaedam de dictamine naturae secundum statum naturae lapsae ».

[18] Cfr. theologos protestantes: v. g. E. BRUNNER, Das Gebot und die Ordnungen, ²Tübingen 1933, 604-609. — H. THIELICKE, *Theologische Ethik* I, Tübingen 1951, pag. 604-713.

[19] Amplum conspectum de tendentiis protestantium hodiernorum praebet H. H. SCHREY (prot.), in: TheolRundschau 19 (1951) 21-75; 154-186; 193-221. — Brevius: P. MICHAEL (cath.), in: Orientierung, 15.3.1953, 53-56. — De historia doctrinae apud protestantes: H. LIERMANN, in: *Festschrift A. Bertholeth*, Tübingen 1950, 234-325.

[20] AAS 48 (1956) 144s. — Cfr. commentarium nostrum: *Ethique objective et éthique de situation*: NouvRevThéol 78 (1956) 798-818, maxime 810-818.

4. IN NOSTRO STATU REDEMPTIONIS: 1° - Gratia in nobis operans efficit, ne disharmonia in mundo postlapsario fiat nimia; unde lex secundaria non distat tantum a primaria, quantum esset in mero statu naturae lapsae. 2° - Lex naturalis ulterius determinatur per facta supernaturalia, v.g. per finem supernaturalem, gratiam, revelationem, etc. Revelatio haec omnia nos docet. 3° - Institutionibus positivis divinis magis determinatur ius naturale, ratione sui non plene determinatum; v.g. ordinatio matrimonii et cultus publici divini nunc subest Ecclesiae: sine tali determinatione alio modo provisum fuisset. Quaestio, utrum ita (2° et 3°) loquendum sit mere *quoad nos*, an etiam *quoad se*, infra solvetur (§ 6: VI et maxime § 8).

IV. IMMUTABILITAS LEGIS NATURALIS

Ex dictis constat *legem naturalem esse nec intrinsece mutabilem nec proprie extrinsece dispensabilem.* Hoc autem verum est pro praeceptis absolutis *absolute*, pro praeceptis relativis in *tota periodo*, quo respectivae condiciones naturae reales sunt, v.g. ius coërcitionis in statu naturae lapsae (et reparatae).

1. DIFFICULTATES APPARENTES *veniunt ex eo, quod lex naturalis praeprimis est, in sensu iam praecisato, lex interna, non-scripta.* Propositiones autem externae, quas nos formulamus, saepe sunt vix adaequatae, quia redactae sunt secundum ea, « quae ut in pluribus accidunt, quorum cognitio sufficit ad prudentiam »[21]. In formulis externis ergo saepe non exprimuntur omnes condiciones, quae formulandae essent ad obtinendam adaequatam legis propositionem. Unde accidit mutatio apparens, vel dispensatio « improprie dicta »: non quia intrinseca *ratio moralis* mutatur, sed quia *condiciones reales* mutantur, ita ut iam alia norma applicanda sit[22].

Exempli causa, propositio « depositum reddendum est » nondum respicit limitationem possibilem iuris; principium « non licet alios occidere » non addit condiciones « directe » et « propria auctoritate privata », negligens sic

---

[21] *STh* II-II 47, 3 ad 2.
[22] Cfr. O. LOTTIN, *Morale fondamentale*, Tournai 1955, 125s. 178-180.
— L. DE FINANCE, *Ethica generalis*, Romae 1959, 180s.

quaestiones poenae capitis, defensionis sui, auctorizationis divinae in materia iuris (cfr. casum Abraham-Isaac); norma «non licet auferre invito domino rem alienam» non indicat possibilitatem transferendi ius in aliud subiectum iuris, sive ex parte Dei sive per legitimam auctoritatem. — *Ex iure concesso a Deo solent explicare* textum *Gen* 22, 2 (iussio occidendi Isaac), *Deut* 7, 2 (exstirpatio incolarum Canaae) et *Ex* 11, 2 (« spolia Aegyptiorum »); ratio tamen ultimi casus potest etiam inveniri in compensatione occulta, et ratio paenultimi casus in opinione publica (errones) illius temporis (sine directo interventu Dei) [23].

Quaedam leges supponunt quandam evolutionem generis humani, quin formula externa hoc explicite dicat; inde apparentia exceptionum. Sic dicendum de impedimento naturali consanguinitatis (*si est*) inter fratrem et sororem; pro filiis Adae ergo non erat proprie dicta exceptio. Similiter, secundum veterem traditionem, dicendum esset de indissolubilitate et unitate matrimonii, a quibus, tamquam a finibus secundariis (i.e. mere ad « bene esse » instituti matrimonialis pertinentibus), Deus potuisset dispensare [24] tempore nondum satis evolutae humanitatis, vel populi electi; quod nobis tamen importare videtur veram mutationem accidentalem creationis ex parte Dei (ordinando matrimonium in finem altiorem fine mere naturali). Ob finem altiorem, secundum S. THOMAM, Deus quoque iura matrimonialia transtulisset in casu Oseae (*Os* 1, 2) [25]. Ceterum hanc iussionem fornicationis Oseae fuisse meram visionem est sententia iam a S. THOMA relata [26]. Illa dispensatio autem ab indissolubilitate et unitate matrimonii intelligi potest etiam ut mera lex civilis, abusum tolerans eumque — ad maiora mala vitanda — positive ordinans [27]. Vel, ut nobis probabilius videtur: persuasio moralis (errones) populi electi eadem erat ac apud gentes; Deus autem non intervenit nisi in plenitudine temporis.

Conferendo Ecclesiae ordinationem cultus et matrimonii, Deus solummodo legem naturalem ex sese indeterminatam magis determinavit. Hanc enim ordinationem pertinere ad Statum, non est lex naturalis absoluta; natura potius vult tantum, ut auctoritas quaedam humana apta ordinationem assumat; quae auctoritas, deficiente interventu Dei, generatim videtur esse Status.

Ecclesia, « dispensando » quandoque super voto et super ligamine matrimoniali, non « proprie » dispensat; sed declarat, auctoritate divinitus sibi commissa, Deum liberasse ab obligatione *libere* suscepta.

---

[23] Cfr. H. JUNKER, in: *Aus Theologie und Philosophie* (ed. TH. STEINBÜCHEL et TH. MÜNCKER), Düsseldorf 1950, 164-179.

[24] Vocem « dispensatio » iam adhibet INNOCENTIUS III (D. 408).

[25] *De pot.* 1, 6 ad 4; *STh* II-II 154, 2 ad 2; *Suppl.* 67, 2 ad 2; saepius.

[26] *De pot.* 1, 6 ad 4.

[27] Sic. B. HÄRING, *Das Gesetz Christi*, ⁵Freiburg/Br. 1959, 267s.

2. Quidam usitati modi loquendi minus recti sunt, *si bene intelligitur legem naturalem, dummodo adaequate formuletur, nullam admittere mutationem intrinsecam vel dispensationem extrinsecam.* 1° - Formula « *lex naturalis affirmativa — aliter ac negativa — non urget cum incommodo improportionate gravi* » proprie loquendo est falsa, nisi intelligatur ut formula inadaequate proposita (ut est inadaequate proposita v.g. lex « res alterius reddenda est »). 2° - De formula S. Thomae, *praecepta secundaria legis naturalis valere solum ut in pluribus*, idem dicendum est; haec praecepta, si adaequate formulantur, exceptionem non admittunt. 3° - Idem dic de formula medioaevalium (ac etiam modernorum), *Deum posse dispensare in legibus secundariis;* proprie loquendo, distinctio inter praecepta primaria et secundaria legis naturae (distincta secundum diversam eorum necessitatem intrinsecam) minoris est momenti [28].

V. COGNITIO NATURALIS LEGIS NATURALIS

Quia in historia tot « veritates » inter se contrariae propositae sunt tamquam lex naturalis, non solum multi iuristae et theologi protestantes dubitant de lege naturali naturaliter cognoscenda, sed non pauci quoque theologi catholici sceptici facti sunt.

Possibilitas cognitionis naturalis maximi est momenti; eius limites tamen, et necessitas revelationis, non sunt celanda [29].

1. Possibilitas physica cognoscendi naturaliter legem naturalem *docetur a Conc.* Vatic., cohaerenter cum doctrina S. Scripturae (maxime *Rom* 1 et 2). *Concilium enim definit possibilitatem physicam cognoscendi naturaliter Deum, principium et finem* (D. 1806; cfr. 1785). Haec autem possibilitas *includit,* iuxta explicitam mentem Patrum Concilii [30], *possibilitatem co-*

---

[28] De his formulis cfr.: O. Lottin, *La valeur des formules de saint Thomas d'Aquin concernant la loi naturelle,* in: *Mélanges Maréchal* II, Bruxelles 1950, 345-377. — Id., *Psychologie et Morale aux XII° et XIII° siècles* II, 1, pag. 11-47.

[29] De quaestione philosophica cfr.: D. Composta, *Prospettive e limiti della conoscibilità del Diritto naturale:* Salesianum 20 (1958) 72-86.

[30] Sic explicite relator Gasser (*Collectio Lac.* 7, 133).

gnoscendi naturaliter principia fundamentalia legis naturalis. Imo omnes veritates rerum divinarum, quae rationi humanae non prorsus imperviae sunt, *etiam in nostro statu salutis* (lapso et reparato) rationi per se accessibiles esse dicuntur (D. 1786): ad has autem veritates pertinent etiam veritates legis naturalis. — *Ulterius,* revelatio ad has veritates cognoscendas *non est absolute* necessaria, cum talis necessitas absoluta existat pro solis mysteriis stricte dictis (cfr. D. 1786. 1795s. 1816). — *Dein,* nulla est oppositio inter revelationem et rationem (D. 1797); ratio autem de facto cognoscit veritates morales. — *Tandem,* doctrina de motivis credibilitatis (cfr. D. 1799) hic quoque applicanda est: acceptio enim revelationis supponit possibilem esse cognitionem naturalem *liceitatis* et *obligatorietatis* talis acceptionis, sed ex alia parte deest ratio restringendi cognitionem moralem ad eas solas veritates, quae fidei fundamenta constituunt.

2. Possibilitas moralis cognitionis moralis naturalis *in nostro statu naturae lapsae (et reparatae) valde debilitata est.*

a) *Ut « ab omnibus expedite, firma certitudine et nullo admixto errore » lex naturalis in sua amplitudine — « res divinae » — a nobis cognoscatur, revelatio divina moraliter necessaria esse dicitur;* sic Conc. Vat. (D. 1786).

Quod in Vatic. affirmatur de cognitione Dei in genere, *explicite de cognitione legis naturalis* dicitur in encyclicis *Casti connubii* [31], et maxime *Humani generis* [32], quae encyclicae quidem insistunt in possibilitate physica, sed adhuc *magis* in difficultate morali cognitionis naturalis et necessitate morali revelationis.

Ex distinctione, a Vatic. facta, inter prima principia (D. 1785 et 1806) et ulteriores legis naturalis determinationes [33] (D. 1786), libenter admittis (quod ethica philosophica quoque affirmat): *prima* principia moralia *facile* ab omnibus cognosci, cetera, e contra, non sine difficultatibus. Ad prima principia pertinet, v.g.:

---

[31] AAS 22 (1930) 579s.

[32] AAS 42 (1950) 571s.

[33] *Humani generis,* loco « res divinae », habet: « res religionis » et « quae... ad Deum spectant et ad rationes, quae inter homines Deumque intercedunt ».

non esse licitum occidere *quemlibet, aliquem* ordinem vitae sexualis haberi; ad cetera («secundaria») principia pertinet: non licere ullum hominem propria auctoritate privata directe occidere, masturbationem et fornicationem esse illicitas (cfr. supra II, 4 a). Erroneus tamen est rigorismus Iansenistarum, secundum quem *omnis* ignorantia legis naturalis esset culpabilis (cfr. D. 1292).

Ecclesiae autem est, non solum authentice proponere propositiones de lege naturae explicite *in revelatione contentas,* sed *omnes* propositiones legis naturalis. Rationes sunt: 1° - Tota lex naturalis a revelatione dicitur pertinere ad legem Christi (cfr. supra II). 2° - In omni veritate magis concreta implicatur aliquod principium magis generale *revelatum* legis naturalis. 3° - Lex naturalis est praeambulum revelationis (supra 1). 4° - Lex naturalis pertinet ad vitam supernaturalem christianorum. Ideo Vatic. pro obiecto magisterii Ecclesiae sine distinctione habet res fidei et *morum* (D. 1839).

Practice: 1° - Revelatio et Ecclesia nobis proponunt veritates legis naturalis, quas propter hanc propositionem simpliciter *accipimus.* 2° - *Cognitio nostra naturalis* legis naturalis magna saltem ex parte est *sub influxu revelationis et Ecclesiae proponentis, sive immediate, sive mediate ob influxum* directum vel indirectum eorum, qui ante nos legem naturalem sub influxu revelationis et Ecclesiae cognoverunt; *vel saltem* in nostram cognitionem magis concretam legis naturalis intrat aliquod principium magis generale nobis a revelatione et Ecclesia propositum. 3° - *Cognitio* et maxime *acceptatio* propositionum revelationis et Ecclesiae faciliorem et securiorem reddunt nostram cognitionem naturalem, quatenus (a) cognitioni nostrae vel finem vel viam ostendunt, et (b) resistentiam nostram internam (imprudentem) tollunt. *Sed nota: propositionem revelationis et Ecclesiae non intrare in ipsam nostram cognitionem,* sed reddere ab extra magis expeditam possibilitatem nostram physicam, — sicut discipulus capax non solummodo a magistro veritatem demonstratam *acceptat,* sed magistro audito rem ipse *perspicit.*

b) Diximus de morali necessitate revelationis. *Sed et gratia maximi momenti est pro cognitione morali naturali,* — prae-

ter bonam evolutionem philosophicam, sanum exercitium in rebus
moralibus et sinceram characteris educationem. Gratia quidem
non mutat (sicut nec revelatio) rationem nostram; sed iuvat il-
luminando eam, et movendo voluntatem, ut removeantur inclina-
tiones quae obstant verae cognitioni: cognitio nostra sic manet
vere opus rationis nostrae. Non est improbabile: *omnem* cognitionem legis naturalis, maxime in iudicio conscientiae directo
ad concretam applicationem, iuvari gratia supernaturali, *quia
agitur de re, quae ad salutem pertinet.*

NOTA: 1° - Opus revelationis, Ecclesiae et gratiae in cognitione legis naturalis inservit etiam ad melius assecurandum ordinem et culturam huius
mundi; quod quidem non videtur esse eius munus directum, tamen indirectum, quatenus ordo et vera cultura sunt substratum ad hoc, ut salus Christi
melius possit in humanitate operari. 2° - Illi, qui sub ductu revelationis,
Ecclesiae et gratiae melius sciunt et intelligunt legem naturalem, inde (a)
facilius agunt in vita privata et publica secundum veritatem instituenda,
et (b) alios opere et verbo de veritate instruere possunt, etiam illos, qui
revelationem et Ecclesiam non admittunt; effectus tamen talis « instructio-
nis » multum pendet non tantum a ratione, sed a voluntate quoque disposita
et non reiiciente Dei gratiam.

VI. VALOR LEGIS NATURALIS IN ORDINE SUPERNATURALI CHRISTIANO

a) Christianos lege naturali teneri, ipsa *S. Scriptura* docet
(supra II). Idem docet Conc. TRID. (D. 804 et 830), se referens
maxime ad legis naturalis expressionem in decalogo; docet autem
non solam *obligationem,* sed et observationis *possibilitatem,* mediante auxilio gratiae.

b) Lex naturalis non est adaequate lex NT, sed eius pars,
et — ut dicendum videtur — substratum eius naturale. *Quoad
nos,* legi naturali alia praecepta « accedere » et « superaddi »
intelliguntur, et mediante cognitione nostra legis naturalis ipsa
quoque facta supernaturalia a nobis iudicari possunt sub aspectu
morali [34]; *quoad se* autem potius lex naturalis intelligenda videtur

---

[34] Cfr. S. THOMAS, *Contra gentes* 3, 117: « Lex divina profertur homini in auxilium legis naturalis ». *STh* I-II 91, 2 ad 2: « Oportet quod
prima directio actuum nostrorum ad finem fiat per legem naturalem »;
ib. 95, 2c: « Rationis autem prima regula est lex naturalis ».

ut « pars abstracta » vel « substratum naturale » legis Christi, in quo (Christo) enim omnia creata sunt (cfr. infra § 8: II, 1).

c) *Observatio legis naturalis est modus exprimendi virtutes supernaturales,* maxime fidem, spem et caritatem; *exprimendi quoque sequelam et imitationem Christi,* imo *ipsam unionem vitalem cum Christo et cum corpore eius mystico.* Atque probabile est: hominem in observatione voluntaria legis naturalis, sibi *conscium* esse, *etsi non-reflexe,* se mediante tali observatione plus praestare quam puram observationem legis naturalis. — Ceterum, observatio legis naturalis, nisi fieret modo supernaturali, obiective (iuvante gratia supernaturali) et — ut nobis videtur (de quo infra) — etiam subiective-scienter-voluntarie, non esset virtus « simpliciter » (S. Thomas), utpote non conducens ad finem nostrum, qui est supernaturalis.

d) *Institutiones quoque naturales* — ut matrimonium, familia, Status — *de facto et ex intentione Creatoris sensum et munus habent superius seipsis* (ut naturalibus): *sunt, ut inserviant regno Christi* [35]. Unde illi, qui sunt boni — secundum legem naturalem — gubernatores, patresfamilias, etc., etsi Christum ignorant, tamen agunt materialiter id, in quo regnum Christi melius se explicare potest.

e) *Observatio legis naturalis, cum haec sit pars legis Christi, est medium ad salutem*: etsi non ratione sui (ut naturalis), sed ratione gratiae, cum qua fit [36]. Disponit [37] enim, iuvante gratia actuali, ad iustificationem; et *meretur,* in caritate et gratia impleta, augmentum gratiae, vitam aeternam atque etiam gloriae augmentum (Trid. s. 6, cn. 32. — D. 842).

f) *Lex naturalis a Christo redempta est, ita ut iam non sit « lex peccati », qualis esset in mero statu naturae lapsae.*

---

[35] Cfr. ea quae scripsimus in: *Essai théologique sur le droit naturel,* l. c., 185-196 (idem in: Stimmen d. Zeit 164 [1959] 161-170). — Cfr. C. Weier, *Die natürlichen Ordnungen in ihrer schöpfungsgemässen und heilsgeschichtlichen Bedeutung,* in: O. Iserland (edit.), *Die Kirche Christi,* Einsiedeln (s. a.), 191-291.

[36] Cfr. Conc. Arelat. — D. 160 a et b.

[37] Cfr. Conc. Trid. s. 6, cp. 8. — D. 801.

Homo ergo postlapsarius legem naturae suae non implebit propriis viribus, sed solum virtute gratiae Christi sive habitualis sive actualis (cfr. theol. dogm.). Fidelis ergo observantia legis naturae est signum gratiae Christi in homine operantis [38].

§ 7

DE LEGE CHRISTI IN HISTORIA SALUTIS

Ut in initio praecedentis § dictum est: lex Christi per historiam salutis evoluta est usque ad illum statum definitivum, quem ex praesentia historica Christi in hoc mundo accepit. De evolutione historica legis Christi nunc agendum est.

I. LEX CHRISTI ET LEX MORALIS SUPERNATURALIS IN GENERE

1. LEX CHRISTI

Tria constant: 1° - Simul cum homine semper habetur, necessitate metaphysica, *lex naturalis*, per quam omnia elementa « superaddita » vel « historice accedentia » sub aspectu morali iudicantur, tamquam « naturae humanae inserta » (§ 6). 2° - Semper, ergo inde ab initio, homo erat vocatus *ad finem supernaturalem;* consequenter lex naturalis semper inclusa erat in hominis lege morali totali. 3° - Homo, isque supernaturalis, *creatus est in Christo,* Deo-homine (de quo in §§ 2 et 8); homo ergo est et « natura » (1°) et « supernatura » (2°) praecise *quatenus* creatus est, ut sit, sicut Christus, verus homo et simul particeps vitae eius supernaturalis (gratiae). *Ex his tribus fontibus, inter se cohaerentibus, habetur unitas legis moralis, sese in historia evolventis;* quae lex ultimatum est *lex Christi.*

S. THOMAS [1] quaestioni, utrum lex Novi Testamenti iam contineatur in lege Veteris Testamenti, respondet affirmative: *virtute* nempe, ut effectus in causa, ut tota arbor in semine; et

---

[38] Cfr. K. RAHNER, *Schriften sur Theologie* II, Einsiedeln 1955, 129.
[1] *STh* I-II 107, 3c.

addit, ex CHRYSOSTOMO (ut putat)[2]: non solum in lege Veteris
Testamenti, sed iam in lege naturae (= ante V.T.). Optime sic
exhibentur unitas et continuitas legis Christi: lex naturae et lex
VT non sunt aliquid in se stans, sed sunt propter et versus legem
Christi definitivam.

2. LEX MORALIS SUPERNATURALIS

Lex aliqua (v. g. lex Christi) dicitur *supernaturalis*, quatenus legem naturalem excedit per vocationem supernaturalem;
dicitur etiam *divino-positiva*, quatenus legi naturae accedere intelligitur. Lex supernaturalis legem naturalem necessario continet,
eam et supponens (saltem quoad nos) et assumens.

Singula elementa legis supernaturalis possunt esse supernaturalia *vel quoad substantiam*, i. e. quoad ipsum obiectum legis,
vel quoad modum, sicut v. g. ipsa lex naturalis, quae — in lege
Christi — modo supernaturali implenda est et ad finem supernaturalem ordinatur. — Lex supernaturalis quoad substantiam
talis es: *vel ut in ipso Esse supernaturali fundata*[3], ideoque immutabilis, ut v. g. obligatio diligendi Deum modo supernaturali,
vivendi in Christo et gratia, credendi, etc., *vel ut mere divino-
positiva*, ideoque « exceptionem » admittens, ut v. g. obligatio confessionis integrae.

*Elementa legis supernaturalia quoad substantiam, necessario
indigent revelatione supernaturali* (VATIC. — D. 1785). Sed nonnulla quoque *elementa legis supernaturalis non-supernaturalia*
nunc de facto et convenienter supernaturaliter revelantur, ut
diximus de lege naturae (VATIC. — D. 1786). — Elementa ergo
quoad substantiam supernaturalia sunt revelata *formaliter et materialiter*, cetera elementa *formaliter tantum*. — Quod revelationem formalem simul et materialem attinet, non raro habetur solummodo revelatio alicuius facti supernaturalis, quod nobis permittit intellectum consequentiae moralis; sic revelatio Eucharistiae
secumfert obligationem eam credendi et venerandi.

---

2 Textus citatus non videtur esse CHRYSOSTOMI.
3 Iam diximus (§ 6: III, 1): has leges ab auctoribus quandoque vocari *connaturales gratiae*, vel *quodammodo naturales*, vel *divino-naturales*.

3. IN SEQUENTIBUS diversos status historicos legis Christi consideramus: legem Christi in statu originali hominis, in statu « legis naturae » (post peccatum originale), in Vetere Testamento, in statu definitivo Novi Testamenti.

II. LEX MORALIS ANTE LEGEM VETERIS TESTAMENTI

Distinguendi sunt status legis *ante* et *post* peccatum originale.

1. IN STATU ORIGINALI PARADISI TERRESTRIS, homo, quia elevatus erat ad vitam filiorum Dei et ordinatus ad finem supernaturalem, *quoad obiectum* tenebatur ad vitam supernaturalem filiorum Dei (cum fide, spe, caritate) ducendam, ad praecepta divinitus sibi revelata implenda, ad legem naturalem supernaturaliter observandam.

Lex originalis *praeprimis erat lex interna*, quatenus copiosa gratia Spiritus hominem ad caritatem Dei movebat. Ideo lex *vix ut externa-coactiva sentiebatur*, excipe quatenus, non obstantibus donis supernaturalibus et praeternaturalibus, homo erat viator et peccabilis.

2. STATUS « LEGIS NATURAE » vocari solet, inde a tempore patristico, periodus humanitatis inter statum paradisi terrestris (cum revelatione originali) et foedus VT. *Ratio nominis* est, quia, post paradisum (praeternaturale) perditum, homo vivebat sine lege VT et sine revelatione Christi. Haec autem periodus *pro gentibus* practice duravit usque ad Christum, « qui fecit utraque [gentes et populum electum] unum » (*Eph* 2, 14). — Non attendimus ad interventus Dei speciales in hac periodo, ut v. g. foedus Noachiticum. — Quousque in hominibus illius periodi (et hodie) manserint vestigia revelationis originalis (in paradiso terrestri), vix dici potest.

Manente in hac quoque periodo vocatione supernaturali, atque accedente spe in Christum promissum (*Gen* 3, 15: proto-evangelium), homines tenebantur, *quoad obiectum*, non solum ad legem naturalem, sed etiam ad supernaturalem.

Lex huius periodi erat maxime, et ex sese, *lex externa-coactiva;* sed ut talis erat, propter Redemptorem promissum, paeda-

gogus ad Christum: i. e. ob experientiam propriae debilitatis et
inobservantiae legis debebat — iuvante gratia — nutrire spem
in solum Deum ponendam. Atque de facto non deerat, ob opus
Redemptoris praevisum, omnis operatio gratiae et Spiritus: i. e.
lex huius periodi iam erat, etsi non ratione sui, *simul lex interna*
(cfr. Concil. ARELAT. — D. 160 a et b).

III. LEX VETUS[4]

Non raro ipsum Vetus Testamentum dicitur « lex vetus »;
nos tamen hic legem veterem intelligimus illam *legem,* ad quam
observandam populus electus tenebatur: sive eam totam, sive speciatim legem Moysis, et maxime decalogum.

Populus electus, in speciali foedere cum Deo vocatus, quod
obiectum attinet, tenetur lege naturali et supernaturali (praesertim spe in Christum venturum). Sed praeterea, haec eadem
lex naturalis et supernaturalis, simul cum multis praeceptis positivis, *a Deo positive imponitur*: mediantibus Angelis (*Gal* 3,
19; *Act* 7, 53), promulgante prae ceteris Moyse. Tota lex vetus
eo fine data est, ut sub hac lege populus electus modo speciali
duceretur ad Christum. — Distinguunt in lege vetere: legem
moralem (naturalem et supernaturalem), legem *caeremonialem* de
cultu divino (« iugum, quod neque patres nostri neque nos portare potuimus » [S. Petrus, *Act* 15, 10]), legem *iudicialem* (sive
civilem).

Lex vetus, quae positive « subintravit » (*Rom* 5, 20; cfr.
Gal 3, 19), hominem postlapsarium non solum non liberat a
debilitate, sed *per indolem suam maxime externam* eum profundius intelligere facit voluntatem Dei et malitiam peccati (*Rom* 7),
ita ut abundet delictum (*Rom* 5, 20). Sed ubi abundat delictum,
superabundat et gratia (*Rom* 5, 20), per quam habetur iustificatio
in Christo (*Gal* 3, 24). *Sic* lex vetus fortiter condemnans hominem ut peccatorem eumque (iuvante gratia) convertens in spem
Christi, est paedagogus ad Christum (*Gal* 3, 24). Unde iam patet:

---

[4] Cfr. *STh* I-II 98-107. — P. BLÄSER, *Das Gesetz bei Paulus,* Münster
1941. — ID., *Gesetz und Evangelium*: Catholica 14 (1960) 1-23. — Ulterius
cfr. bibliographiam infra (n. 5) indicatam de lege nova.

lex vetus, quae *ratione sui* non est nisi *externa-coactiva* (ideoque
lex peccati et mortis), *ratione Christi venturi,* et spei in eum
(cfr. *Rom* 4, 1-22; *Gal* 2, 15-21; 3, 11-29), simul est etiam *lex
interna*: operabatur enim iam tunc temporis gratia Christi
(*Rom* 1, 2; *1 Cor* 10, 1-4; *1 Petr* 1, 10ss; *Io* 8, 56; 12, 37-41.
Cfr. Conc. ARELAT. — D. 160 a et b).

Christus venit ad legem veterem implendam (*Mt* 5, 17).
Insistit maxime in duplici praecepto fundamentali caritatis (*Mt*
22, 34-40); ceterum, *legem moralem* reducit ad eius sensum originalem (*Mt* 5, 31-42: indissolubilitas matrimonii) et profundum
(*Mt* 5, 21-30: non merum opus externum!), reiicit autem *leges
mere positivas* (caeremoniales) (*Mc* 7, 1-23). Salus non venit ab
observatione alicuius legis, sed ab ipso Christo, qui superat
peccatum.

S. Paulus de lege *vetere* ea omnia habet,, quae supra (§ 5:
III) quoad doctrinam paulinam *de lege* in genere dicta sunt. Apostolus quidem legem veterem ut sanctam et divinam habet (*Rom*
7, 12. 14; *1 Tim* 1, 8) eiusque observationem tempore VT necessariam fuisse admittit (cfr. *Rom* 8, 7); tamen eam nunc valorem
suum plene amisisse affirmat (*Rom* 7, 1-6; *Gal* 2, 19): lex enim
non erat nisi paedagogus ad Christum (*Gal* 3, 24), ideoque in
Christo finem habet (*Rom* 10, 4): *solus Christus crucifixus est
lex et salus.* Nec, quod finem legis veteris attinet, Paulus distinctionem facit inter moralia et caeremonialia. — Nunc *ergo nulla
lex valet qua lex vetus.* Elementa autem veteris legis, quae erant
lex naturalis, vel divino-naturalis, valent qua talia et qua denuo
promulgata ut pertinentia ad legem Christi (cfr. § 6: II et VI).
Normae vero morales legis veteris, quae sunt *vere revelatae ut
veritates morales*, et non solum impositae ut lex foederis, evidenter manent normae morales pro semper. — *De decalogo*, qui
centralia puncta moralia pro populo electo exhibet, dicendum:
valent nunc ea decalogi praecepta, quae sunt lex naturalis (et ut
talia denuo promulgata tamquam elementa legis novae). Consequenter nunc non valent praecepta decalogi 2, 2 et 3; nam,
saltem in forma praeiacenti, sunt quoad obiectum lex positiva
VT, non lex naturalis.

Nota *quoad numerationem decalogi*: eam non fuisse semper eandem. Adhuc hodie apud protestantes reformatos (non lutheranos) mandatum 2, 2 fit 3, mandatum 3 fit 4, etc., mandata 9 et 10 in unum contrahuntur.

IV. LEX NOVA

1. Quaestio de lege nova (= lege Christi definitiva) inde a S. Paulo, S. Augustino atque S. Thoma proponitur in relatione cum Lege VT[5]. Attamen, *lex vetus de facto repraesentat omnem legem moralem* hominis postlapsarii et sine gratia; talis enim homo legem non observabit. — Ulterius, *lex vetus et lex nova sumuntur ut duo* typi, sc. quoad illa elementa praecise, quae illis ut talibus propria sunt: i. e. quatenus sunt lex externa, resp. lex interna. *Historice enim* in vetere lege iam aderat, ut vidimus, gratia, etsi ut praesentia anticipata novae legis; atque lex nova quidem praeprimis est gratia, cui non obstat, quod etiam tempore legis novae non desint homines, qui non vivunt ex gratia, sed — a Deo aversi — sub lege.

---

[5] S. Augustinus, *De spiritu et littera* (ML 44, 000-000). — S. Thomas, *STh* I-II 106-108, et maxime in commentariis ad epistolas Paulinas. — De lege nova cfr.: P. Bläser M.S.C., *Das Gesetz bei Paulus*, Münster 1941. — M. E. Boismard, *La Loi de l'Esprit*: LumièreVie n. 21 (1955) 65-82. — L. Cerfaux, *La théologie de la grâce selon saint Paul*: VieSpir 83 (1950) 5-19. — Th.-A. Deman, *Der Neue Bund und die Gnade* (Deutsche Thomas-Ausgabe 14), Heidelberg 1955, 287-325. — A. M. Di Monda, *La legge nuova della libertà secondo S. Tommaso*, Napoli 1954. — C. K. Dodd (prot.), *Gospel and Law. The relation of Faith and Ethics in Early Christianity*, New York 1951. — B. Häring, *Die Stellung des Gesetzes in der Moraltheologie*, in: *Moralprobleme im Umbruch der Zeit* (ed. V. Redlich), München 1957, 133-152. — J. Kopf, *La Loi indispensable pédagogue*: VieSpir, Suppl. 4 (1951) 185-200. — P. Lécuyer, *Pentecôte et loi nouvelle*: VieSpir 88 (1953) 471-490. — St. Lyonnet, *Liberté chrétienne et Loi de l'Esprit selon saint Paul*: Christus n. 4 (1954) 6-27. — G. Söhngen, *Gesetz und Evangelium*, Freiburg-München 1957. — A. Valsecchi, *La «legge nuova» del Cristiano. Sua natura e sue principali finalità secondo San Tommaso* (Dissertatio in Pont. Univ. Gregor. 1955: nondum edita, mox edenda). — R. Kehoc, *Law and the Spirit. Under God and the law*, Oxford 1949. — G. Salet, *La loi dans nos coeurs*: NouvRev Théol 79 (1957) 449-462. 561-578. — P. Schoonenbberg, *Wet en geest*: Verbum 24 (1957) 413-423. — H. van Zunderen, *Lex nova est gratia*: Jaarboek 1959, 74-92.

S. Paulus fortiter urget oppositionem duplicis legis, veteris et novae: lex nova non est littera, sed Spiritus: « littera... occidit, Spiritus autem vivificat » (*2 Cor* 3, 6); unde « serviamus in novitate Spiritus, et non in vetustate litterae » (*Rom* 7, 6). *Littera* enim, i. e. lex sine Spiritu Sancto nobis dato, non est mere lex, sed lex in homine « carnali », sc. averso a Deo ob peccatum originale, — qui homo consequenter legem Dei non observabit. *Spiritus* autem, eiusque gratia, hominem faciunt « spirituale », i. e. hominem qui qua « spiritualis » diligit Deum ideoque opera legis adimplebit. Oppositio haec in linea principii inducta est per crucem Christi (*Rom* 7, 1-6; *Gal* 2, 19), inducitur autem concrete, quoad singulos homines, in iustificatione, et quidem per se in baptismo, qui est mors cum Christo (cfr. *Rom* 6). — S. Thomas *concludit quoad legem novam: elementum eius principale est gratia Spiritus Sancti, dum leges externe datae sunt elementum secundarium; lex ergo nova principaliter est lex interna, secundario est etiam lex scripta*[6]. Quae doctrina Aquinatis semper pertinebat ad doctrinam spiritualem Ecclesiae; utinam magis consideretur ut veritas centraliter attingens *omnem* vitam christianam, non solum « perfectiorem »! De his duobus elementis legis novae nunc dicendum est.

2. «PRINCIPALITAS LEGIS NOVAE EST GRATIA SPIRITUS SANCTI»[7]

a) *Statice loquendo*, gratia habitualis inserit hominem in vite, quae est Christus, atque in eius corpore mystico. Haec gratia, maximum et primarium donum Dei (cfr. § 2: II), est *ultima forma hominis christiani*, filii Dei, atque informat hominem totum. Consequenter *gratia*, imo ipse *Christus* — cum gratia sit participatio plenitudinis eius — *est norma hominis christiani* (cfr. §§ 2 et 8). *Lex hominis christiani ergo non est illa legislatio VT, sed imperativus qui est intrinsecus nostro « esse in Christo ».* — Ad « Christum vivendum » autem aliud adhuc in gratia spectandum est:

b) *Dynamice loquendo*, gratia Spiritus, quam Christus dat fidelibus, est «Spiritus vitae in Christo Iesu» (*Rom* 8, 2), qui

---

[6] *STh* I-II 106, 1; 106, 2; 108, 1.
[7] *STh* I-II 108, 1c.

agit in nobis (*Rom* 8, 14), diffundit in nobis caritatem (*Rom* 5, 5), attestat et persuadet (*Rom* 8, 14-16), facit scire et sapere Christum (*Eph* 3, 16-18), atque occurrit debilitati nostrae (*Rom* 8, 26s). *Hoc modo dynamico gratia Spiritus, ideoque ipse Christus, fit nobis « lex »*: sed lex *ab intra nos illuminans et movens*, ita ut, ab ipso « acti » (*Rom* 8, 14), simus in vita nostra actuosa « filii Dei » (ib.) et « iustificati » (*1 Cor* 6, 11).

Aliis verbis: *Christus est nobis legislator et lex, minus per leges externe promulgatas,* — quas homo « carnalis » non adimplebit; *sed potius per Spiritum eiusque gratiam,* quam nobis confert; sic enim imponit nobis voluntatem suam, non solum praecipiendo, sed dando etiam voluntariam executionem. *Gratia Spiritus enim*: 1° - hominem *illuminat,* ut intelligat et credendo admittat praecepta Christi, et ut voluntatem concretam Christi cognoscat in conscientia (cfr. *Rom* 8, 16.26); 2° - hominem *movet* ad dilectionem Dei et ad opera dilectionis Dei exsequenda. Breviter: « docet interius de agendis, et inclinat affectum ad agendum » [8].

c) *Spiritus Christi autem nos movet non ad sola praecepta legis,* externe et omnibus propositae, implenda: sed movet unumquemque *individualiter,* et quidem *ultra limites legis* eos ducens ad perfectum (cfr. sub a). Neque singulos movet mere ut individua, sed *ut insertos in totum corporis mystici* Christi, ad functionem, quae ibi unicuique competit (cfr. *1 Cor* 12, 12-17). *Talia non praebet lex (externa).*

3. « ALIUD PERTINET AD LEGEM EVANGELII SECUNDARIO, SCILICET [DOCUMENTA FIDEI, ET] PRAECEPTA » [9].

a) *Christus dedit etiam legem externam,* sive per se ipsum, sive per apostolos; quae lex externa in S. Scriptura et traditione continetur atque ab Ecclesia proponitur. Novimus ex evangelio

---

[8] Sic S. THOMAS de opere *dilectionis* a Spiritu in nobis operatae: *In Rom.* 8, lect. 1. Similiter immediate de opere *Spiritus* in nobis: *In Hebr.* 8, lect. 2. — Vel *In Cor* 3, lect. 2: « dum Spiritus Sanctus facit in nobis caritatem, quae est plenitudo legis, est testamentum novum, non littera, id est per litteram scribendum, sed spiritu, id est per spiritum qui vivificat ».

[9] *STh* I-II 106, 2c.

Christum legem suam ferentem, maxime in sermone montano
(cfr. v. g. *Mt* 5, 21ss; *Io* 14, 21). S. Paulus scit se praedicare
nuntium Christi, etiam moralem (cfr. v. g. *1 Thess* 4, 2; *Phil* 4,
9; *1 Cor* 7, 10). Conc. TRID. exigit fidem in Christum ut legislatorem (D. 829. 831). Notes ad hanc legem a Christo propositam
pertinere etiam legem naturalem, per se naturaliter cognoscibi-
lem (§ 6: II et VI).

   *b) Lex externa est elementum mere secundarium legis no-
vae,* etsi maximi momenti, absoluti valoris, et tota ordinata ad
« usum gratiae ».

   Lex enim externa (etiam lex naturalis, naturaliter cognita!)
modo legali explicat, quid secumferat illud: Christum esse nobis
normam vitae (cfr. §§ 2 et 8), et ad quid Spiritus Christi interne
nos movet (cfr. § 5). *Ulterius,* cum homo etiam iustificatus maneat sub motu « carnis » (cfr. *Gal* 5, 17) ideoque sit in periculo
interpretandi sensu egoistico, vel erroneo, motum Spiritus, lex externa functionem habet impediendi hanc falsificationem. Optime
ergo affirmat S. THOMAS: legem externam esse *ad usum gratiae* [10].
— *Nota:* gratia ergo, dum iuvat ad legis cognitionem et executionem, *legem sibi facit utilem,* servans sibimetipsi primatum.

   *Homo iustificatus, adhuc viator et peccabilis, in periculo est
dandi iterum primatum legi (externae) (Gal* 5, 18). Quod fit *perfecte,* si quis, per peccatum grave, refutat vivere secundum motum gratiae et Spiritus. *Imperfecte* hoc fit variis modis: Multi
insistunt unilateraliter in legibus multiplicibus observandis, obli-
viscentes rei primariae, attendendi nempe ad motum Spiritus. Alii
putant sibi sufficere observantiam legis omnibus propositae, ne-
gligentes — vel etiam voluntarie non admittentes — motum caritatis (Spiritus) [11]. Alii denique contenti sunt adhaesione verbis
legis, non curantes sensum legis profundiorem: et hoc modo alicui
minimalismo indulgent.

---

[10] *STh* I-II 106, 1c.

[11] Caritas, utpote Deo iungens, movet ultra legem omnibus propositam rationis et fidei; quod, ad mentem Aquinatis, bene explicat: C. A. J.
VAN OUWERKERK, *Caritas et Ratio. Le double principe de la vie morale
chrétienne d'après saint Thomas d'Aquin,* Nijmegen 1956, 37. 69-70.

Nimia quoque legislatio positiva facilius facit ut minuatur, imo amittatur sensus pro elemento principali legis novae. *Idem dicas de explicatione morali unilateraliter et extreme casuistica.* Difficultas est in hoc: homo, ob condicionem postlapsariam (cum tendentia egoistica), de facto indiget propositione legum magis particulari; cum tamen sit vocatus ad gratiam, huius motui praeprimis attendere deberet. Iudicio ergo aequilibrato semper quaerendi sunt limites inter « spiritualismum » et « legalismum », ne homo unilateraliter habeatur vel tantum ut postlapsarius vel tantum ut iustificatus.

Salus nostra non est ex observatione legis (externae), sed ex gratia. Lex observanda potius habet rationem *condicionis* pro salute ex gratia quae est cum lege nova, gratis acquirenda (TRID. — D. 830). Lex ergo scripta evangelii, non exclusa *lege* credendi et *lege* diligendi Deum et proximum, ratione sui erit mortifera homini postlapsario, — nisi accedat gratia Spiritus (cum caritate nobis *data*) ut lex interna, quae gratia est legis novae elementum principale.

4. PERFECTIO LEGIS NOVAE

a) Perfectio legis novae *maxime* in hoc consistit, quod haec lex — negative — ratione sui et per se non est pro homine postlapsario « lex peccati » et « lex mortis », sed est — positive — « lex Spiritus vitae ». *In eo ergo, quod lex nova, ultra obligationem, est inclinatio et vis interna, a Spiritu Christi in nobis praesente operata.* Unde lex nova etiam dicitur: « lex Spiritus » (*Rom* 8, 2), « lex gratiae », « lex vitae » (*Rom* 8, 2), « lex fidei » (*Rom* 3, 27; — gratia enim « manifestatur in fide per dilectionem operante » [12]), « lex libertatis » (*Iac* 1, 25; 2, 12; — gratia enim facit hominem agere « ex habitu suae naturae » [13], — praeter libertatem a praeceptis VT), « lex perfecta » (*Iac* 1, 25; — datur enim, simul cum lege, vis eam implendi). *Attamen* perfectio et libertas non sunt tanta, ut iam excludant possibilem resistentiam hominis.

---

[12] *STh* I-II 108, 1c.
[13] *STh* I-II 108, 1 ad 2.

Addas huic perfectioni maximae propositionem legis scriptae per revelationem divinam; subministrationem motivorum, qualia sunt, ex revelatione, Deus ut Pater, caritas divina, Christus vocans et exemplum praebens, oeconomia supernaturalis, etc.; indicationem elementorum centralium, v. g. caritatis, humilitatis, etc.

b) Lex nova est *definitiva et perennis*, etiam quoad obiectum; etenim ipsa missio Christi et Ecclesiae est definitiva (cfr. theol. fundam.). Consequenter est *universalis*, semper et ubique omnes sine exceptione homines attingens (cfr. *Mt* 28, 18-20). Sic saltem obiective [14]. Subiective ignorantia excusans admittenda est (cfr. D. 1068, contra BAIUM). Ulterius, lex nova est *immutabilis*, quod cohaeret cum perennitate legis novae; unde nec admittenda est exspectatio aetatis Spiritus Sancti (Montanismus, IOACHIM A FIORE, apocalyptici saeculi XIII-XIV) nec exspectatio aetatis Ioannis vel continuae evolutionis revelationis (modernismus; cfr. D. 1705 et 2021).

Dispensatio a lege *naturali* vel *divino-naturali* ex natura rei est impossibilis; dum e contra non est natura sua impossibilis dispensatio a lege supernaturali *mere positiva*: sed Ecclesia, utpote numquam dispensationem concedens, videtur non habere talem facultatem. — *Excusatio-epikeia* (cfr. § 10: III, 2) in legibus supernaturalibus *mere positivis*, v.g. in lege confessionis integrae, non omnino excluditur (cfr. tractatum de paenitentia).

c) *Relate ad legem naturalem*, lex nova perfectionem dicit, etiam quoad obiectum: quatenus nempe respicit elevationem in Christo (cum multis consequentiis practicis), quam natura ex proprio conceptu non dicit. — *Legem novam continere nova materialiter praecepta ultra legem naturalem vix negari potest.* Nec cogitandum exclusive ad partem « caeremonialem » (= de sacramentis) legis novae et ad dogmata fidei credenda. Quomodo enim sine revelatione cognoscere possumus v. g. relationem inter

---

[14] Non deerant, qui legem novam nondum ubicumque *promulgatam* (non mere non *divulgatam*) habebant; secundum eos v. g. baptismus ignorantibus non esset necessarius ad salutem. De quo cfr. F. SUAREZ, *De legibus*, l. 1, c. 4, n. 25.

Ecclesiam et Statum, vel *modum christianum* diligendi Deum et proximum (etsi *substantialiter* amor Dei et proximi sit de lege naturali)? Possumus quidem, exempli causa, ex revelata natura Ecclesiae mediante ratione deducere relationem Ecclesiae ad Statum; sed sine revelatione muneris et iuris Ecclesiae cognitio illius relationis est impossibilis.

Quamdam tamen imperfectionem legis novae in eo forsitan quis videre posset, quod in ea nonnulla *sacrificia valorum naturalium* (non tantum resistentia peccatis) exiguntur; conferas sermonem montanum. In qua tamen quaestione diiudicanda bene attendere opportet ad conceptus *naturae et statuum naturae*, naturae *absolutae et relativae* (cfr. § 6): 1° - *Revera, nihil eorum, quae natura ut talis (ergo absolute)* exigit, nova lege impeditur. 2° - *Relate ad naturam puram, quae est status* naturae hypotheticus, lex nova sacrificium quorundam valorum naturalium, qui in tali statu haberentur, imponit: vel simpliciter (v. g. crux ferenda in sequela Christi), vel saltem ita ut valores naturales debeant locum dare realizationi sui eminenti (v. g. religio naturalis substituitur religione supernaturali). 3° - *Relate ad statum originalem naturae* (statum paradisi terrestris), lex nova non pauca mutavit; nota v. g., quod sacrificium virginitatis, secundum multos auctores (incluso Aquinate) [15], propter hominis harmoniam supernaturalem in paradiso terrestri non habuisset valorem specialem. 4° - Nunc vero, *evidens est naturam hominis absolutam non postulare statum specialem paradisiacum.* Sed eadem natura *neque exigit sui realizationem in statu naturae purae, vel realizationem omnium valorum naturalium ut talium.* Sed potius ipsa, ratione sui, aperta est, ut ad statum seipsa superiorem assumatur: etsi sic valores naturales « sacrificari » debeant ad valores superiores assequendos. Possibilitas vero talis « sacrificii » necessarii, vel suadendi, facile intelligitur: sive ob ipsius naturae intrinsecam limitationem, sive maxime ob statum postlapsarium hominis per se a Deo aversi. Non ergo natura ut talis (absoluta) et ratio obstant sermoni montano, vel consiliis evangelicis: potius habetur continuitas inter naturam et legem novam, suppositis

---

[15] *STh* I 98, 2 ad 3.

factis peccati originalis et vocationis christianae; sed repugnantia alibi est: « caro » [non natura] concupiscit adversus « Spiritum » (*Gal* 5, 17).

V. QUAESTIO CONNEXA DE LEGE AETERNA

Lex aeterna non dicit, uti patet, aliquem statum historicum in evolutione legis Christi, sed legem ultimam, ex qua participat omnis lex, ideoque omnis status historicus legis Christi. *Omnis ordinatio naturae creatae in proprium finem radicatur in aeterna Dei sapientia: quae dicitur lex aeterna.* Participatio legis aeternae fit per communicationem a Deo libere factam. Communicatio autem facta est *quoad leges physicas* per rerum creationem, *quoad legem moralem naturalem* item per hominis et mundi creationem, *quoad legem supernaturalem* per liberam effectionem et revelationem ordinis supernaturalis. *Leges et praecepta humana* intantum in lege aeterna continentur, inquantum supponunt legem naturalem (quoad legem civilem) et legem supernaturalem (quoad legem ecclesiasticam) atque in eis radicantur [16].

§ 8

CHRISTUS NORMA MORALITATIS

Post explicationem *fundamentalem* sensus christologici moralitatis (§ 2) et demonstrationem proprietatum, structurae et historiae legis Christi (§§ 3-7), nunc *de ipso Christo ut norma personali moralitatis* agendum est. Logice hoc forsitan prius faciendum fuisset; didactice autem argumentum melius nunc ponitur quasi ut reassumptio perfectiva eorum, quae prius dicta fuerunt.

I. QUAESTIO

Vidimus moralitatem nostram esse radicaliter theocentricam et simul ei competere, propter mysterium Christi, characterem

---

[16] Pro ulteriore legis aeternae explicatione cfr. *STh* I-II 93. — Pro quaestione historica vide: O. LOTTIN, *Psychologie et Morale aux XII* et *XIII* siècles, v. II, 1948, 51-67. — ID., *Morale fondamentale*, Tournai 1954, 211-213.

eminenter christologicum (§ 2). Optime quidem quis potest assumere pro principio fundamentali moralitatis finalitatem creatoris (in creatione et redemptione)[1]; sed cum creatio facta sit in Christo, Deo-homine, illud principium magis concretizatur. Christus (Deus-homo) est, ut persona individualis, universalissima norma, seu lex, moralis (§ 7: IV, 2), — vel saltem eius fundamentum. *Norma* autem hic intelligitur duplici sensu: 1° - *obiective* persona Christi prout est omnibus hominibus norma mensurans vitam moralem; 2° - *subiective* eadem norma, quae est Christus, quatenus nobis innotescit. De duplici hoc aspectu agendum est.

II. CHRISTUS NORMA OBIECTIVA MORALITATIS[2]

Christum esse obiective norman universalem diversis modis explicari potest: *vel* quatenus in ipso omnia creata et redempta sunt, *vel* quatenus per gratiam participamus vitam eius, *vel* quatenus ipse per sacramenta gratiam suam nobiscum communicat, *vel quatenus* eius caritas, nobis infusa, est forma omnium virtutum.

1. CHRISTUS NORMA: PROPTER HOMINIS CREATIONEM ET REDEMPTIONEM IN IPSO

a) Propter creationem et redemptionem omnium in Christo (vel etiam: creationem omnium in Christo ut Redemptore [cfr. § 2, n. 9]) supra iam dictum est: *Christum* (Deum-hominem, crucifixum et resuscitatum) *esse typum et exemplar vitae christianae* (§ 2: III, 2 — Cfr. *1 Cor* 8, 6; *Col* 1, 15-19; *Eph* 1, 3-10). Intentio enim Dei primaria secundum Scripturam esse videtur, ut Verbum carnem assumat et qua Verbum incarnatum sit « primogenitus » inter multos fratres. Unde Christus, historice car-

[1] Sic J. KRAUS, *Zum Problem des christozentrischen Aufbaues der Moraltheologie*: DivThom (Frib.) 30 (1952) 257-272.
[2] Cfr. H. U. VON BALTHASAR, *La théologie de l'histoire*, Paris (s. a.) (= *Theologie der Geschichte*, Einsiedeln 1959; *et*: *Drei Merkmale des Christlichen*: WortWahrheit 4 (1949) 401-415. — H. KÜNG, *Rechtfertigung*, et F. MALMBERG, *Über den Gottmenschen* (cfr. § 2, n. 9). — K. RAHNER, *Zur Theologie der Gnade*: TheolQuartalschrift 138 (1958) 40-77. — A. VALSECCHI, *Gesù Cristo nostra Legge*: Scuola Catt 88 (1960) 81-110 (continuatur).

nem assumens, assumit *totum* (excepto peccato) et *omnem* hominem: ut ipse sit caput omnium.

Per ipsum et secundum exemplar eius unusquisque est vere
homo, et participat in *vita supernaturali* eius. Et quidem unusquisque haec est *modo prorsus individuali*: sed haec quoque indi-
vidualitas in Christo, Deo-homine, radicatur.

*b) Recte ergo dicitur: Christum obiective esse normam
et mensuram moralem pro omni homine, tum quoad ordinem
supernaturalem tum quoad ordinem naturalem.* Si enim omnia
in ipso fundantur, et supernaturalia et naturalia, consequenter
idem dicendum est de *correlativo ordine morali*, supernaturali et
naturali.

Sicut autem in Christo *natura humana* est *propter Verbum*
incarnandum, sic quoque in nobis *natura* intenta esse videtur
ut receptaculum *vitae supernaturalis*, ut supra iam insinuatum
est. Consequenter pro ordine *morali* dicendum esset: ordo moralis naturalis, quoad se, *ordinatur* in ordinem moralem supernaturalem; imo, in eo *includitur*, quatenus gratia supernaturalis
est suprema forma hominis in Christo creati. *Quoad se ergo
(etsi non quoad nos) datur lex naturalis, quia datur lex Christi;
et datur lex Christi, quia in Christo omnia constant.* Cui veritati
non obstat, quod independenter a revelatione Christi cognita lex
naturalis valet et cognosci potest, ubicumque habetur homo; de
facto autem non datur homo nisi creatus in Christo. Consequenter omnis violatio ordinis moralis naturalis semper est et erat,
in se et obiective, violatio legis Christi, offensio Christi.

NOTA: 1° - Quatenus Christus est primogenitus omnium *et caput corporis sui mystici* (cfr § 2: III, 4 b): (a) omnis actus moralis, etiam observatio
legis naturalis, habet momentum sociale, i. e. pro toto corpore Christi (ib.);
(b) ordo socialis naturalis, quoad se, est abstractio-praecisio facta ex ordine sociali *totali*, in Christo fundato; ordo naturalis enim intenditur a Deo
ut elementum integrans corporis mystici Christi. 2° - Si in Christo *ut Redemptore* omnia creata esse intelliguntur (cfr. § 2, n. 9): (a) lex moralis,
etiam naturalis, quoad se, potius habet sensum suum originarium in functione
pro opere redemptivo Christi, quam vice versa; (b) bene sic intelligitur, cur
habeatur continuus interventus Christi (revelatio et gratia) in lege morali —
etiam naturali — cognoscenda et implenda.

c) *Christus ergo est norma moralis concretissima simul et universalissima.* 1° . *Norma concretissima*: est enim persona individualis, et quidem maxime originalis, in qua, quia *Deus-homo*, omnis plenitudo inhabitat; unde secundum exemplar eius omnia sunt realia, modo tamen individuali. 2° . *Norma univer-salissima*: quia omnia in eo fundantur et ab eo mensurantur: normae morales supernaturales et naturales, normae universales et·« lex » uniuscuiusque individui et situationis, doctrina Eccle-siae et iudicium conscientiae uniuscuiusque.

Recte ergo intelligi possunt quae aliquando leguntur: — vitam nostram moralem magis mensurari a persona Christi quam a. legibus universalibus; hae ipsae enim mensurantur a Christo; — ideoque (eodem sensu) « magis » urgere sequelam Christi quam observationem normarum; hae tamen perti-nent ad normam, quae est Christus; — magis radicaliter verum esse: « bo-num est id, quod intrat in regnum Christi », quam: « quod bonum est, intrat in regnum Christi »; obiective enim « bonum » fundatur in Christo; — pro-prium meum Esse sub gratia Christi disponente (= hoc meum « nunc » ut in Christo fundatum) mihi esse normam agendi sensu profundiore quam quamcumque combinationem normarum universalium; hae tamen a dispo-sitione Christi includuntur.

2. CHRISTUS NORMA: PER GRATIAM, QUA SE NOBISCUM COM-MUNICAT [3].

Christus, omnium exemplar et norma, cum unoquoque seip-sum modo individuali communicat (supra 1). *Quod maxime et concretissime fit per gratiam singulis modo et mensura indivi-duali datam.* Gratia autem non est intelligenda ut aliquid sepa-ratum ab « homine », sed potius ut *hominis concreti forma ultima et suprema.* Unde si dicitur gratiam esse normam moralem ho-minis, intelligi debet: *homo concretus, prout sub tali gratia indi-vidualiter est constitutus, vitaliter realizandus est.*

Supra (§ 7: IV, 2) iam ostensum est: Gratia unicuique homini individualiter data, *statice loquendo*, est norma agendi, quatenus hominem entitative informat. Et *dynamice loquendo*, gratia est homini norma concretissima, quatenus illustrat et movet hominem concretum ad ea operanda, quae ei conveniunt

---

[3] Cfr. bibliographiam indicatam supra: § 7, n. 5.

(sub aspectu tum supernaturali[4] tum naturali): revera homo, qui est sub gratia, agit quasi « ex habitu suae naturae »[5].

Gratia vero non est nisi gratia *Christi*[6], ab ipso ad nos derivata[7], participatio plenitudinis eius (*Io* 1, 16). *Unde magis quam gratia, ipsa persona Christi dicenda est esse, per gratiam in concreto communicatam, norma moralis.*

Nota: Christus est omnibus norma moralis (supra 1), quae magis concretizatur per gratiam unicuique datam (2). Gratia autem datur maxime et visibiliter per sacramenta, et operatur in nobis praeprimis caritatem[8]. Unde in sequentibus ostendendum est, quomodo Christus sit nobis norma tum per *sacramenta* nobis administrata (3), tum per *caritatem* quam in nobis operatur (4).

3. Christus norma: per sacramenta nobis collata[9]

Per septem sacramenta obtinetur gratia Christi (a), et quidem modo unicuique sacramento correspondenti (b). Sic per sacramenta Christus fit nobis mensura vitae modo aliquo magis concreto[10].

a) *Homo, qui libere se subiicit sacramentalibus signis* (« sacramentum tantum »), significantibus et efficientibus gratiam Christi, *consecratur* (« res et sacramentum ») ut sit radicaliter conformatus Christo, Deo-homini, crucifixo et resuscitato, et ulterius (si est dispositus) *accipit gratiam* Christi significatam (« res sacramenti »), quae entitative eum informat et simul dynamice in eo operatur. Nota consecrationem modo speciali haberi in sacramentis, quae characterem imprimunt, sed ut videtur non in eis solis. — *Consequenter* 1° - homo christianus debet *gratiam*

---

[4] Cfr. *STh* I-II 108, 3 ad 3; ib. 108, 2 ad 1.

[5] *STh* I-II 108, 1 ad 2.

[6] *STh* I-II 108, 2 ad 2.

[7] *STh* I-II 198, 1c.

[8] Pro utroque elemento cfr. *STh* I-II 108, 2c.

[9] De hoc argumento amplius scripsimus in: *De sacramentis in genere, de baptismo et confirmatione*, Romae 1959, 5-18 (cum bibliographia).

[10] Unde nonnulli theologi velint, ut sacramenta (vel « homo sacramentalis ») sumantur pro principio theologiae moralis. Cfr. G. Ermecke, *Die Stufen der sakramentalen Christusbildlichkeit als Einteilungsprinzip der speziellen Moral*, in: *Aus Theologie und Philosophie* (ed. a. Th. Steinbüchel et Th. Müncker), Düsseldorf 1950, 35-48. — Cfr. item theologiam asceticam scriptam a K. Feckes (¹Freiburg/Br. 1949).

Christi acceptam reddere vitalem per vitam actuosam; sic 2° - *consecrationem* acceptam simul habet — uti est obiective — pro deputatione ad vitam in gratia et forma Christi; et hoc modo 3° - facit, ne *receptio sacramenti-signi fiat* actio mendax. *Sub hoc triplici aspectu ergo homo christianus in sacramentis receptis habet normam propriae vitae*: atque *mediantibus sacramentis in ipso Christo*, qui in sacramentis operatur et vocationem ac vitam suam communicat. — *Repetita* ergo sacramentorum receptio et consequens augmentum vitae Christi in nobis, indicant vocationem ad semper perfectiorem vitam in forma Christi.

Nota autem: *totum* hominem per sacramenta transformari in formam Christi. Unde, sub aspectu morali, in sacramentis habent fundamentum et normam *non solum* ea quae sunt quoad substantiam supernaturalia, *sed* simpliciter omnia, quae pertinent ad vitam christianam; ergo etiam lex naturalis per sacramenta de novo postulatur observanda, utique observanda *modo illo supernaturali, quem unumquodque sacramentum indicat* (cfr. infra b).

Quia vero sacramenta sunt norma vitae in forma Christi, vita Christi autem est vita *Dei-hominis* et ideo *sacerdotalis*: per sacramenta maxime fundatur et postulatur *character cultualis vitae christianae*. Sicut vita Christi tota erat cultus Dei Patris, sic vita hominis christiani debet esse continuatio huius cultus. Et hoc non solum in offerendo (in Missa) sacrificio crucis, in sacramentis recipiendis, in oratione explicita, sed in tota quoque vita quotidiana. — Christus continuat cultum suum per Ecclesiam; et hoc etiam per singulos christianos, quatenus hi in operibus suis agunt ut membra Ecclesiae. Unde iterum habes *characterem eminenter socialem* omnis activitatis moralis, utpote fundatae in Christo per sacramenta Ecclesiae (cfr. § 2: III, 4b).

b) *In variis sacramentis Christus est norma alio et alio modo*. Sacramenta enim, etsi omnia et singula Christo conforment et eius gratiam conferant, conformitatem et gratiam conferunt modificatam secundum singulorum sacramentorum proprietatem in organismo sacramentali. Minus autem dicendum videtur: varietatem sacramentorum, et virtutis normativae in eis fundatae, esse secundum diversas necessitates et periodos vitae humanae, quam: Christum in diversis sacramentis nos assumere secundum diversos aspectus vitae suae, et sic eum nobis esse normam et mensuram.

Per baptismum Christus fit nobis norma, quatenus per prius vitam nostram transformat in vitam christianam et consequenter eam ut christianam exigit. Imperativus vitae agendae in forma Christi, qui per omnes S. Pauli epistolas invenitur (cfr. speciatim *Rom* 6), fundatur in facto baptismi, qui primus vitam Christi (gratiam) sacramentaliter communicat. Unde per baptismum Christus fit nobis norma *modo fundamentali et universali*: *modo fundamentali*, quatenus cetera sacramenta baptismum supponunt; *modo universali*, quatenus in ceteris sacramentis nihil fieri videtur, nisi vel confirmatio vel specialis ex-plicatio eorum, quae per se baptismo iam fundata sunt. Sic *eucharistia*, ut renovata semper et intima sacramentalis unio cum Christo, de novo semper et profundius vitam Christi crucifixi et gloriosi in nobis fundat et excitat. *Confirmatio* item, Spiritu Christi crucifixi et gloriosi plenius concesso, vitam Christi magis fundat et exigit, et quidem modo speciali sub aspectu vitae socialis, — qui aspectus tamen in baptismo non deerat. *Paenitentia* quoque renovat et fundat vitam Christi in nobis, quatenus Christus passus est pro nobis peccatoribus, ut tamquam peccatores paenitentes et iustificati vitam crucifixi et gloriosi habeamus et coram Patre vivamus. *Unctio aegrotorum* vitam Christi in nobis fundat sub aspectu mortis ipsius, qua plenam et ultimam sui subiectionem Patri et spem in vitam definitivam cum Patre expressit. *Sacra ordinatio* idem facit sub aspectu muneris sacerdotalis, quod Christus maxime exercuit morte et resurrectione sua. Idem fit sacramento *matrimonii* sub aspectu sanctae et foecundae dilectionis sponsalis inter Christum-sponsum et Ecclesiam-sponsam.

4. CHRISTUS NORMA: PER CARITATEM QUAM IN NOBIS OPERATUR [11].

Vita Christi, quae nobiscum (maxime per sacramenta) communicatur, est caritas divina. Hanc ergo vivere tenemur. *Inde*

---

[11] Cfr. G. GILLEMAN, *Le primat de la charité en théologie morale*, ²Louvain 1954. — C.A.J. van OUWERKERK, *Caritas et ratio, Etude sur le*

per caritatem suam nobiscum communicatam Christus est nobis norma.

a) Caritas essentialiter pertinet ad illam participationem vitae Christi, quae sola (in homine adulto) facit coheredem Christi, i. e. quae sola unit Deo Patri, fini ultimo. *Unde:*

1° - *Nihil est « simpliciter » bonum, nisi fiat ex caritate;* nihil enim potest alio modo esse expressio vitae Christi (= gratiae = caritatis) in nobis, nec conducere ad finem ultimum.

« *Caritas ponitur in definitione virtutis;* [tamen ex hoc non habet], quod sit generalis virtus, sed generalis perfectio virtutum » [12]. Iustitia ergo, oboedientia, etc., ad finem (supernaturalem) ducunt non ut talia, sed solum eo, quod sunt caritate formata. Formatio virtutum tamen *non* exigit electionem *explicite consciam* caritatis: « in habente caritatem non potest esse aliquis actus virtutis nisi a caritate formatus »[13].

2° - *Consequenter caritas est mensura, utrum aliquid (mediante caritate) fieri possit « simpliciter » bonum:* caritas, quia est *forma* virtutum, est etiam *norma* virtutum.

Ideoque variae virtutes ut tales, i.e. nondum caritate formatae, vero quodam sensu (imperfecto tamen) dici possunt virtutes, quia *possunt* caritate informari et sic dirigi in finem ultimum, seu quia ratione sui sunt modi, quibus exprimi potest caritas, i.e. vita Christi in nobis. Quod autem caritatem exprimere, ideoque per eam in finem ultimum dirigi possunt, hoc habent ex intrinseca sua conformitate cum recta ratione, resp. cum voluntate creatrice Dei. Sic quaedam (nempe « mala ») excludunt (obiective) ordinabilitatem per caritatem, alia (nempe « bona ») eam positive dicunt, alia eam solum non excludunt (nempe « indifferentia », de quibus alibi) [14].

---

double principe de la vie morale chrétienne d'après s. Thomas d'Aquin, Nijmegen 1956. — O. LOTTIN, *Morale fondamentale,* Louvain 1954, 16-19. 386-402.

[12] S. THOMAS, *In 3 sent.* dist. 27, 2, 4, qla 2 and 1.

[13] S. THOMAS, *De verit.* 14, 5 ad 13.

[14] Nota discussionem inter G. GILLEMAN et C.A.J. VAN OUWERKERK. Hic ultimus tenet: caritatem, informando virtutes morales, his addere novam modalitatem; ille hoc reiicit tenens: ipsas virtutes morales (saltem infusas) ex seipsis iam esse veram participationem caritatis. Secundum GILLEMAN ergo virtus moralis, ex conceptu suo, non datur, nisi sit caritas per participationem, i. e. exprimens caritatem; secundum VAN OUWERKERK virtutes ut tales *possunt* exprimere caritatem, sed de facto eam exprimunt solummodo, si caritas accedit, i. e. si homo, qui exercet virtutes, est in caritate, quam per virtutes actuat. S. THOMAS certo *actuationem* (impli-

— Sed nota ipsam quoque ordinabilitatem virtutum fundari in Christo, quatenus in eo omnia creata sunt.

b) *Non sola caritas, sed etiam fides posset vocari norma agendi;* per fidem enim tandem aliquando Christus est norma, qui ipse est auctor et revelationis et fidei [15]. Sed caritas non est sine fide, ideoque de fide non est explicite dicendum.

Si quaeritur, *utrum caritas ut norma moralis dirigat ultra ea, de quibus fides et ratio instruunt,* respondendum videtur: affirmative, saltem quatenus homo, ipsi Deo per caritatem unitus, in bono concreto diiudicando habet pro mensura non solos conceptus humanos, ex fide et ratione haustos, sed ipsum Deum (prudentia supernaturalis quae est sub influxu Spiritus Sancti!) [16].

c) Quaerunt, *utrum potius caritas an imitatio Christi dicenda sit principium theologiae moralis christianae* [17]. Distinguendam est: *Obiective* per prius ipse Christus est norma, dum caritas est norma in Christo fundata. Quod *cognitionem subiectivam* attinet, cognitionem personae Christi tamquam normae sequendae habere non possumus, nisi iam habeamus normam *boni* (rationem), qua iudicari potest, utrum Christus ut persona imitanda admitti queat. Bonum autem, secundum dicta sub a), est (et percipitur esse) expressio, vel possibilis expressio, caritatis. Sub hoc aspectu dici potest: quoad nos caritatem-normam praecedere imitationem Christi ut normam. Christo autem vere cognito, imitatio eius facit ut profundius caritatem percipiamus.

Ceterum quidam auctores, qui crisim ideae imitationis Christi instituunt (vel potius ante decennia instituebant circa opus TILLMANN, supra citatum) [18], erronee eam interpretantur, si obiiciunt: vitam historicam Christi non praestare exemplum imitandum pro omnibus vitae christianae statibus et situationibus, v.g. pro matrimonio. (Sed nec ex conceptu caritatis immediate *deduci* potest plena doctrina moralis). Potius iam ipse TILLMANN insistebat *in persona Christi personaliter sequenda* et, quoad spiritum eius nobis notum, *imitanda secundum concretas uniuscuiusque condiciones.* Certo sequela personalis maxime hominem disponit et iuvat ad inveniendum et exequendum

---

citam) caritatis *exigit* ad solum conceptum virtutis « simpliciter » dictae (= perfectae), non simpliciter ad conceptum virtutis: ad hunc sufficit, ut virtus *possit* fieri expressio caritatis. (GILLEMAN, *Le primat de la charité,* l.c., 56-58. — VAN OUWERKERK, *Caritas et ratio,* l.c. 50-51. Cfr. etiam quoad librum GILLEMAN: V. DE BROGLIE, in: Greg: 34 [1953] 538-540).

[15] Cfr. O. LOTTIN, *Morale fondamentale,* Louvain 1954, 384s.

[16] De quo cfr. VAN OUWERKERK, op. cit.

[17] Cfr. J. FUCHS, *Die Liebe als Aufbauprinzip der Moraltheologie:* Scholastik 29 (1954) 79-87. — Primatum caritatis defendit contra alios R. CARPENTIER, in: Greg 34 (1953) 53-55.

[18] Cfr. v. g. O. SCHILLING, in: TheolQuartalschrift 119 (1938) 425. Sed etiam hodie modo simili CARPENTIER, loco vix citato.

id, quod Pater caelestis a nobis exspectat. *Hodie* ultra hoc, et magis theologice, insistunt in eis, quae in hac § exponuntur: Christus non solum est
exemplum imitandum, sed etiam omnium norma et mensura obiectiva; quae
norma a nobis cognosci potest.

Tandem responsum ad quaestionem, *utrum omnia ea, quae caritas de-*
terminat, sint sensu specifico « christiana » [19], multum pendet a solutione
quaestionis de indole christologica ordinis supernaturalis.

III. CHRISTUS NORMA MORALITATIS NOBIS NOTA [20]

Quaestio nunc non est, utrum nos sufficienter cognoscamus
exemplum Christi, ut illud per vitam nostram imitari possimus
(« ethica exempli personalis »); sed utrum — et quomodo —
sciamus, quid hominibus in genere et singulis in individuo faciendum sit, praecise quatenus hoc in persona Christi ut norma
obiectiva fundatur.

a) Ipsa possibilitas cognoscendi naturaliter ex creatis legem
naturalem — tum (possibiles) propositiones universales, tum
id quod est faciendum in situatione concreta — nihil est nisi possibilitas (per ipsam creationem in Christo nobis data) cognoscendi normam, quae revera est Christus: praecise quia creata
in ipso constant. Sic quidem nondum cognoscitur persona Christi, tamen aliquid Christi. Accedit cura Christi de homine lapso:
Spiritus Christi operatur per revelationem, per Ecclesiam et gra-
tiam, ne deficiat cognitio legis naturalis, ut cognitio aliqua Christi-
normae.

b) Idem Spiritus per revelationem nos docet legem Christi
supernaturalem, maxime eam, quae quod substantiam est supernaturalis: ut sciamus eam vitam vivere, quae est participatio et
manifestatio vitae (gratiae) Christi; *atque curam habet, ut Ec-*
clesia hanc revelationem secure et efficaciter proponat. In sin-
gulis autem per gratiam operatur, ut revelationem propositam
intelligant et libenter accipiant.

c) Tandem, in singulis Spiritus Christi operatur, illumi-
nando et movendo, non solum ut normam, quae Christus est,
in genere (propositiones universales) intelligant et accipiant, sed

---

[19] Cfr. v. g. van OUWERKERK, *Caritas et ratio,* l. c. 86-89.
[20] Cfr. H.U. von BALTHASAR (supra n. 2).

etiam ut perspiciant, quid propositiones universales sibi *in concreta situatione* significent, *i. e. quo sensu ipsi per leges universales, et ultra eas, subsint illi normae, quae est Christus.* Quod maxime valet de illis, qui in gratia et vera caritate vivunt et ideo per prudentiam supernaturalem, quae est ex Spiritu Christi, ordinant vitam suam.

d) Breviter: maxime et ultimatim *per Spiritum suum Christus nobis seipsum innotescere facit* (« suggeret »: *Io* 14, 26) ut *normam universalissimam,* quatenus est mensura tum legum universalium tum uniuscuiusque hominis et situationum eius. Homo ergo, qui vivit eo modo quo debet, sequitur Christum, saltem materialiter; sed etiam formaliter, si Christum noverit et amaverit.

Quaestiones connexae de lege humana.

§ 9

DE LEGIS HUMANAE NOTIONE ET NATURA

Tractatus de lege humana, qui hoc loco apponi solet, agit — sub aspectu morali — *de ordine iuridico societatis* humanae (perfectae), quatenus hic ordo determinatur *legibus in bonum commune societatis latis.* Qui tractatus ergo potius pertinet ad theologiam moralem *specialem* quam ad generalem. Atque locus eius proprius est vel in tractatu de societate humana vel in tractatu de iustitia et iure; leges enim promulgant ius vigens societatis et obligationem iustitiae legalis. *Ceterum notio profundior legis humanae supponit doctrinam de societate humana.* Ratio historica ponendi hoc loco tractatum de lege humana forsitan est in eo, quod *lex moralis* proponebatur sub *communi* quodam conceptu legis, qui tamen per notionem legis *positivae humanae* definiebatur [1].

---

[1] *STh* I-II 90, 4.

De legibus humanis conferas encyclicas Leonis XIII *Diuturnum illud* (29.6.1881), *Immortale Dei* (1.11.1885), *Sapientiae christianae* (10.1.1890), *Rerum novarum* (16.5.1891); Pii X, *Dès le début* (25.8.1910); Pii XI *Dilec-*

Non tamen desunt rationes, theoreticae et didacticae, ponendi *hoc loco* quemdam tractatum, non nimis extensum, de lege humana. *Primo* enim, iustitia iegalis, quae vult observantiam legum, eam imponit formaliter non ut oboedientiam, sed ut exercitium earum virtutum, quae obiecto legis indicantur, — v.g. misericordiam, pietatem parentum erga filios, etc.; unde per legem humanam *lex moralis* de variis virtutibus proponitur et non raro magis determinatur. *Secundo,* tractatu de lege humana praemisso, melius intelliguntur quaedam puncta doctrinae de conscientia, quae in theologia morali generali explicantur.

Iure quis quaerit, curnam, si iam de *lege* (generali) hoc loco agitur, non etiam sermo fiat de *praecepto* (particulari) eiusdem auctoritatis in societate humana. Quod de facto exspectandum esset, quia, quod legem *moralem* spectat, hoc loco non de sola *lege universali*, sed de *obligatione quoque individuali* agitur. Ratio modi traditionalis procedendi videtur esse duplex: 1º - Multi auctores, quoad legem *moralem*, de facto in hoc tractatu nonnisi de *lege universali* agebant, non autem de obligatione concreta. 2º - Adest similitudo quaedam inter praeceptum datum ex potestate curandi bonum communitatis et ex potestate dominativa: unde de utroque simul in alio contextu dicitur.

Vix indicari potest differentia, sub aspectu morali, inter *leges* ex una parte, et *praecepta, statuta, ordinationes* ex alia parte: excepta diversa eorum extensione. Ea, quae de lege humana, sensu strictiore sumpta, dicentur, aliis ordinationibus modo correlativo applicanda sunt. — Item ordinationes generales datae *in communitatibus, quae non sunt societates perfectae,* quasi easdem habent — sub aspectu morali — proprietates ac leges, sensu stricto acceptae. — Imo, ipsa *lex positiva divina* quaedam elementa habet communia cum lege humana; atque tam perspicuum est, quaenam elementa sint communia, quaenam discrepantia, ut hoc indicare generatim superfluum sit [2].

---

tissima nobis (3.8.1933); Pii XII *Summi Pontificatus* (20.10.1939), etc. — S. Thomas, *STh* I-II 95-97. — F. Suarez, *De legibus*. — Th. Davitt, The *nature of Law*, London/St. Louis 1951. — Id., *The Elements of Law*, Boston, 1959. — M. Herron, *The Binding Force of Civil Laws*, North Miami 1952. — *Katholische Rechtsphilosophie* (varii auctores): Archiv f. Rechts- u. Wirtschaftsphil. 16 (1923). — L. Rodrigo, *Praelect. Theol.-Moral. Comillenses* II, Santander 1944.

[2] *Quoad leges ecclesiasticas* in specie videas: *CIC*, lib. 1: *Normae generales* (can. 1-86). Commentaria habes in *Institutionibus iuris canonici*

I. NOTIO LEGIS HUMANAE

1. NECESSITAS ET FUNCTIO LEGIS HUMANAE patent: bonum commune hominum in societate viventium exigit, ut tum ob debilitatem hominum in statu naturae lapsae (et reparatae), tum pro necessitatibus historice variantibus, 1° - *urgeantur* leges divinae (naturales et supernaturales): sive eas proponendo modo positivo, praesertim si agitur de legibus quae non tam facile a singulis cognoscuntur; sive poenas comminando in transgressores, et 2° - *determinentur* leges divinae, eas concretizando: cogita v.g. de mensura tributorum solvendorum, de sollemnitatibus contractuum, etc.

Hae functiones legis humanae, substantialiter eaedem in societate civili et ecclesiastica, se continent *intra ambitum, qui fine respectivae societatis indicatur*. Notetur tamen has esse functiones legum, quae, sive ecclesiasticae sint sive civiles, sunt vel quoad substantiam vel saltem quoad modum — in nostro ordine salutis — supernaturales: non enim dantur leges, quae sint *mere* naturales, a fortiori non mere profanae.

Consequenter leges humanae *necessario pendent a lege divina*, sive (quoad substantiam) naturali sive supernaturali: finis enim earum est, legem divinam — eam urgendo vel determinando — efficaciorem reddere in societate humana.

2. AUCTORITAS LEGUM HUMANARUM consequenter et ultimatim est ex lege divina, sive naturali sive supernaturali, quippe quae leges humanas condendas exigit. « Unus est legislator » (*Iac* 4, 12): sed hoc tali modo, uti nobis videtur, ut auctoritas legislatoris humani ipsa sit vere auctoritas obligans, auctoritatis divinae *participativa*, non autem sit solum ius condendi legem, cui Deus addat vim obligatoriam [3].

a) *S. Scriptura*: *Christus* per oboedientiam suam, quam legibus auctoritatis tum synagogae tum *civilis* praestitit, monstravit

---

diversorum auctorum, vel etiam apud moralistas, v.g. M. ZALBA, *Theol. mor. Summa*, II, ² 1957.

[3] Sic olim v.g. J. GERSON, *Tract. de vita spirituali*, l. 4, a. 62, c. 5. Cfr. J. SCHNEIDER, *Die Verpflichtung des menschlichen Gesetzes nach Joh. Gerson*: ZeitschrKathTheol 75 (1953) 1-54.

se eas agnoscere. *De auctoritate Ecclesiae* ferendi leges, quam Christus ei contulit, cfr. *Mt* 16, 18ss; 18, 18; 28, 20; *Io* 20, 21; 21, 27s; *Lc* 10, 16. — *S. Paulus* urget oboedientiam auctoritati civili: « Admone illos principibus, et potestatibus subditos esse, dicto oboedire » (*Tit* 3, 1). In epistola *ad Romanos* (13, 1-5) ipse monet: 1° - auctoritatem civilem (simul cum potestate puniendi) esse a Deo ordinatam eiusque ministram existere; 2° - consequenter oboedientiam praestandam esse non solum ex timore poenae, sed et propter conscientiam. — Modo satis simili scribit *S. Petrus* (*1 Petr* 2, 13s).

b) *Magisterium Ecclesiae* eandem veritatem tuetur: Quoad leges *civiles* conferantur praeprimis encyclicae Leonis XIII *Diuturnum illud* [4] et *Immortale Dei* [5]. Quoad leges *ecclesiasticas* conferatur theologia fundamentalis.

c) *Consequitur*, quod etiam in oboediendo legibus humanis *dialogus* (*saltem implicitus*) *inter Deum et hominem* habetur: non agitur res mere profana. Leges ergo humanae indicant modum quemdam minimum exprimendi caritatem Dei; etsi magis directe indicent aliquod minimum, quo praestando caritas *proximi*, sub respectu boni communis, exercenda est. — Unde ultimatim *ordines lege humana constituti* non aliter ac ordines naturales (matrimonium, Status) hunc finem habent, ut serviant regno Dei et Christi; sic obiective, — etsi subiective auctoritas humana, vel subditi, de hoc fine non cogitent.

3. Definitio legis humanae sit ea, quam S. Thomas ponit pro definitione legis simpliciter: *ordinatio rationis in bonum commune ab eo, qui curam communitatis habet, promulgata* [6].

Rationis enim est, invenire et ordinare media ad finem. Id, quod fini societatis non inservit, lex esse non potest: esset enim aliquod irrationabile. — *Ordinatio* autem est *activa*: fit ab auctoritate rationabiliter iubente. Intelligenda autem est praeprimis ut auctoritativa determinatio alicuius ordinis pro societate (sic S. Thomas), potius quam ut obligatio a superiore inferiori im-

---

[4] 26.9.1881: ASS 14 (1881) 3-14.
[5] 1.11.1885: ASS 18 (1885) 161-180.
[6] *STh* 1-II 90, 4.

ponenda (sic paululum unilateraliter F. SUAREZ [1]): functio auctoritatis socialis enim non est dirigere subditos ut tales, sed ordinare vitam socialem. Constituendo autem ordinem socialem, eo
ipso auctoritas obligat membra societatis, cum hi ad finem societatis, ergo etiam ad media iuste ordinata teneantur; similiter
ac Deus, creando hominem, eo ipso obligat ad legem homini naturalem.

Lex ergo nequit ferri nisi in *bonum commune*, determinatae
societati proprium (de quo alibi agitur): sive immediate omnibus
membris societatis imponatur, sive determinatis solum personis
(v.g. clero), ratione tamen boni communis totius societatis. — Verum est observationem *totius legis moralis* afferre aliquid ad
bonum commune. Eam autem totam urgere *publica auctoritate
humana*, non solum non est possibile, sed etiam bono communi
nocivum. Unde ea sola ordinanda sunt lege humana, quae vitam
publicam-socialem societatis magis afficiunt, de quo prudenter
iudicare non raro satis difficile est; cfr. v.g. discussiones catholicorum de opportunitate legis poenalis circa delicta homosexualia,
circa artificialem inseminationem homoiogam, etc.

Qui curam communitatis habet, legem ferre potest. *Communitas*, si de lege *sensu stricto* accepta sermo est (cfr. introductio-
nem in hanc §), intelligitur societas *perfecta;* auctoritas correlativa vocatur *iurisdictio*. Duae autem sunt societates perfectae,
Ecclesia et Status; quid hoc significet, alibi explicatur. — Quia
auctoritas legem fert ut caput societatis, *lex per se non est mere
temporanea*, saltem hoc sensu, quod per se finem non habet per
transitum potestatis legiferae in aliud subiectum; legislator tamen limites durationis legis definire potest.

Promulgatio est *auctoritativa legis intimatio* talis ut lex in
notitiam venire *possit;* unde videtur esse de essentia legis, saltem humanae, et non mera condicio. Promulgatio differt a *divul-
gatione*, qua lex *de facto* in notitiam membrorum societatis venit.
Lex vim suam exercere incipit aut a momento promulgationis aut

---

[1] *De legibus* l. 1, c. 5, n. 24. — De quo cfr.: — *Actas del IV cent.
de Suárez* II, 197-209. 243-267. — E. JOMBERT, in: NouvRevThéol 59 (1932)
34-44. — E. ROMERO, *La concepción suáreziana de la ley*, Sevilla 1944.

ab aliquo momento posteriore, determinato a legislatore; sic leges Sanctae Sedis, nisi aliud definiatur, vim exercent solum tribus mensibus post eorum promulgationem in *Actis Apostolicae Sedis* [8]: interim lex vacat (*vacatio* legis). Tempore vacationis legis per se nondum licet sequi legem, propter necessariam uniformitatem vitae communis; per accidens hoc licet, si lex nova non obest iuri praecedenti, vel si est mere permissiva nec iuri tertii contraria.

Acceptatione ex parte membrorum societatis lex non indiget: nec in forma explicitae *approbationis*, nec in forma *executionis* legis; valor legis enim a sola auctoritate legislativa pendet (cfr. *Rom* 13, 1-5, et D. 1128); quoad leges ecclesiasticas videas theologiam fundamentalem.

NOTA: 1° - *Plebiscitum* non est acceptatio approbativa legis, sed constitutio legis. 2° - *Non-executio legis* ex parte maioris partis subditorum *potest* aliquando constituere desuetudinem, per quam ius contrarium conditur (cfr. § 10: V); *potest* etiam aliquando fieri signum quod lex ab auctoritate publica *re* iam non urgetur, etsi forsitan urgeatur pro *forma*, — eo fine ut mutatis conditionibus iterum re urgeri possit; *potest* etiam efficere ut illi pauci, qui sunt fideles, possint adhibere epikeiam (cfr. infra, § 10: III, 2), cum sub talibus circumstantiis observatio legis pro illis consideranda sit ut nimis dura.

II. SUBIECTUM POTESTATIS LEGIFERAE

1. LEGES FERRE POTEST, QUI LEGITIMAM AD HOC AUCTORITATEM IN SOCIETATE HABET. Haec auctoritas inter plures divisa esse potest: sive hierarchice (v. g. Papa, episcopi residentiales, quidam superiores maiores religionum), sive aequaliter (v. g. singuli Status foederati relate ad invicem); sive ratione materiae legum, sive ratione membrorum societatis. Nec excluditur auctoritatis delegatio. — Nota legem in consuetudine fundatam non esse independentem ab auctoritate (infra 3).

Praeter *Ecclesiam* et *Statum* consideranda est quoque *societas humana* (supernationalis), quae ut talis bonum commune sibi proprium habet. Sicut enim ius naturale *inter*-nationale conventionibus ulterius determinari potest, sic etiam ius naturale *super*-

---

[8] *CIC* 8 et 9.

nationale societatis humanae legibus ab auctoritate supernationali ferendis magis determinari potest, si talis auctoritas creatur[9].

2. Legitimitas auctoritatis *non pendet* a qualitate personarum quae eam detinent (v.g. utrum sint athei an christiani), *nec a mero facto quod potestatem habent, sed* ab hoc quod auctoritas harum personarum moraliter iustificetur, i.e. si auctoritatem assecuti fuerint secundum necessitates boni communis *et ea* non utantur substantialiter et continuo contra verum bonum commune: secus enim sunt tyranni. Attamen, etiam auctoritas tyrannica, quae *ut talis* nullam exigere potest oboedientiam, substituit — quamdiu ipsa eliminari non potest — veram auctoritatem et, *quatenus eam substituens*, veram exigit oboedientiam in rebus, quae ratione boni communis ordinari debent et ab ipsa de facto ordinantur.

Orto dubio de legitimitate auctoritatis, si hoc dubium *non* est *publicum*, praesumptio legitimitatis et periculum perturbandi ordinem socialem imponunt oboedientiam. Si autem dubium (rationabile) est *publicum*, obligatio oboedientiae per se forsitan non subsistit; sed quamdiu non habetur auctoritas certo legitima, auctoritas dubia illam substituit in curando necessario societatis ordine; unde ei oboediendum est. Facilius forsitan obligatio oboediendi deesse potest, si dubium est de facto *delegationis* auctoritatis, nisi talis defectus auctoritatis ipso iure sanetur.

3. Consuetudo legem constituere potest. Hoc tamen nonnisi dependenter ab auctoritate legitima, cum eius solius sit curare bonum commune, imo vis legalis consuetudinis est unice ex consensu legislatoris legitimi. Hic consensus est vel *legalis*, i.e. in lege expressus (sic est in Ecclesia: *CIC* 27s, generatim non in iure civili), vel *personalis*, i.e. per conniventiam, sive expressus sive tacitus (ut etiam in iure civili fit).

Consuetudo est vel *secundum ius*, i.e. ambiguitatem eius tollens, vel *praeter ius*, i.e. novam obligationem inducens, vel *contra ius*, i.e. tollens ius praecedens: abrogando, derogando, obrogando. — De consuetudine contra ius, quae etiam *desuetudo* vocatur, infra agitur (§ 10: V, 4).

Communitas, quae consuetudinem creat, debet esse legis capax intra societatem. Ad hoc saltem aliqua *stabilitas* requiritur (sine qua vera lex non datur); unde in Ecclesia forsitan non solum diocesis et congregatio religiosa, sed etiam parochia vel domus religiosa. — In persona (physica

---

[9] Cfr. allocutionem Pii XII diei 3.10.1953: AAS 45 (1953) 730-754.

vel morali) quae est incapax legis, sola *praescriptio* iuris subiectivi locum habere potest, qua v.g. privilegium acquiritur.

Ad consuetudinem condendam requiruntur, praeter consensum legislatoris et capacitatem communitatis: 1° - *actus frequentes,* moraliter non interrupti, publici, maioris partis communitatis; 2° - *intentio se obligandi,* saltem in consuetudine, quae novam obligationem inducit; haec intentio habetur implicite in mente, quae legi praecedenti adversatur vel novae favet; 3° - *tempus legitimum,* in casu quo consuetudo vim non acquirit per conniventiam legislatoris; 4° - *rationabilitas consuetudinis,* quae habetur, si *nunc* legislator rationabiliter talem legem inducere possit. — Consuetudo, cum vim legis habeat, *cessare* potest eodem modo ac lex (infra: V, 5).

III. OBIECTUM LEGIS HUMANAE

1. QUATTUOR CONDICIONES, UT ALIQUID POSSIT ESSE MATERIA LEGIS, enumerari solent inde ab ISIDORO A SEVILLA et maxime ob decretum GRATIANI; sunt tamen condiciones non adaequate ab invicem distinctae. Omnes eamdem ultimatim habent rationem: lex debet esse in bonum commune societatis. Revera, etiam secundum S. Paulum (*Rom* 13, 1-5), proprium auctoritatis est promovere *bonum* societatis; unde lex tunc solum auctoritativa et valida dicenda est, si ordinatur vere in bonum commune societatis. En quattuor condiciones:

a) *Lex sit honesta*: i.e. manens intra ambitum legis (naturalis vel positivae) Dei. Non enim est vera auctoritas nisi participativa auctoritatis Dei. Unde S. Petrus: «Oboedire oportet magis Deo quam hominibus » (*Act* 5, 29).

Consequenter: 1° - *Ferre legem intrinsece inhonestam* (v.g. obligare ad occisionem directam innocentis) est illicitum; atque talis lex lata est invalida, nec licet ei oboedire. 2° - Ob rationes proportionate graves licitum esse potest *ferre legem, quae tollerat* (vel non impedit) malum ab aliis patrandum: sic aliquando licita esse potest lex, quae admittat partes politicas cum finibus partim illicitis, vel divortium cum possibilitate novarum « nuptiarum », vel prostitutionem in domibus publice recognitis, etc. Attendendum tamen semper est, utrum *in circumstantiis concretis* rationes vere pro-

portionatae talem legislationem iustificent. Si autem talis legislatio rationibus sufficientibus iustificata est, lex sic lata non est in se inhonesta;
atque ob rationes sufficientes licita esse potest *cooperatio materialis* ad
malum ab aliis consequenter ad talem legem patrandum: v.g. cooperatio
iudicis in divortio secundum legem concedendo, et ministri civilis in novis
« nuptiis » celebrandis, *vel* habere, quoad effectus civiles, vere. ut coniuges
eos, qui post tales « nuptias » in concubinatu vivunt [10].

b) *Lex sit iusta*: 1° - *Lex maneat intra competentiam legislatoris;* secus deest auctoritas. Ideoque v.g. lex, quae est contraria
legi auctoritatis superioris, nihil valet; nec licet eam executioni
dare, nisi non-executio fieret tam damnosa, ut auctoritas superior
non possit esse rationabiliter invita: v.g. si auctoritas militaris
irrationabiliter impedit aut vetat assistentiam missae die dominica. 2° - *Lex ne restringat sine vera necessitate boni communis
iura subiectiva membrorum societatis*: secus est illicita et invalida. Cogita talem legem in materia proprietatis privatae, vel
circa ius parentum eligendi pro liberis scholam propriae profes-
sioni religiosae correspondentem.

Attamen: (a) promotio legislationis aliquomodo impedientis *usum* iuris
(v.g. parentum) potest esse licita, si est necessaria ad evitanda mala maiora
(v.g. legem peiorem); (b) *lex iniusta*, utpote invalida, non potest quidem
obligare; subditis tamen in multis licitum est ius suum cedere, vel saltem
illud non opponere; imo propter bonum commune hoc aliquando obligatorium est (iustitia socialis); (c) non licet exsequi legem iniustam, si hoc
laedit *ius tertii*, — excepto casu, quo tertius non possit rationabiliter esse
invitus [11].

3° - Lex non servans iustitiam distributivam, i.e. quae non aeque
distribuit (quantum possibile est) bona et onera, illicita est. Non tamen est
invalida ob *quamcumque* laesionem iustitiae distributivae; hoc iam ex eo
patet, quod ex una parte iura debent esse definita, cum tamen ex altera
parte aestimatio exacta in distributione sociali vix possibilis sit. Ad praestan-
das autem gravosas exactiones legislationis evidenter (et forsitan tendentiose)
iniustae, obligatio, saltem per se, non datur.

---

[10] Cfr. Pius XII, allocutio diei 6.11.1949 (AAS 41 [1949] 602s) et
6.12.1953 (AAS 45 (1953) 798s).

[11] Pius XII, die 6.11.1949 (AAS 41 (1949) 602s), hoc sensu non
vituperat iudicem iustum, qui tempore tyrannidis populo servari non potest, nisi secundum legem iniquam damnet aliqua mulcta sacerdotem inno-
centem. Pontifex tamen provocat ad *praesumendum* consensum sacerdotis;
nos addimus sacerdotem non posse esse rationabiliter invitum.

c) *Lex sit possibilis,* i.e. talis, quae subditis — quales hi sunt « ut in pluribus » [12] — non sit nimis onerosa (= moraliter impossibilis), attento momento materiae lege ordinandae. Secus lex esset « inhumana » et contra bonum commune, ideoque invalida. Excipe si solum aliqua *pars* legis est impossibilis; tunc enim pars possibilis huius legis valet, si haec fini legis assequendo sufficiat, — ut esset in lege exigente tributa certo nimis alta.

Consequenter: 1° - in lege positiva valet adagium: « *ad impossibile nemo tenetur;* (non valet proprie in lege naturali et divino-naturali, quia haec semper est homini aptata et — gratia iuvante — possibilis); 2° - lex positiva (aliter ac lex naturalis et divino-naturalis) *per se* non potest imponere *heroica;* potest tamen *per accidens,* nempe (a) si condiciones extraordinariae iustificant extraordinaria, v.g. servitium militare in bello iusto; et (b) si aliquis subditus se obligavit — saltem implicite — ad heroica ferenda, ut in ritu latino facit, quoad caelibatum, ille, qui libere amplectitur sacerdotium.

d) *Lex sit necessaria vel vere utilis* ad bonum commune societatis, i.e. fini proprio societatis vere inserviens; cui non obstat, quod aliqua lex *immediate* aliis favet, alios onerat. Ratio est, quia lex ex conceptu iustificatur unice ratione boni communis. Sic autem impositio legis non est « restrictio » libertatis, sed eius directio versus proprium eius finem: quatenus nempe homo est membrum societatis.

Consequenter v.g. lex data *in favorem partium* ut talium, non autem in bonum totius, omni vi caret. Atque infra dicetur: legem, quae undecumque facta fuerit inutilis, simpliciter cessare (§ 10: V).

NOTA: bonum commune, de quo magis praecise alibi dicetur, videtur consistere in eo societatis statu, in quo membra — utpote personae — meliori quo fieri potest modo sese evolvere et *finem* suum assequi possunt.

IN DUBIO PROBABILI DE EXISTENTIA CONDICIONUM ad validitatem requisitarum, theologi generatim putant legem dubiam obligare. Ratio, legi *intrinseca,* maxime est, quod in curando bono societatis auctoritas praestat subditis. Accedit saepe ratio legi *extrinseca,* quod etiam in casu dubii ordo socialis sub ductu auctoritatis servandus est. Attamen magni theologi saeculorum transactorum putabant: si observantia legis, dubiae ob rationes indicatas, simul fit valde gravosa subditis vel est in damnum aliorum, bo-

---

12 Lex, quae est moraliter impossibilis non subditis in genere, sed pro aliquibus subditis ob speciales eorum condiciones, pro tali casu dat locum excusationi-epikeiae (cfr. § 10: III, 2).

num societatis iam non exigere oboedientiam [13]. Unde patet, quod ratio intrinseca, quam indicant, non est *omni exceptione maior*. Attamen, etsi praestantia auctoritatis, si dubium est de materiae praeceptibilitate, in dubium trahi possit, generatim (saltem in dubio de legis iustitia, possibilitate et utilitate) *pro obligatione standum est*, nisi iniustitia, etc., sint moraliter certae: et hoc ideo, *quia legislatio*, quae non relinquat possibilitatem dubii multorum, *vix haberi potest*. — In dubio de *competentia* similiter dicendum videtur ac in dubio de auctoritate (cfr. supra II, 2).

Nota: 1° - In Ecclesia praerogativa *Papae* (et Concilii oecumenici) facit, ut in multis ipse possit authentice solvere dubium, v.g. de competentia. 2° - *Religiosi* generatim dicuntur teneri ad oboedientiam erga superiores in omnibus, quae sine peccato praestari possunt; attamen, cum superiores legem ferre et praecipere possint nonnisi intra ambitum Constitutionum, dubia ut supra non excluduntur.

2. RATIONE EFFECTUUM LEGES VARIE DISTINGUUNTUR:

a) *Lex affirmativa* (aliquando vocatur etiam *positiva*) praecipit positionem alicuius actus, — etsi quandoque proponatur in forma negativa (« ne omittatur... »). — *Lex negativa* prohibet aliquid fieri, — etsi quandoque proponatur in forma affirmativa (« debes ieiunare »). — Quod lege negativa prohibetur, continuo omittendum est; quod lege positiva iubetur, non continuo faciendum est. Unde adagium: *Lex affirmativa obligat semper, sed non pro semper; lex negativa obligat semper et pro semper*.

b) *Lex permittens* tuetur agentem, ne ab actione impediatur; vel etiam positive tolerat malum, ita ut hoc vi legis humanae non prohibeatur.

c) *Lex irritans* reddit determinatos actus inefficaces quoad effectum, quem, deficiente tali legis dispositione, haberent; sic baptizati in Ecclesia catholica non contrahunt valide matrimonium nisi in forma canonica. *Lex inhabilitans* reddit quasdam personas inhabiles ad determinatos actus vel effectus, ad quos, deficiente tali legis dispositione, habiles essent; cogita impedimen-

---

[13] Cfr. ea, quae hac de re habet S. ALPHONSUS DE LIG. (et auctores ab eo citati): *Theol. Mor.*, l. 1, tr. 1, cp. 2, n. 31 (ed. GAUDÉ I, p. 15), et l. 4, cp. 1, dub. 4, n. 47 (ed. GAUDÉ II, p. 478-483). — Longe lateque de quaestione agit L. RODRIGO, *Prael. Theol.-Mor. Comillenses*, tom. 4, 1944, n. 1854-2160. — Cfr. I. SALSMANS, *La force obligatoire d'une loi probablement illegitime*: NouvRevThéol 55 (1928) 760-766.

tum disparitatis cultus quoad matrimonium contrahendum. — Leges irritantes et inhabilitantes magni momenti esse possunt pro bono communi; et ex hoc praecise demonstratur ius auctoritatis humanae ad tales leges ferendas.

Lex irritans vel inhabilitans potest esse: 1° - *simul prohibens* respectivum actum, v.g. lex de impedimentis matrimonialibus; vel eum *non prohibens*, ut est lex de forma legitima testamenti; 2° - *simul poenalis*, i.e. irritatio vel inhabilitatio imponitur ut poena, v.g. irritatio provisionis simoniacae (*CIC* 729); in tali casu ignorantia legis saepe excusat ab irritatione vel inhabilitatione.

Lex irritans vel inhabilitans potest esse: 1° - *latae sententiae*, ita ut ipsa lex effectum producat; 2° - *ferendae sententiae declaratoriae*, si opus est auctoritativa declaratione nullitatis, « ex tunc » existentis; 3° - *ferendae sententiae condemnatoriae*: si opus est sententia auctoritativa, quae producit effectum « ex nunc ».

Irritatio vel inhabilitatio dicitur *naturalis* seu *moralis*, si privat actum vel personam efficacia vel capacitate, quam spectato solo *iure naturae* haberent; dicitur *civilis* vel *iuridica*, si privat sola efficacia vel capacitate derivata ex *iure positivo*, pro foro externo, quin tangat efficaciam vel capacitatem, quae est ex iure naturali. — Maxime in lege irritante vel inhabilitante *civili* videndum est, utrum tangant efficaciam et capacitatem naturalem, an solam efficaciam vel capacitatem civilem. Plurimi moralistae inclinantur ad diminuendam efficaciam legum civilium. Putant: legem civilem ordinarie non irritare efficaciam vel capacitatem quae haberetur spectata sola *lege naturae*, sed solum efficere, ut in foro externo civili haec efficacia vel habilitas non attendatur. Concedunt autem, per sententiam iudicis tolli efficaciam etiam naturalem actus irritati, vel a persona inhabilitata positi. Cogita v.g. de testamento exarato non in forma praescripta. Haec tamen tendentia moralistarum, multum sparsa, non videtur esse necessario sequenda; nam lex positiva legem naturalem in multis *determinare* valet, addendo v.g. condiciones ad validitatem actuum, nec est per se ratio dubitandi de efficacia naturali-morali talis determinationis positivae, nisi lex evidenter eam non intendat [14].

---

[14] Cfr. de hac quaestione: F. Hürth, *Rechtswirkung der Zivilgesetze im Bereich des Gewissens*: Scholastik 1 (1926) 108-114. — O. von Nell-Breuning, *Naturalobligation*, in: *Staatslexikon*, ed. 5.

Differt ab irritatione et inhabilitatione mera *denegatio actionis* in foro externo circa aliquem actum, efficacia vel inefficacia eius naturali intacta manente. — Differt etiam *declaratio nullitatis* alicuius actus ex iure divino, sive naturali sive positivo. — Differt quoque oblata *rescindibilitas* actus.

d) *Lex poenalis* est ea, quae comminatur poenam ob violationem legis. — *Finis* poenae videtur esse praeprimis *restitutio ordinis iuridici laesi, saltem obiective coacta*, etsi non necessario subiective a reo acceptata. Despectus enim ordinis socialis, qui violationi legis inest, compensatur aliquomodo per opus praestitum ad significandum valorem ordinis socialis. Subiective poena habet *simul* characterem *vindicativum*. Accedit saepe finis *medicinalis-educativus*, qui autem non est finis poenae primarius [15]

Poena ex conceptu supponit culpam, et quidem moralem, i.e. in conscientia. Consequenter *ignorantia legis excusat,* sicut a culpa, sic etiam a poena, saltem si ignorantia non est graviter culpabilis; ignorantia tamen *in foro externo non praesumitur.* Ius canonicum hoc sensu procedere solet, non semper ius civile. — *Status non raro imponit poenam etiam in casu culpae mere iuridicae;* i.e. in casu ordinis bona fide laesi. Hoc quoad aliquas poenas iustum esse potest, si secus non habetur medium sufficiens urgendi in societate observationem ordinis (cfr. ea, quae statim dicemus de legibus mere poenalibus quas vocant); tunc autem potius agitur de poena sensu valde analogico, vel potius de praestatione in bonum publicum iure meritoque exacta. — De puniendo illo, qui ex conscientia erronea ad agendum contra legem se obligatum putat, infra dicetur in tractatu de conscientia.

Adagium *nulla poena sine lege,* i.e. quin lege positiva comminata fuerit, ordinarie attendendum est propter necessitatem securitatis iuris in societate. *Per se* tamen violatio publice damnosa iuris naturalis (quod est vere ius vigens) puniri potest, etsi nulla poena iam antea lege positiva determinata est. *Practice* modo exceptionali ita procedi potest, vel etiam debet, dummodo securitas iuris inde damnum non patiatur; sic v.g. in casu gravis violationis relationum internationalium nondum positive et cum sanctione statutarum, vel in iudicio de regimine tyrannico quod sibi crearat ius favorabile et iniustum. *Item* potest aliquando ob rationem gravem boni communis poena legalis mutari cum vi retroactiva, dummodo sit circa actionem iuri naturali vel divino contrariam.

---

[15] Cfr. allocutiones Pii XII de culpa et poena: 5.12.1954 (L'Osserv. Rom. 6./7.12.1954) et 5.2.1955 (L'Osserv. Rom. 6.2.1955). — I. BETSCHART, *Das Wesen der Strafe in phänomenologischer und aristotelisch-thomistischer Schau,* Einsiedeln 1939.

Iudex tenetur legem poenalem iustam applicare; ius *naturale* potest in casu « lacunae » iuris positivi quandoque haberi ut norma suppletoria in lege poenali applicanda.

Poena est malum physicum quod auctoritative *infligitur.* Per se tamen auctoritas videtur propter bonum commune reum *obligare* posse ad exsequendam poenam impositam. Atque optimum est, si reus poenam impositam voluntarie acceptat. Obligatio ad poenam *valde gravem* sustentandam imponi non potest, quia hoc esset « moraliter impossibile ». Unde reus (= iuste condemnatus) non videtur illicite agere, si utitur occasione effugiendi, sine resistentia tamen positiva.

3. QUAESTIO SPECIALIS: DE THEORIA LEGIS « MERE POENALIS »

Lex « mere poenalis » dicitur illa, quae poenam comminatur, *quin* simul — saltem absolute — imponat obligationem moralem, seu in conscientia, circa obiectum eiusdem legis. Discussio erat et est de existentia, imo de metaphysica possibilitate talis legis. Dum ultimis saeculis possibilitas et existentia legum mere poenalium omnino communius affirmabatur, hodie numerus continuo crescens auctorum negat, cum auctoribus antiquioribus, possibilitatem harum legum.

a) *Theoria legis mere poenalis*

Theoria fundamentum habet in adagio a defensoribus theoriae [16] statuto: legislatorem, qui potest legem ferre cum plena vi obligationis moralis, posse bonum commune curare etiam mediis subditos minus obligantibus. *Explicatio* huius theoriae alia ab aliis proponitur: 1° - Explicatio magis originaria est theoria *obligationis moralis condicionatae* [17]: habetur vera obligatio *moralis,* quae autem directe se refert solum ad acceptandam poenam in casu violationis legis, saltem post iudicis sententiam; obligatio ad ipsam praestationem a lege ordinatam dicitur esse mere *iuridica.* — In hac explicatione vix intelligitur, quomodo esse possit, ut prima legis intentio, i.e. praestatio ipsius rei, non fundet obligationem moralem, dum sanctio addita eam fundet. 2° - Accessit, maxime saeculo elapso, theoria *obligationis disiunctivae* [18]: habetur vera obligatio moralis, sed disiunctiva, nempe aut ad rem ipsam praestandam aut ad poenam subeundam. — Dif-

---

[16] Videas F. SUAREZ, *De leg.,* L 5, cp. 3s. — A. JANSSEN, *De lege mere poenali:* Ius pontificium 4 (1924) 119-127. 187-201. 5 (1925) 24-32. Libri manuales: FANFANI, LANZA, VERMEERSCH, ZALBA, etc.

[17] V.g. SUAREZ, LEHMKUHL, etc. Cfr. A. MORTA, *Suárez y las leyes meramente penales:* RevEspDerCan 5 (1950) 503-599.

[18] V.g. BOUQUILLON. Cfr. de historia huius theoriae V. VANGHELUWE, in: *Miscellanea ... Arthur Janssen,* Louvain 1948, 209-224.

ficulter tamen intelligi potest haec quasi-indifferentia legislatoris, affirmata in tali explicatione. 3° - Hoc saeculo alia addita est explicatio, theoria *obligationis mere iuridicae* [19], tum circa rem praeceptam praestandam tum circa poenam sustinendam. — Sed quomodo sustinetur sic monitum S. Pauli: «necessitate subditi estote *non solum propter iram, sed etiam propter conscientiam*» (*Rom* 13, 5)? 4° - Accedunt recentius aliae explicationes. *U. Lopez* [20] de proposito abstrahens a quaestione metaphysicae possibilitatis legis mere poenalis, attendit ad voluntatem hodierni legislatoris civilis, quem videt. non curare de conscientia; unde legem civilem dicit valere secundum legis naturalis intentionem, i.e. in conscientia. *A. van Leeuwen* [21] reiicit theoriam legis mere poenalis, admittit autem in multis rebus minoribus leges «cogentes», quarum violatio tunc solum — et quidem raro ideoque «per accidens» — peccatum esset, si nempe aliquis non modo rationabili se duci sineret comminatione «poenae».

Historice theoria *legis* mere poenalis ortum habuit versus finem medii aevi [22]; quoad *regulas* religiosorum autem character mere poenalis explicite iam in prologo Constitutionum O.P. (1236) affirmatur. Abstrahimus interim a regulis religiosorum, quia in Institutis religiosis *libere* suscipiuntur onera. Ceterum non videtur verum esse, quod *historice* theoria legum mere poenalium sese evolverit ex doctrina de charactere mere poenali regularum religiosorum [23]. — *Ratio* cur theoria legis mere poenalis orta fuerit, non est una. *Theoretice* ei subest quidam voluntarismus, secundum quem legislator consideratur potius ut superior membrorum societatis sibi subiectorum, quam ut ordinator boni communis; sub hoc aspectu influxus F. SUAREZ magnus fuisse videtur. *Practice* haec theoria praebuit modum evadendi in conscientia absolutismum principum. Pro tempore recentiori forsitan etiam attendenda est tendentia separandi ius a moralitate, sub influxu I. KANT.

Criteria distinguendi leges morales a legibus mere poenalibus varia a variis auctoribus assignantur. Vix inveniuntur hodie moralistae, qui quasi *omnes* leges *civiles* pro mere poenalibus habeant. Non autem desunt

---

[19] Sic maxime A. VERMEERSCH, *Theol. mor.*, 4 I, n. 172. Eum quodammodo sequuntur RODRIGO et ZALBA. Cfr. etiam M. LEDRUS, *Le problème des lois purement pénales*: NouvRevThéol 59 (1932) 45-56. Item G. GILLEMAN, *Le primat de la charité en théologie morale*, 2 Louvain 1954, 265-268.

[20] *Theoria legis mere poenalis et hodiernae leges civiles*: PeriodMCL 27 (1938) 203-216; 29 (1940) 23-33. Similiter F. LITT, in: RevEcclLiège 30 (1938/9) 141-156. 359-372; et alii.

[21] *Straf- en Dwangwetten*: Bijdragen 16 (1955) 233-257.

[22] De historia videas: V. VANGHELUWE, *De lege mere poenali. Inquisitio historica... usque ad medium saec. XVI*: EphTheolLov 16 (1939) 383-429. Recentius: R. KELLY, *Criteria and examples of purely penal obligation in italian writers down to Angelo and Trovamala* (Dissert. non edita, P. Univ. Greg. 1957).

[23] Cfr. De hoc R. KELLY, op. cit.

auctores [24], qui — proh dolor! — leges circulationis publicae, leges de vectigalibus et de tributis, saltem indirectis, mere poenales esse declarant. Facilius adhuc in rebus minoris momenti ita faciunt. De singulis materiis suo loco dicetur.

b) *Possibilitas legum mere poenalium deneganda videtur* [25].

Monitum S. Pauli (*Rom* 13, 5) non solum contrarium est theoriae characteris mere iuridici legum mere poenalium, sed etiam theoriae obligationis moralis condicionatae vel disiunctivae. Secundum apostolum, obligatio conscientiae est ad id, quod faciendum auctoritas lege definit.

Ratio fundamentalis theoriae legis mere poenalis supponit conceptum minus rectum legislatoris. Dicitur enim *modum obligationis pendere a voluntate legislatoris*. Quod negandum videtur. 1° - Legislator lege sua *determinat legem naturalem* secundum necessitates realitatis historicae. Unde lex positiva obligat eodem modo ac lex naturalis, quam determinat. 2° - Legislator humanus positive statuit ordinem, qui pro bono communi vel necessario vel utiliter statuendus est. Hac sua ordinatione attingit *etiam* conscientiam membrorum societatis, *quatenus* hi ex natura societatis ad finem communem concurrere tenentur, et quidem mediis ab auctoritate ordinatis. Unde *a voluntate legislatoris pendet existentia legis, non autem utrum lex obliget vel non obliget in cons-*

---

[24] Cfr. v.g. M. Zalba, *Theol. mor. Sum.* I, [2] 1957, n. 592s.

[25] Impossibilitatem legum mere poenalium defendunt inter alios: V. D. Renard, *La théorie des leges mere poenales*, Paris 1929. — E. Brisbois, *A propos des lois purement pénales*: NouvRevThéol 65 (1938) 1072-1074. — J. Tonneau, *Les lois purement pénales et la morale de l'obligation*: RevueScPhilThéol 36 (1952) 30-51. — F. Litt, *Les lois dites purement pénales*: RevEcclLiège 30 (1938/39) 141-156. 359-372. — L. Morstabilini, *Obbligazione delle leggi civili*, in: *Questioni attuali di morale sociale* (Tre giorni... 1951), Torino 1952, 99-113. — G. Pace, *Le leggi mere penali* (Pars dissert.), Torino 1947. — F. Lopez y Lopez, *Leyes meramente penales?* Burgense 1 (1960) 205-232 (tenet impossibilitatem cum Molina contra Henric. Gandav. et Suarez). — Cfr. A. Morta, *Suárez...* (supra n. 17). — Th. Davitt, *The nature of Law*, London/St. Louis 1951, 135-148. — Ph. Land, *Tax obligations According to Natural Law.* — *In manualibus:* — G. B. Guzzetti, *La morale cattolica*, I, Torino 1955, 267-276. — B. Häring, *Das Gesetz Christi*, [5] Freiburg/Br. 1959, 293s. — M. Reding, *Philosophische Grundlegung der katholischen Moraltheologie* (*Handbuch d. Moralth.* 1), München 1953, 119-124.

cientia. 3° - Legislatoris non est, decidere *immediate circa obligationes in conscientia* membrorum societatis, sed curare ordinem socialem. Imo, ipse non habet immediatam auctoritatem in singulos — sicut habet pater in filium vel superior religiosus in subditos [26], sed ipse et subditi tenentur finem societatis prosequi: ille statuendo ordinem, hi eum exsequendo.

Nec theoria U. LOPEZ vere placet, quatenus non-existentiam legum mere poenalium in hodierna societate civili derivat ex defectu determinatae voluntatis legislatoris circa .obligationem legum in conscientia. Videtur enim dicendum, quod existentia vel non-existentia talis voluntatis in legislatore nihil efficit quoad obligationem legum in conscientia. — Nec formula, quam praefert A. VAN LEEUWEN, nobis prorsus exacta esse videtur. Nam etsi multae leges de rebus minoribus practice nonnisi « ut in paucioribus » pariunt obligationem in conscientia, non eo ipso dicendae videntur obligare mere « per accidens »; sed valent « per se », etsi admittant « ut in pluribus » excusationem-epikeiam: etenim « per accidens » et « ut in paucioribus » non sunt conceptu idem.

Si vero *omnis lex quae est iusta* obligat in conscientia, *non eo ipso etiam excludit excusationem-epikeiam ab obligatione* in concreto [27]. Ratio est, quod *verba* legis et verus *sensus* legis humanae vix plene coincidunt. Verus sensus legis autem potest esse talis, ut mere « ut in paucioribus » excusationem admittat; sed potest etiam esse, ut excusationem permittat « ut in pluribus », si nempe verbis determinatus ordo quidem statuitur, quoad sensum tamen modo « rationabili » et « humano » observandus. Breviter, lex obligat in conscientia secundum sensum, qui verbis legis vere subest. Nonne evidens est v.g. unam eamdemque ordinationem circulationis publicae facilius admittere excusationes in regione solitaria quam in centro urbis? « Inhumana » et « moraliter impossibilis » videtur esse conceptio legis tributariae, quae declarationem exactissimam — prout sonant verba legis — velit, *vel* conceptio legis vectigalium, quae habitanti apud confinia *nihil* omnino secum sumere sine solutione vectigalium concederet.

---

[26] Conceptio superioris religiosi forsitan influxum habuit in conceptum superioris in societate civili; cogita F. SUAREZ.

[27] Cfr. de hoc U. LOPEZ, art. cit. Cfr. similiter theoriam facillimae dispensabilitatis subditis concessae, propositam ab H. WORONIECKI, *De legis sic dictae poenalis obligatione*: Angelicum 18 (1941) 379-386.

— *Ceterum* dantur etiam leges, quae non immediate civibus imponuntur ut eas observent, sed officialibus ut executionem earum curent.

Auctoritas potest, *ad legem urgendam, poenam infligere* etiam illis, qui in casu se excusatos putabant et sic sine culpa theologica egerunt: poena inflicta in tali casu potius consideranda est ut « praestatio » imposita ex ratione boni communis (cfr. supra 2 c).

Vix negari potest: theoriam legum mere poenalium multum contulisse — apud clericos et laicos — ad minimalismum satis tristem quoad observantiam legum civilium. Bonum autem, quod haec theoria afferre voluit, omnino servatur per explicationem a nobis datam de rationabili legis humanae intellectu, — qui ni fallimur etiam simplicioribus proponi potest.

c) *In Ecclesia* existere leges mere poenales, generatim nec fautores legum mere poenalium admittunt. Leges autem « mere directivae », quae admitti solent, v.g. quaedam rubricae, nobis explicandae videntur *vel* ut merae regulae suasivae, *vel* ut leges quae conformitatem quamdam in sensu lato volunt, seu non plenam difformitatem.

In congregationibus religiosis [28] autem regulae solent hodie — ad modum declarationis Constitutionum O.P. — ut *mere poenales* explicari. Obligatio in conscientia, si habetur, dicitur esse per accidens: propter ordinem socialem non turbandum, propter scandalum vitandum, propter constantiam animi servandam, propter motiva inordinata non sequenda. Sed nec hoc « per accidens » in violatione regularum frequens esse ab omnibus conceditur, praecise quia ipsa regula non liget in conscientia, unde non-observantia non facile irrationabilis et peccaminosa sit. — Nobis dicendum videtur: 1° - *Ordinatio vitae socialis in commu-*

---

[28] Cfr. A. MAZON, *Las reglas de los religiosos. Su obligación y naturaleza jurídica*, Roma 1940. Auctor, non tenens veram regularum obligationem, consequenter negat eas esse sensu vero leges. E contra, J. Mc GARRIGE, *Religious Rule and Morale Obligation*: AmericEcclRev 132 (1955) 27-30, putat (aliter ac MAZON): theoriam mere poenalem excludere ipsam *imperfectionem* transgressionis regularum. De Constitutionibus O.P. cfr. J. TONNEAU, in: RevueScPhilThéol 24 (1935) 107-115.

De regulis seminariorum cfr. A. BOSCHI, in: Seminarium 3 (1950/51) 199-230.

nitate obligat ad rationabilem observantiam: sicut in quacumque communitate, etiam profana et libere inita, aliquis ordo stabilitus necessario (et in conscientia) observandus est. 2° - *Scandalum dare* est illicitum et peccaminosum; scandalum autem intelligendum est relative ad usus et consuetudines determinatae communitatis. 3° - *Ingressus liber in societatem religiosam* necessario secumferre videtur susceptionem obligationis, vivendi *modo rationabili* secundum ordinem in tali communitate stabilitum, quin quis cedat irrationabili inconstantiae animi; sic iam non urget quaestio, utrum regula in unoquoque actu concreto sub peccato obliget. Qui autem assuevit sequi motum Spiritus, non hominis carnalis, non quaerit limites, sed sine anxietate faciet veritatem.

4. QUAEDAM LEGIS OBIECTA IN SPECIE

a) *Actus mere interni,* i.e. qui intra intellectum et voluntatem perficiuntur, *non subsunt iurisdictioni auctoritatis socialis,* quae enim tota est in curando ordine sociali, ergo externo. — Quod certo dicendum est de auctoritate *civili,* ad cuius competentiam non pertinet directio directa vitae internae hominis; unde auctoritates civiles iniuste agunt, si subditos interrogant de interno eorum animo et intentione. — Cum sententia hodie communiore idem affirmandum videtur de auctoritate *Ecclesiae* gubernandi societatem ecclesiasticam. Etiam potestas *dominativa* (personalis) superiorum religiosorum non videtur esse extendenda ad actus mere internos; excipe forsitan, si ingressus in determinatam religionem *talem* subiectionem erga superiores explicite vel implicite continet. — *Ecclesia autem speciali sua potestate Dei vicaria tangit immediate actus internos fidelium,* agens sive in foro interno sacramentali (paenitentiae), sive in foro interno extrasacramentali (v.g. dispensando a voto).

In actibus mixtis iungitur actui externo actus internus: et quidem vel *per se,* si actus internus ad Esse physicum (v.g. consensus internus in contractu) vel ad Esse morale (v.g. dispositio interna in receptione Eucharistiae) actus externi pertinet; vel *per accidens,* si talis intrinseca relatio inter actum externum

et internum non habetur. *Tum Ecclesiam tum Statum posse impe-
rare actus mixtos per se, evidens est.* Secus enim non possent vere
ordinare (intra propriam competentiam) bonum commune, im-
perando actus externos in eorum Esse naturali, v.g. contractum,
ius iurandum, actum professionis fidei (impositum ab Ecclesia
definiente aliquod dogma), exercitia spiritualia, etc. Quoad ius
Ecclesiae cfr. D. 1114 et 1205, *CIC* 907 et 861 (postulatur dispositio interna in confessione et communione). — *Ecclesia ulterius
praescribit actus mixtos per accidens*, obligans v.g. ad missae
oblationem et precum recitationem secundum determinatam *intentionem;* ad munus enim Ecclesiae, curandi missas dicendas et
preces recitandas, pertinet etiam munus dirigendi hos actus ad
fines convenientes: utrumque est cura boni Ecclesiae Christi. —
Ecclesia videtur quoque assumere actum mere internum ut *condicionem* pro effectibus iuridicis fori externi, v.g. impediendo
matrimonium ob votum simplex [29].

b) *Leges retroactivae* [30] ordinant, nova iuris dispositione, effectus fu-
turos actuum sub iure praecedenti positorum. Aliquando, etiamsi potius
raro, utiles vel necessariae esse possunt pro bono communi. Possunt sic,
relative ad ius antecedens, favores augeri vel diminui, possunt poenae
mitigari, etc. (*Augere* poenam retroactive, non pro omni casu excludi potest: supra 2c).

c) *Leges in praesumptione fundatae* sunt eae, quibus legislator disponit circa facta vel pericula, quorum existentia non
probatur, sed rationabiliter praesumitur.

Lex fundata in praesumptione periculi universalis in dispositione sua, ratione boni communis, praesumit: periculum, quod
generatim determinatis adiunctis inhaeret, *in omni et singulo
casu* adesse. Tali praesumptione motus, legislator condit legem
observandam etiam in casu, in quo periculum certo deest. Sic
Ecclesia facit in prohibitione librorum, in prohibendis omnibus

---

[29] Amplam in hac re bibliographiam videas in *Institutionibus iuris*
canonistarum, vel etiam apud moralistas, v.g. M. ZALBA, *Theol. mol. Sum.*
I, ² 1957, 526-533.

[30] Cfr. A. VAN HOVE, *De retroactione vel non legum in iure canonico:*
EphTheolLov 12 (1935) 551-578. — B. M. FRISON, *The retroactivity of
law*, Washington 1946. — R. CANZONERI, in: Angelicum 28 (1951) 254-282.
363-379; 29 (1952) 290-309; 30 (1953) 63-82.

omnino matrimoniis mixtis, in exigenda denuntiatione publica matrimonii. *Consequenter hae leges omnino observandae sunt, etsi periculum, quod lex evitare intendit, non existit* [31]; ad contrarie agendum dispensatio petenda est. Non tamen videtur omnis prorsus usus epikeiae excludendus.

Lex fundata in praesumptione facti particularis in dispositione sua, intuitu boni communis, praesumit: factum quod sub determinatis condicionibus *generatim* habetur, *in omni et singulo casu* talis condicionis adesse. Sic in lege ecclesiastica pater pueri is habendus est, quem nuptiae demonstrant; in ordine ad matrimonium baptismus collatus considerandus est ut validus. Haec praesumptio vel est *praesumptio iuris* simpliciter: et tunc, si in casu falsa esse probatur, cedit in foro quoque externo veritati; vel est *praesumptio iuris et de iure*: et tunc directa probatio falsitatis a iure excluditur [32]. — *Hae leges observandae sunt in foro externo, usquedum falsitas probatur; in foro interno autem cedunt veritati.* — *Unde* e.g. matrimonium, quod alterutri coniugi vel coniugibus constat esse nullum, cuius nullitas autem probari non potest, non admittit *nec* eius usum, *nec* novas nuptias.

Nota: Sicut *lex* in praesumptione fundata observanda est in foro externo, sic etiam *sententia iudicis*, qui existentiam reatus vel debiti solvendi ex indiciis falso « praesumpsit », ordinarie in foro externo attendenda est, non autem in foro interno; ideoque compensatio occulta post solutionem factam per se licita est.

d) *Leges in fictione iuris fundatae* dicuntur, si disponunt: sub determinatis condicionibus realitatem quamdam iudicandam esse ac si alia esset realitas. Sic filii illegitimi quandoque ut legitimi habendi sunt. Proprie non agitur de *fictione* iuris, sed de *extensione effectuum legis* ultra horum effectuum causam per se; quod ratione boni communis fieri potest.

---

[31] Cfr. *CIC* 21.

[32] Ius Ecclesiae *indirectam* probationem non excludit: si v.g. probatur non-existentia facti, in quo praesumptio fundatur.

§ 10

DE LEGIS HUMANAE OBLIGATIONE ET IMPLETIONE

Agendum est de effectu legis in membris societatis.

I. SUBIECTUM OBLIGATIONIS LEGIS [1]

Leges afficiunt illos, ad quos diriguntur: sive personas physicas sive morales. — Non omnes leges directe ad omnia membra societatis diriguntur, sed aliquae ad determinatam categoriam personarum tantum: ratione aetatis, sexus, status, domicilii, etc. — Aliae leges sunt *territoriales*, afficientes in determinata materia personas subditas ratione territorii in quo versantur, aliae sunt *personales*, afficientes personas ut tales. — Quid valeat de personis versantibus *extra proprium territorium*, determinatur pro iure civili conventione internationali, pro Ecclesia dispositione *CIC* 14.

Aliae leges sunt *praeceptivae*, i. e. dirigunt auctoritative actus humanos membrorum societatis, aliae mere *disponunt ordinem iuris*, v. g. leges irritantes vel inhabilitantes. *Leges praeceptivae natura sua obligant solos eos, qui habitualiter usum rationis habent.*

Leges praeceptivae ergo *non obligant infantes et habitualiter amentes;* probabilius tamen hos ultimos in intervallis lucidis, — nisi lex aliter disponat [2]: sed in dubio, etiam in his intervallis praesumptio est potius contra usum rationis. Qui autem habitualiter usum rationis habent, *subsunt ordini* a lege praeceptiva disposito, etiam quando actu usu rationis carent. Unde in Ecclesia v.g. quis laederet ordinem iuris, si ebrio daret carnes manducandas; — aliter dicendum quoad habitualiter amentes, qui non subsunt ordini stabilito a lege (praeprimis) praeceptiva.

Quaestio sollemnis, *utrum legislator subsit legi a seipso latae,* facile solvitur pro casu quo legislatio fit a collegio, v.g. a coetu deputatorum; tunc enim singuli evidenter tenentur. In aliis casibus attendi debet, quod legis-

---

[1] Quoad ius canonicum cfr. *CIC* 12-14.
[2] Quoad ius Ecclesiae, alii ex *CIC* 88 § 3 negant obligationem, alii eam ex *CIC* 12 et 2201 affirmant.

lator non agit ut superior personalis subditorum, sed ut curans ordinationibus suis bonum commune. Unde legislator (eiusque successor) nobis videtur teneri, et quidem non solum propter necessitatem conformitatis capitis cum membris, sed quia iure naturae subest ordini, pro bono communi (etsi a seipso) stabilito. *Excipe*: 1° - si ratio capitis ut talis in determinata materia rationabiliter aliud permittit; 2° - si (in Ecclesia) actus praecepti sunt *immediate* in bonum privatum, ut ieiunium, breviarium, etc.; tunc enim ratio allata non valet; 3° - si legislator ipse in legibus ferendis dependet a superiore maiore, vel a Constitutione: tunc inde obligatio legislatoris haberi potest [3].

II. OBIECTUM ET QUALITAS OBLIGATIONIS

1. OBIECTUM OBLIGATIONIS

Obiectum *directum* obligationis indicatur ipsa lege proposita [4]. *Indirecte* lex *obligat ad media necessaria pro impletione legis;* sine tali enim obligatione lex esset illusoria. Sed patet obligationem non esse nisi ad media *ordinaria*, i. e. ad illa media, quae proportionata sunt momento quod habet obiectum directum legis. — Obligatio legis indirecta (i. e. ad media) est eiusdem *virtutis* ac obligatio directa; atque per se etiam eiusdem specificae *gravitatis*: excipe, si neglectus mediorum inducit solum leve vel remotum periculum non implendi obligationem directam.

NOTA ea quae hic dicuntur de obligatione indirecta legis humanae, valent modo analogo etiam de lege divina, sive positiva sive naturali: et etiam de praeceptis.

Lex indirecte obligat:

a) *Ad acquirendam mediis proportionatis notitiam legis*: v. g. sacerdos debet cognoscere canones praecipuos, legere commentarium officiale et litteras superiorum.

b) *Ad procuranda sibi media materialia, proportionata momento legis;* ordinarie v. g. procurandi sunt cibi apti pro die Veneris, comparandum est a sacerdote breviarium, ut possit habitualiter dicere officium divinum.

---

[3] Cfr. A. LANZA, *Theol. mor.* I, 1949, n. 208.
[4] Cfr. dicta in § 9: III.

c) *Ad rationabiliter removenda impedimenta proxime impedientia impletionem legis, aut saltem inducentia periculum grave non-impletionis.* Dicitur: impedimentum « proximum », quia remotio. impedimenti remoti esset medium non proportionatum. Dicitur: « rationabiliter », quia impedimentum potest esse tanti momenti, ut impeditio impletionis legis admitti possit vel debeat.

d) *Ad non apponenda sine ratione sufficienti impedimenta impletioni legis, et ad removenda impedimenta sine ratione sufficienti iam posita.* 1° - *Hoc patet de appositione directa,* i. e. facta praecise ex intentione, ne tenearis ad legem observandam: cogita excursionem faciendam praecise die ieiunii, *ut sis excusatus a ieiunio* [5]. Ab appositione directa impedimentorum impedientium impletionem legum, distinguenda est exemptio ab ipsa lege, voluntarie causata, exeundo v. g. e territorio, in quo lex obligat; nemo enim tenetur manere subiectum legis. 2° - *Appositio impedimentorum indirecta est* actio, quae ex alia intentione fit, sed simul erit impedimentum legis implendae. Appositio indirecta tunc solum a lege *non prohibetur, si bonitas in actione impediente est proportionate gravis: comparative ad gravitatem legis, ad maiorem vel minorem frequentiam impeditae impletionis legis, ad urgentiam proximam vel remotam legis.*

Impedimentum *remotum* in casu singulari non est attendendum, v.g. ascendere montes sabbato mane, etsi assistentia missae dominicalis impossibilis fit; si hoc autem fit *saepius,* gravior ratio requiritur. Ratio aliquatenus gravior etiam permittere potest, ut impedimentum *proximum* ponatur, ut si, raro, sabbato vespere vel mane die dominica, instante iam obligatione missae, exit ille qui secus occasionem recreationis in monte vel ruri non habet.

2. QUALITAS OBLIGATIONIS

Qualitas obligationis distinguitur: *specifica,* seu moralis, quatenus obligatio est circa hanc vel illam speciem moralem, et *theologica,* quatenus obligatio est gravis vel levis in conscientia, coram Deo.

---

[5] Addit A. LEHMKUHL, *Theol. mor.* I, 11 1910, n. 251: hoc licitum esse, si simul cum tali intentione intenditur illud opus suscipiendum ut opus maius, v.g. grave et necessarium servitium aegrotorum.

a) *Qualitas specifica* determinatur *a virtute, ad cuius actum lex inducit.* Legis enim est, inducere ad actus variarum virtutum, ponendos ratione boni communis. Sic ergo exiguntur explicite actus harum virtutum, implicite vero exercetur iustitia legalis (et, sensu latiore, oboedientia[6]). Contemptus autem auctoritatis ut talis est peccatum (grave) contra virtutem iustitiae legalis (vel inoboedientiae, sensu latiore sumptae).

b) *Qualitas theologica* pendet a maiore vel minore momento, quod habet *obiectum* legis *pro bono communi.* Obiectum autem habet momentum pro bono communi vel ex sese, vel ex circumstantiis, vel ex fine ob quem imponitur.

Si obiectum, sumptum cum circumstantiis et fine, *ratione sui nondum dicit determinate aut gravitatem aut levitatem,* tunc a legislatore (vel legislatione) sciendum est, utrum res lege imposita intendatur ut res magni momenti pro bono communi, necne. — Ceterum, ex functione legislatoris in societate habetur: rem certo levem non posse praecipi sub gravi, nec rem pro bono societatis certo gravem sub levi: etsi in hoc ultimo puncto plurimi auctores aliter sentiant. Ratio est, quod legislatoris non est determinare gravitatem obligationum in conscientia, sed ordinare ea, quae vel magis vel minus necessaria vel utilia sunt pro bono communi: *inde* pendet in conscientia gravior vel minus gravis obligatio.

III. LEGIS INTERPRETATIO ET APPLICATIO (EXCUSATIO - EPIKEIA)

Debita legis impletio supponit: (1.) abstracte, veram legis *interpretationem,* et (2.) concrete, rectam legis *applicationem* ad casum particularem, seu subsumptionem concretae realitatis sub lege.

---

[6] E contra, in praecepto ex potestate *dominativa* postulatur formaliter actus virtutis *oboedientiae.* Iterum ergo apparet momentum observationis saepius iam factae: legislator est minister boni communis, non dominus subditorum.

1. INTERPRETATIO LEGIS [7]

a) *Interpretatio est explicatio veri sensus legis*: sive legis clarae, sive — et quidem sensu strictiori — legis obscurae. Atque in hoc ultimo casu, interpretatio minus est iteratio cogitationis legislatoris, quam potius eius ulterior penetratio. — *Verus sensus legis intelligitur ille, quem lex habet per legislationem-promulgationem.* Quam formulam praeferimus alteri: sensus quem lex habet ex mente legislatoris. Nam: 1° - si legislator non est persona physica, sed v. g. coetus deputatorum (saepe diversarum tendentiarum), minus de « mente legislatoris » constare potest quam de significatione legis latae sub concretis condicionibus; 2° - periculum est, ne quis mentem legislatoris intelligat illam, quam hic privatim nunc habet: haec autem mens non determinat sensum legis. — Si autem lex mutata est comparative ad primam legislationem-promulgationem (sive per publicam promulgationem mutationis, sive per apertam vel tacitam condescendentiam auctoritatis competentis), lex interpretanda est secundum hanc mutationem inductam.

b) *Ratione auctoris, interpretatio distinguitur: authentica, usualis, doctrinalis.*

Interpretatio authentica fit ab auctoritate competente, et quidem *vel* per universalem instructionem aut legem, *vel* per iudicium particulare (v. g. per ordinationem disciplinarem, vel per iudicium tribunalis competentis), *vel* per rescriptum particulare. Nec iudicium particulare, nec rescriptum particulare habent per se valorem universalem, i.e. non valent per se nisi pro destinatariis; unde a fortiori sententiae authenticae particulares, alio tempore aliisque sub condicionibus latae, non simpliciter pro regula universali et perpetua sumendae sunt. Si autem modus continuus sentiendi in iudiciis et rescriptis creat vel testificat interpretationem universalem, haec certo acceptanda est.

Interpretatio usualis, i.e. per consuetudinem creata, *generatim* est maximi valoris (cfr. *CIC* 29), imo potest creare mutationem sensus legis olim promulgatae (consuetudo vel legalis, vel per condescendentiam [generatim tacitam] autoritatis); *aliquando* vero est abusiva.

Interpretatio doctrinalis virorum legisperitorum per se est privata, ac valet quatenus valent argumenta; potest tamen creare probabilitatem sententiarum, et etiam ducere ad acceptationem communem et ad consuetudinem.

---

[7] De iure canonico cfr. *CIC* 17-20.

c) *Ratione modi, interpretatio est*: *aut comprehensiva*, si fit secundum proprium verborum sensum, *aut extensiva, vel restrictiva,* si sensum legis declarat vel ultra vel infra sensum verbis legis expressum.

Interpretatio comprehensiva aliquando potest esse ‛vel *lata* vel *stricta.* Quandoque enim sensus *proprius* verborum admittit interpretationem vel largiorem vel strictiorem; sic in iure canonico « clericus » potest significare (sensu stricto) tonsuratos, vel etiam (sensu lato) religiosos. — Patet principium generale: in dubio *favores late, onera stricte interpretanda sunt.* In iure canonico statuitur interpretatio stricta (*CIC* 19): pro legibus poenalibus; pro legibus, quae (imponendo onera *specialia*) restringunt exercitium libertatis, quod per se habetur secundum ius naturae et positivum; pro legibus concedentibus veram exceptionem a iure communi (unde etiam pro favoribus qui sunt *contra* — non solum praeter vel secundum — ius commune).

Interpretatio extensiva-restrictiva, cum mutet sensum legis latae, fieri potest a solo legislatore (eiusque successore, vel delegato), et indiget promulgatione.

d) *Fontes interpretationis sunt*: sensus quem verba ex se habent, maxime in iure, sed etiam vulgo; contextus; occasio legis ferendae; loci paralleli; aliquando finis legis: sed nec finis semper adaequate cognoscitur vel determinari potest (cogita legislationem per coetum deputatorum), nec lex de facto lata semper fini intento vere congruit.

In silentio legis, interpretatio (maxime doctrinalis et iudicialis) mentis legis fieri potest (tum in lege civili tum in lege Ecclesiae [*CIC* 20]): ex analogia iuris (i.e. ex dispositione legis in materia vere simili); e principiis generalibus iuris e constanti et communi sententia doctorum iuris; e lege naturali.

Circa legem naturalem ut fontem iuris c i v i l i s suppletorium non omnes iuristae consentiunt. Nostra opinione ius naturale etiam pro iudice civili est fons sententiandi, cum ius naturale obiective sit vere ius vigens. Quod tamen fieri debet nonnisi cohaerenter cum systemate iuris positivi, et prudenter servata securitate iuris in societate. — Distinguatur, velim, haec suppletio iuris, in silentio legis, a quaestione de non admittendo iure positivo quod est contra ius naturale (cfr. § 9 et § 6).

2. APPLICATIO LEGIS: EPIKEIA-EXCUSATIO

Virtus iustitiae legalis curat applicationem legis, secundum veram eius interpretationem, ad casum particularem. In legis applicatione non autem sola *verba* attendenda sunt, sed etiam verus legis *sensus*, verbis non expressus. Non enim in omni casu, contento in verbis legis, lex est verbotenus applicanda, cum obligatio legis cesset pro subiecto « excusato », uti dicitur. *Sic evidenter habetur excusatio ab obligatione legis*: 1° - in casu *ignorantiae legis*; vincibilis ignorantia tamen transgressionem legis facit culpabilem in causa; 2° - in casu *impotentiae physicae*; cogita incarceratum qui non potest assistere missae dominicali, vel sacerdotem carentem breviario, qui sic impeditur a recitatione divini officii. — *Difficilior est quaestio de impotentia morali,* sc. si impletio legis, physice possibilis, est improportionate onerosa. Maxime de hoc casu nunc agendum est.

a) *Notio epikeiae* [8]

Verba legis positivae sunt generalia: considerant id, quod est in societate per se, non autem id, quod fit per accidens. Lex ergo curat bonum commune nonnisi imperfecte; bonum commune enim exigit, ut etiam particularia sufficienter attendantur. Consequenter in casu concreto *non semper secundum sola verba legis procedendum est, sed secundum eius verum sensum, relate ad realitatem casus concreti.* Solum sic servantur vera ratio

---

[8] F. SUAREZ, *De legibus,* l. 6, cp. 6-8.

A. CREVE, *De epikeia volgens s. Thomas en Suarez,* in: *Miscellanea A. Janssen,* Louvain 1949, 254-280. — A. DI MARINO, *L'epikeia cristiana*: DivThom (Piac.) 55 (1952) 396-424. — R. EGENTER, *Über die Bedeutung der Epikie im sittlichen Leben*: PhilJahrb 53 (1940) 115-127. — J. ENDRES, *Tugenden des Gemeinschaftslebens (Die deutsche Thomasausgabe* 20), München 1943, 473-481. — J. FUCHS, *Situation und Entscheidung,* Frankfurt/M. 1952, 59-68. — J. GIERS, *Epikie und Sittlichkeit. Gestalt und Gestaltwandel einer Tugend,* in: *Der Mensch unter Gottes Anruf und Ordnung* (ed. R. HAUSER — F. SCHOLZ), Düsseldorf 1958, 51-67. — P. HAYOIT, *L'usage de l'épikie*: RevDiocTournai 10 (1955) 513-518. — E. HUGON, *De epikeia et aequitate*: Angelicum 5 (1928) 359-367. — M. MÜLLER, *Der hl. Albertus und die Lehre von der Epikie*: DivThom (Frib.) 12 (1934) 165-182. — L. J. RILEY, *The History Nature and Use of Epikeia in Moral Theology,* Washington 1948. — O. ROBLEDA, *La « Aequitas » en Aristóteles, Cicerón, San Tomás y Suárez. Estudio comparativo*: MiscelComillas 5 (1951) 237-279.

S. D'ANGELO, *De aequitate in codice iuris canonici*: PeriodMCL 16 (1927) 210-224. — ID., *De aequitate in CIC. Excursus ad can. 20*: Apollinaris 1 (1928) 363-383.

E. WOHLHAUPTER, *Aequitas canonica.* Eine Studie aus dem kanonischen Recht, Paderborn 1931.

iustitiae et verum bonum commune [9], quae ultimatim etiam sunt
vera intentio — verbis non sufficienter expressa — legislatoris [10]. Virtus moralis, quae in applicatione legis non sola verba
attendit [11], est *virtus epikeiae, cuius est « moderari... observantiam verborum legis »* [12], et quae constituit *partem potiorem iustitiae legalis* [13].

Christus virtutem epikeiae exercet atque defendit. Sic quando sabbatum esse pro hominibus affirmat (*Mc* 2, 27), quando vult
ut lex sabbati necessitatibus hominum cedat (*Mt* 12, 1-8), quando
laudat regem David non observantem legem de panibus propo-
sitionis (ib. 3s).

Virtus epikeiae ergo facit *exceptiones*, seu *excusationes*, a
lege — prout verba sonant — observanda, etiam praeter casum
ignorantiae legis et impotentiae physicae [14]. Quae exceptiones
tamen, seu excusationes, — si respicis rationem iustitiae legis —
tales potius non sunt nisi *apparenter*. Si enim verus sensus legis
adaequate — i. e. ratione habita omnium casuum particularium —
verbis exprimeretur, nulla haberetur exceptio a lege.

Mens legislatoris, secundum quam applicatio legis per epikeiam fieri
saepe dicitur, non est mens legislatoris quasi *nunc dispensantis,* sed legislatoris (*olim*) *legem ferentis;* vel melius: mens ipsius legis, vel legislationis
(cfr. supra 1 a).

Ideo non videtur distinguendum inter casum *epikeiae* et
casum *excusationis* a lege ob impossibilitatem moralem. Potius
virtus epikeiae in *casu excusationis* curat, ne realitas concreta
subsumatur sub lege, sub qua subsumenda est mere secundum
verba legis, non autem secundum eius rationem iustitiae.

b) *Plurimi theologi* in expositione de epikeia sequuntur doctrinam
F. SUAREZ differentem ab expositione nostra, quae potius sequitur concep-

---

[9] *STh* II-II 120, lc.
[10] *STh* II-II 120, 2 ad 1.
[11] *STh* II-II 120, 1 ad 2.
[12] *STh* II-II 120, 2 ad 3.
[13] *STh* II-II 120, 2 ad 1.
[14] Quaerendum est, quid in condicione concreta faciendum, vel non faciendum sit: *stante lege.* Unde fieri posse videtur, ut in *concurrentia* condicionis extraordinariae cum lege existente aliquid faciendum sit, quod nec
solis verbis legis nec sola realitate concreta ut tali postulatur. Hic esset
casus « epikeiae » procedentis *ultra* legem.

tionem S. THOMAE. Hi auctores referunt *excusationem* ad casum, in quo legislator (ut legem ferens) obligare non *potuit*, e contra *epikeiam* ad casum, in quo legislator (potius ut benigne dispensans) obligationem urgere non *vult*, — in utroque casu, uti patet, contra verba legis. Subest conceptio legislatoris paululum voluntaristica, quae nobis minus placet. *Ratio enim, ob quam legislator praesumitur nolle observationem legis secundum verba eius, nobis videtur esse praecise in hoc, quod casus concretus non potest rationabiliter subsumi sub lege: ipsa ratio iustitiae legis et boni communis excludunt strictiorem legis applicationem.* Mens legislatoris, quae vel cognoscitur vel praesumitur, solummodo *indicat* veram mentem ipsius legis. Si autem quis se refert ad mentem legislatoris *nunc mutatam* (relate ad tempus legislationis), tunc iterum mens legislatoris non intelligitur quasi dispensans, sed, aut quasi legem mutans, aut quasi interpretans momentum legis pro condicionibus nunc mutatis. — Ceterum, ex modo dictis iure concluditur: quo facilius auctoritas dispensationem in materia legis concedit, eo facilius quoque admitti potest casus epikeiae/excusationis.

Differunt ab expositione nostra multi auctores etiam in hoc, quod epikeiam habent ut rationabilem *interpretationem restrictivam legis* (ad mentem legislatoris), non autem ut *virtutem moralem rectae applicationis legis contra verba eius*, ut habet Aquinas.

c) *Practice ergo habetur casus epikeiae, et excusationis ob impotentiam moralem*, si impletio legis coniuncta est « cum incommodo improportionate gravi » : sc. in condicione concreta « extraordinaria », quae continet rationem « legi extrinsecam ». Datur in tali casu disproportio inter valorem impletionis legis — secundum verba eius — ex una parte, et incommodum vel damnum cum impletione legis coniunctum ex alia parte. Quam disproportionem virtus epikeiae attendit.

Habentur casus « excusationis » plus minusve omnibus habitualiter noti, v. g. casus in quibus lex missae dominicalis audiendae non urget; habentur non raro casus minus praevisi, in quibus homo de applicatione vel non-applicatione legis hic et nunc prudenter iudicare debet. Supposita sufficienti instructione de sensu legis, concrete videnda sunt ex una parte momentum legis pro bono communi, et consequentia damnosa ex non-applicatione legis; ex alia parte consideranda sunt difficultas vel damnum, quae adsunt in impletione legis.

In lege irritante et inhabilitante casus epikeiae/excusationis solum sub condicionibus extremis haberi potest, quia secus non sufficienter servatur securitas iurium in societate; cogita de impedimentis matrimonialibus.

In casu impossibilitatis partialis, i.e. legis ex parte tantum impossibilis: 1° - Si lex est *moraliter indivisibilis,* nihil faciendum est; sic institui non debet peregrinatio promissa, cuius aliqua pars tantum possibilis est, et missae per ultima 3 momenta assistendum non est, si prius quis non aderat. 2° - *Si lex est moraliter divisibilis,* pars possibilis manet obligatoria; sic peregrinatio promissa facienda est, si solum quaedam accidentalia promissionis impossibilia facta sunt; et missae dominicali, cuius pars substantialis (consecratio) adhuc exstat, assistendum est, si possibilitas alterius missae non habetur.

Applicare legem in casu excusationis/epikeiae potest esse generosum; sed dantur etiam casus, in quibus melius vel etiam obligatorium est, non observare verba legis: v.g. ob rationem caritatis, boni communis, salutis curandae, etc. Non est signum virtutis, sed debilitatis, si quis in casu excusationis/epikeiae ob imprudentem timorem sive Dei sive hominum non *audet* agere contra verba legis. Dicitur: ob timorem hominum *imprudentem;* nam si v.g. indignatio superiorum, qui epikeiam non agnituri praevidentur, improportionate gravis esse videtur, tunc huic timori prudenti recte quis cedit.

Recursus ad superiorem pro dispensatione petenda nobis per se non requiri videtur, si habetur certitudo moralis de casu epikeiae/excusationis. Nam ubi deest obligatio legis, ulteriore deobligatione opus non est; nec, ut dictum est, epikeia intelligenda videtur per modum dispensationis praesumptae. — In casu *dubii* autem bonum commune exigere videtur recursum, nisi recursus, ratione habita momenti materiae in quaestione, improportionate difficilis vel incommodus appareat: dummodo casus sit vere probabilis. — Nota: de illa parte epikeiae, quam multos ab excusatione distinguere diximus, discussio habetur; plures enim auctores sentiunt ea uti non licere, si superior adiri potest.

NOTA nos dixisse de epikeia/excusatione *in lege humana.* Sed epikeia locum habere potest etiam *in lege divina mere positiva,* v.g. in lege confessionis integrae. *In lege autem naturali* (et divina-naturali), si haec proprie ut lex interna consideratur, casus epikeiae/excusationis non datur; dari autem potest in propositionibus eius externis (inadaequatis).

IV. MODUS IMPLENDI LEGEM

Distinguendum est inter *praestationem operis,* quod lex sive directe sive indirecte (cfr. supra II, 1) iuridice praecipit, et *modum moralem,* quo lex posita implenda est. *Peracta praestatione operis a lege impositi, amplius nihil praestandum est,* — etsi modus moralis, quo lex implenda est, defecerit.

Ex una parte cavendum est a iuridismo, qui ad solam praestationem iuridicam — quae utique simul moraliter obligat — attendit. Ex alia parte bene distinguendum est inter praestationem *iuridice* (et moraliter) debitam et modum *moralem* (non iuridice debitum): ne modus moralis habeatur ut praestatio iuridice debita.

1. Praestatio Iuridice (et simul moraliter) debita

a) *Ad eam pertinet:*

In lege negativa, ne opus prohibitum ponatur.

In lege affirmativa, ut opus postulatum praestetur, et quidem *totum.* Attamen, *defectus accidentalis* non invalidat praestationem *substantialem,* nisi praecise totum sit de substantia obiecti legis. Unde: qui culpabiliter paululum tardius ad missam dominicalem venit, non totaliter quidem, tamen substantialiter legi satisfacit.

Praestatio a lege affirmativa postulatur *aut mere realis, aut personalis.*

Si sufficit praestatio *realis* (v.g. solutio tributorum), operis praestatio satisfacit legi, etiam si fiat mere coacta, aut sine actu humano (libero), imo per tertium. — Praestatio quae debet esse *personalis* (v.g. assistentia missae), non fit substantialiter nisi per actum humanum: ergo advertenter et libere, cum virtuali saltem intentione praestandi id opus, quod postulatur. Unde: legi non satisfacit ebrius missae assistens; satisfacit autem is, qui pie assistit, etsi ex solo metu parentum venerit.

b) *Ad praestationem iuridice debitam non pertinet:*

Implere legem reduplicative ut legem. Unde pie asssitens missae, satisfacit: nam *opus* postulatum praestat, etsi nesciat esse diem de praecepto.

Assecutio finis legis. Ideo adagium : « finis legis (positivae)
non cadit sub lege », i.e. non pertinet ad praestationem iuridice
postulatam; cura enim de fine pertinet ad legislatorem, qui media
ad finem societatis ordinat. Cogita de prandio sollemni cum escis
exquisitis in die abstinentiae. Quid *moraliter* ultra debitum iuridicum postulandum sit, *tali adagio non dicitur.* — *Si autem intentio finis pertinet ad substantiam operis,* talis intentio certo requiritur, ut est intentio iurandi in iureiurando, intentio cultus
divini in assistentia missae, dispositio interna in annua confessione et communione.

Status gratiae, — nisi sit de substantia operis, v.g. in communione paschali. — Nec *intentio pura,* i.e. non-peccaminosa.

c) *Lex permittit simultaneam impletionem plurium obligationum* :

Si fit eodem tempore, diversis autem actibus, dummodo hi
actus se invicem non excludant. Non se excludunt v.g. assistentia
missae et recitatio breviarii, assistentia missae et brevis confessio.

Si fit eodem actu, dummodo et res praestanda et motivum
sint eadem in variis obligationibus. Unde: sufficit una missa in
coincidentia festi de praecepto cum die dominica, non autem idem
dies ieiunii ad satisfaciendum simul legi, voto et impositioni paenitentiae sacramentalis (nisi quoad hanc confessarius id conces-
serit).

d) *Observatio temporis lege assignati* in opere praestando
debita est. Nec *anticipatio* per se admittitur; nisi per accidens
epikeia uti liceat, v.g. si quis ex errore divinum officium citius
anticipaverit. *Intra tempus utile* manet libertas eligendi momentum opportunum, nisi impedimentum oboriturum praevideatur;
sed nec tunc anticipatio *privilegiata* (ante tempus utile per se) requiritur.

Tempus in lege assignatur vel ad finiendam obligationem vel
ad eam urgendam. Si *ad finiendam obligationem* : tunc tempore
finito lex impleri iam non potest; sic feria II praecepto dominicali nemo satisfacere potest. Si *ad urgendam obligationem* : tunc
tempore iam elapso obligatio eo magis urget; cogita de communione annua, tempore paschali non recepta.

2. Modus moralis in praestando debito iuridico

Ipsa praestatio iuridice debita, est opus *moraliter* obligatorium. Sed ultra eam, alia ad moralitatem in praestatione debiti iuridici pertinent, sive simpliciter, sive quoad perfectionem eius.

a) *Cum praestatione operis iuridice debiti moraliter requiritur praesertim animus paratus ad talem praestationem.* Stante lege, haec necessitas moralis habetur; hoc negare, esset inducere scissionem inter ius et moralitatem.

b) *Praeter illud minimum praestationis operis iuridice debiti (ob bonum commune impositi), et animi parati ad praestationem, alia sub aspectu morali attendenda sunt, ne menti minimalisticae indulgeamus.* Verum periculum est, ne quis dicta de praestatione iuridice debita sumat pro praetextu minimalismi moralis. Cogita v.g. de principio « finis legis non cadit sub lege », de exemplis allatis assistentiae missae, abstinentiae, simultaneae legum impletionis. Aliud est observare praeceptum canonicum de sanctificatione festorum, aliud est christiana sanctificatio festorum. Exactissima enim legum observatio, si fit mente mere legalistica et minimalistica, invertit ordinem inter Spiritum et litteram (cfr. supra §§ 5 et 8). Nec instructiones ad populum christianum semper evitarunt tale periculum.

Ad perfectionem moralem etiam pertinet, *quaerere intellectum et aestimationem legum*, et praesertim momenti earum pro bono communi. — Ex alia parte negari non potest tendentia magnarum societatum organizatarum augendi numerum legum, et conservandi leges, imo et interpretationes, quae tunc facile vim legis accipiunt. Ex eo quod societates — sive civilis sive ecclesiastica — quandoque leges mutant (uti evolutio historica naturaliter exigit), probatur: quasi omni tempore haberi etiam leges, quae abrogandae sunt. Unde quamdiu abrogandae (dummodo hoc ex sano et obsequioso iudicio constet) abrogatae non sunt, bonum est scire limites debiti iuridici, ut, ultra minimum legis fideliter praestandum, maneat libertas ad bonum melius faciendum. — Similiter ac de ipsa lege, dicendum est etiam de fine legis intendendo vel non intendendo.

V. LIBERATIO AB OBLIGATIONE ET LEGE

Varii sunt modi, quibus obtineri potest liberatio a lege vel legis obligatione. De aliquibus ex his modis iam sermo fuit; de aliis nunc dicendum est.

1. CONSPECTUS VARIORUM MODORUM LIBERATIONIS AB OBLIGATIONE ET LEGE

a) *Exemptio* ab obligatione, *quin quis cesset esse habitualiter subiectus legi*, habetur: 1° - *in casu ignorantiae legis*; 2° - *in casu impotentiae physicae et moralis* (vel epikeiae; supra III, 2); 3° - *ob dispensationem auctoritative concessam* (infra 1).

b) *Exemptio ab ipsa lege*, ita ut quis cesset esse habitualiter *subiectus legi*, habetur: 1° - *ex mutatis condicionibus subiecti* (exemptio sensu strictiori), v.g. exeundo e territorio legis, vel assumendo alium statum vitae (v. g. per ordinationem); iam dictum est nihil prohibere, quominus quis voluntarie ponat eas condiciones, quibus positis eximatur a lege; 2° - *ex concesso privilegio contra ius* (infra 3).

c) *Cessatio ipsius legis* (infra 4) fieri potest *vel ab intrinseco*, cessante totaliter fine legis, *vel ab extrinseco*, sive per revocationem legis, sive per desuetudinem.

NOTA aliud omnino esse *licentiam*: haec enim non liberat a lege aut obligatione, sed requiritur et datur ad actum *secundum* legem, qui tamen, lege sic disponente, poni non debet independenter a beneplacito superioris (cogita v.g. de lectione librorum prohibitorum). Licentia (i.e. beneplacitum superioris), cum sit ad actum *secundum* legem, *rationabiliter praesumi* potest, nisi exigatur formaliter et expresse petenda. Etenim, qui agit cum rationabiliter praesumpto beneplacito superioris, agit in dependentia ab eo. *Irrationabilis autem et invalida est* praesumptio, si — ratione habita gravitatis materiae in quaestione et incommodi petendi licentiam — licentia tam facile peti potest, ut superior rationabiliter invitus censendus sit quoad actum ipsum, et non solum quoad aliquem defectum in licentia petenda. Sic dicendum est, si licentia irrationabiliter non petitur in re gravi, vel etiam habitualiter in re leviori, — nisi tamen superior sciat aut praesumat subditos agere sine licentia, et eius altum silentium interpretandum sit ut tacita condescendentia et consensus. — Licentia, cum non sit contra legem, non supponit in concedente potestatem iurisdictionis. Licentia concessa, cum non sit contra legem, late interpretanda est.

2. DISPENSATIO [15]

Dispensatione quis eximitur ab obligatione legis, quin cesset manere legi habitualiter subiectus. *CIC* 80 definit dispensationem: « *legis in casu speciali relaxatio* ». Concessio dispensationum, etsi hae sunt « vulnus legis », iustificatur a bono communi, quod iubet attendere etiam necessitates et convenientias casuum particularium, quae tamen in lege generali attendi vix potuerunt.

In sequentibus exponentur quaedam puncta principalia, quae per se et ratione sui valent, i.e. nisi lex positiva aliud decernit. Expositio tamen fit maxime sub respectu dispensationum in iure Ecclesiae, quin ius Ecclesiae ut tale exponatur.

a) *Dispensare potest* legislator, eius successor, et eius superior (v.g. Papa quoad legem dioecesanam); item omnes quibus facultas dispensandi communicata fuerit. — *Facultas dispensandi concessa*, si est generalis (saltem ad plures casus non stricte determinatos, vel pro aliquo tempore), tamquam favor dispensanti factus subest *latae interpretationi;* e contra, si concessa est ad casum tantum. Sic, si ius aliter non disponit.

Requiritur ratio sufficiens in dispensando (causa *motiva*), ut « vulnus legis » in societate iustificetur. — *Legislator* ergo, eiusque superior et successor, etsi semper valide dispensare possunt, iusta causa indigent ad *licite* dispensandum; secus agerent sine sufficienti respectu et cura boni communis. — *Delegatus*, nisi aliud decretum fuerit, iusta causa motiva indiget ad *valide* dispensandum; ratio est, quia — nisi aliud decretum sit — communicata esse censenda est sola facultas dispensandi *rationabiliter*. Patet: qui contrarie agit in re gravi, graviter peccat.

Petitio certo irrationabilis dispensationis, similiter illicita est; sed usus dispensationis valide concessae non videtur esse illicitus.

Ratio autem pro dispensatione potest esse minor quam ea, quae pro excusatione requiritur; secus dispensatione opus non esset. *Atque potest etiam esse externa ipsi legi:* v.g. benignitas superioris ostendenda et fiducia subditorum acquirenda, meritum et utilitas subditi, bonum commune immediatum (v.g. ad evitandas transgressiones legis ieiunii vel festi); nam haec omnia saltem mediate ad bonum commune pertinent, excipe si lex determinatam causam dispensationis exigit.

---

[15] De iure ecclesiastico videas *CIC* 80-86.

In dubio de sufficientia rationis concessio valide et licite fieri potest [16], nisi ius aliter disponat; unde subditus, qui bona fide rationes suas exposuit, securus est. Quod minus certum est, si dubia est *existentia* rationis, ceterum certo sufficientis; sed in iure canonico tunc dispensatio valet ratione dubii positivi (*CIC* 209). — Iure aliter non disponente, *si post dispensationem concessam* constabit: 1° - *rationes a petente* (sive bona sive mala fide) *allatas fuisse falsas*, dispensatio est nulla; 2° - *rationes fuisse insufficientes*, dispensatio, si habet tractum successivum, *in futurum* certo non valet; quoad *praeteritum* autem videtur valere, si definitive data erat (v. g. dispensatio super impedimento matrimonii; sed in tali casu multi securitatis gratia ad superiorem recurrunt). — Dispensatio data *cum ignorantia sufficientiae causae motivae* in dispensante, non videtur esse invalida. Sicut nec dispensatio data *ex metu*.

Facultas dispensandi per se non obligat ad usum facultatis, etiam si ratio sufficiens pro dispensatione adest. *Attamen*, usus facultatis est obligatorius, si necessitas vel utilitas subditorum dispensationem necessariam reddunt; tunc enim urget bonum commune. Dispensare debet etiam ille, cui facultas commissa est cum obligatione ea utendi; imo, in tali casu subditus potest habere ius in dispensationem sibi concedendam.

b) *Dispensatio concedi potest solis subditis*. In singulis materiis videndum est, quinam in ea sint subditi quoad dispensationem.

Quod ius canonicum attinet, doctores periti censent [17]: peregrinos et religiosos exemptos quoad dispensationem a ieiunio, abstinentia, festis subesse ordinario loci et parocho, quamdiu in eorum territorio versantur (quod fit certum ex *CIC* 209); attamen peregrini, personaliter sic dispensati, per se tales non viderentur manere extra territorium dispensantis (dioecesis, paroecia), quia ibi iam cessant esse subditi dispensantis: hoc autem in tali materia non omnes auctores affirmari posse putant [18].

Cum dispensatio sit actus iurisdictionis gratiosae, vel voluntariae: *qui valet dispensare, per se etiam valide et licite seipsum dispensat*. Sic, nisi ius aliter disponat; *CIC* hoc concedit (can. 201 § 3); imo, id valet etiam pro confessario qui habet facultatem dispensandi, excipe si facultas concessa sit solum in bonum *paenitentium*.

Dispensatio per se peti et concedi valide potest etiam *pro tertio inscio*, — nisi aliquid in casu obstat, ut in dispensatione a votis publicis.

c) *Modus concessionis dispensationis* varius esse potest. Vel fit *ad casum* (vel etiam ad plures casus determinatos), vel *ad trac-*

---

[16] Sic ius canonicum explicite: *CIC* 84 § 2.
[17] Rationes videas v.g. apud *M. Zalba, Theol. mor. Sum.,* [2] I, n. 739.
[18] Cfr. *Zalba,* l.c., n. 746, cum nota 80.

tum successivum (v.g. a lege ieiunii per annum). — Potest fieri *per commutationem* operis lege impositi in aliud opus; a dispensante *delegato* autem solum, si ad commutandum facultatem accepit. — Potest fieri *expresse* vel *tacite;* hoc ultimum, si silentium sic interpretandum videtur. — Est vel *explicita* vel *implicita;* haec ultima est contenta in alio facto explicito: v.g. dispensatio a ieiunio in concessione itineris difficilis. — Fit vel *directe* vel *indirecte;* indirecte ob relationem directe dispensati ad tertiam personam non ·directe dispensatam: cogita dispensationem super impedimento matrimoniali consanguinitatis, alterutri ex sponsis concessam.

d) *Quod efficaciam dispensationis attinet: dispensatio est vel territorialis vel personalis.* Prior, v.g. dispensatio in determinato territorio ab aliquo festo, valet exclusive in territorio. Posterior, v.g. si quis personaliter est dispensatus a lege ieiunii, sequitur personam ubicumque, — saltem quamdiu haec quoad talem materiam manet subdita dispensanti (cfr. supra b, cum n. 18).

Dispensatio, utpote vulnus legis, per se est strictae interpretationis, saltem si est in bonum privatorum, vel a fortiori si laedit ius tertii. Non tamen excluduntur ea, quae implicite conceduntur; sic dispensatio ab irregularitate ad sacerdotium valet etiam pro ordinibus minoribus. — *Dispensatio in bonum commune data,* ut favor consideranda ideoque latae interpretationis esse videtur; sic dispensatio concessa immediate in bonum commune, vel ab ipso iure [19].

e) *Cessatio dispensationis quae est mere ad actum,* non habetur ob cessationem causae motivae: saltem non *post usum* dispensationis (v. g. dispensatio super impedimento matrimoniali, postquam cessavit paupertas quae erat unica causa motiva); item probabiliter non *ante usum* dispensationis (v. g. si cessat paupertas ante initum matrimonium, in exemplo allato). Ratio huius habetur ex voluntate dispensantis rationabiliter interpretanda: ideo valet, dummodo hic aliter non disposuerit. — *Dispensatio, quae habet tractum successivum, cessare potest*: 1° - Si limites in concessione indicati finem dispensationi imponunt. 2° - Cessante totaliter et in perpetuum causa motiva (si non in perpetuum, interim dispensatio suspendi videtur); item si, iudicio superiorum, rerum condicio mutata usum dispensationis aliis nimis nocivum fecerit. 3° - Si superior, qui ad hoc habet facultatem, dispensationem revocavit et revocationem intimavit; quod potest ille qui habet facultatem dispensandi generalem, non autem ille qui habuit facultatem pro casu

---

[19] Pro iure canonico cfr. *CIC* 85.

tantum: huius enim facultas primo usu extincta est. Ad revocationem autem, sicut ad concessionem dispensationis, requiritur causa motiva sufficiens, saltem ad liceitatem, in dispensante inferiore forsitan etiam ad validitatem (rationes cfr. supra a). Morte autem dispensantis dispensatio non cessat, nisi in concessione ita dispositum fuerit. 4° - Si dispensatus renuntiat et renuntiatio a superiore competente (qui potest etiam esse confessarius proprius) acceptatur; per merum autem non-usum solummodo, si hic erat ad evitandum nimium nocumentum tertii, et simul habetur renuntiatio tacita, vel legitima praescriptio. Renuntiatio fieri non potest a singulis, si dispensatio concessa erat alicui communitati, dignitati (v.g. clericis) aut loco.

3. PRIVILEGIUM [20]

Privilegium est norma specialis, vel contra vel praeter ius commune, a Superiore competente concessa; dicitur etiam « norma privata », vel « lex privata ». *Si est contra ius,* tunc privilegiatus eximitur simpliciter a lege communi, et cetera membra societatis talem exemptionem agnoscere tenentur; *si est praeter ius,* v.g. concessio tituli basilicae [21], ceteri favorem agnoscere debent.

In sequentibus sermo erit non exclusive de privilegio eximente a lege, sed etiam de privilegio praeter ius. Indicantur breviter elementa quaedam principalia, quae per se et ratione sui valent, nisi ius positivum aliter determinet. Expositio fit maxime sub respectu privilegiorum in Ecclesia.

a) *Concedere possunt privilegia* per se iidem, qui dispensant (supra 2a). — *Concessio fit* per specialem actum superioris, per praescriptionem, et — in Ecclesia — per communicationem (cfr. *CIC* 63ss); concessio privilegii late dicti (favores, facultates) fit etiam per legem.

Privilegium quod datur est: *personale,* i.e. personae (physicae vel morali) ut tali datum, vel *reale,* i.e. alicui rei iunctum, vel *locale,* i.e. alicui loco iunctum.

b) *Usus privilegii, in solius privilegiati favorem concessi, per se non est obligatorius.* Excipe, ut nobis cum multis aliis videtur, si solus usus privilegii reddit possibilem impletionem obligationis aliunde existentis: si v.g. solus usus privilegii oratorii privati reddit possibilem impletionem praecepti dominicalis. *Per*

---

[20] Quoad ius canonicum cfr. *CIC* 63-79.

[21] In iure canonico privilegiis praeter ius aequiparantur *favores*, etiam a iure communi concessi.

accidens usus privilegii potest esse obligatorius, v.g. ad alios caritate iuvandos, ad scandalum evitandum, etc. — *Usus privilegii in favorem aliorum vel boni communis dati* obligatorius esse potest. — *Usus privilegii communitati, aut dignitati (v. g. clero) concessi* potest esse obligatorius: 1° - si usus singulis membris communitatis imponitur; 2° - si privilegium ad modum legis fuit impositum.

Privilegium concessum in dubio ita est *interpretandum*, ut quidam saltem favor concessus sit. Secus, interpretatio erit *lata* vel *stricta*, sicut de dispensatione dictum est [22].

c) *Privilegia cessant sicut dispensationes* (cfr. supra 2e); non tamen ob cessationem causae motivae, excipe si ob mutatas condiciones usus privilegii esset inhonestus aut noxius. Renuntiatio privilegii impositi alicui communitati aut coetui (v.g. clero) per modum legis, ne ab ipsa communitate quidem vel coetu fieri potest. Ex *CIC* 72 § 4 nec admittitur renuntiatio privilegii alicui communitati aut coetui dati, si haec cedit in praeiudicium aliorum vel boni Ecclesiae.

4. CESSATIO LEGIS

Lex cessare potest: aut ab intrinseco, aut ob revocationem per legislatorem, aut ob desuetudinem.

a) *Cessatio legis ab intrinseco* habetur *ob adaequatam cessationem finis legis;* si enim *nulla* finalitas legis manet, legi formaliter latae deest vis directionis communis in finem societatis. — Potest autem finis legis totaliter cessare pro aliqua legis *parte* tantum; tunc alia legis pars non cessat.

Cessante fine legis pro tota communitate, lex simpliciter sublata est; est autem suspensa, si finis cessat temporarie tantum. Nec differt, utrum finis legis cesset *contrarie* (lex esset nociva aut nimis difficilis), an *negative* (lex esset plane inutilis).

Cessante fine legis pro singulis personis tantum, vel pro minore parte communitatis: si cessat *contrarie*, lex pro illis certo cessat, sive perpetuo sive temporarie; si cessat *negative*, saltem lex lata *ob praesumptionem periculi universalis* (v.g. prohibitio librorum) ob eius naturam specialem non cessat [23]; sed etiam ce-

---

[22] Addit *CIC* 68: interpretatio est stricta in re litigiosa et in quaestione de assequendo beneficio.

[23] Sic explicite pro iure canonico *CIC* 21.

terae leges probabilius et communius non cessare dicuntur, quia manente generica utilitate obiecti praecepti pro bono communi, deobligatio singulorum enervaret legem. Ratio tamen non videtur esse omnino universalis, nec S. ALPHONSUS sententiam contrariam prorsus reiicit [24]. Concedendum tamen est: *et* periculum hallucinationis circa absentiam omnis omnino utilitatis pro singulis personis esse attendendum, *et* in multis saltem casibus non-observationem esse vel scandalosam vel contra bonum commune; tunc certo, saltem per accidens, legis observatio urgeret.

b) *Cessatio legis ob revocationem* [25] a legislatore (vel eius successore vel superiore) potest haberi: per directam revocationem totalem (*abrogatio*) aut partialem (*derogatio*), vel per substitutionem alterius legis (*obrogatio*). — Revocatio potest esse *explicita* vel *implicita*, et haec *vel* per legem contrariam *vel* per novam materiae legis praecedentis ordinationem ex integro.

Cessatio legis, etsi per se sit communitati utilis, tamen in iure *consideratur ut odiosa*, scil. ut contra bonum stabilitatis et securitatis ordinis iuridici. Unde ius canonicum statuit: « Lex generalis nullatenus derogat locorum specialium et personarum singularium statutis, nisi aliud in ipsa expresse caveatur » (*CIC* 22), et: « In dubio revocatio legis praeexistentis non praesumitur, sed leges posteriores ad priores trahendae sunt et his, quantum fieri possit, conciliandae » (*CIC* 23).

c) *Cessatio legis per desuetudinem* [26] obtinetur eo, quod *consuetudo contra ius* (cfr. § 9: II, 3) secumfert abrogationem, derogationem aut obrogationem legis. Nota consuetudinem quoque per desuetudinem cessare posse.

---

[24] *Theol. mor.*, l. 1, tr. 2, n. 199; edit. GAUDÉ I, 178.
[25] Pro iure Ecclesiae cfr. *CIC* 22s.
[26] Pro iure canonico cfr. *CIC* 25-30.

DE COGNITIONE MORALI ET DE CONSCIENTIA

§ 11

DE COGNITIONE BONI MORALIS

Ut homo per vitam suam moralem libere participet et manifestet vitam Christi qui est homini norma, et Esse Dei quod est ultimum fundamentum normae moralis, *oportet ut ipse cognoscat, in quo consistat talis vita, tum in abstracto, tum in concreto.* Non enim realizatur libere, quod non cognoscitur; nec homo se conformat Deo, et Christo, quin sciat, quibusnam actibus constituatur talis conformatio; nec vita potest esse dialogus cum Deo, nisi cognoscatur vocatio divina. Unde de cognitione morali agemus. Cuius tamen supra quasdam quaestiones pro loci opportunitate iam tractavimus: de nostra cognitione dispositionis concretae Dei de nobis (§ 4: III), de cognitione legis naturalis (§ 6: V), de cognitione Christi qua norma moralis (§ 8: III).

I. VARII MODI COGNITIONIS MORALIS

Praevie notandum est: cognitionem nostram moralitatis christianae, sensu pleno acceptae, esse supernaturalem, sive quoad substantiam, sive quoad modum. Saepe quidem simpliciter ad modum philosophiae de cognitione morali nobis loquendum erit: cognitio enim naturalis in cognitione supernaturali continetur. Attamen semper sciendum est: 1° - facultas cognitionis moralis christianae est intellectus *fide illustratus;* 2° - homo in tali cognitione — saltem generatim — subest maiori vel minori *influxui gratiae* (illustrantis intellectum et moventis voluntatem), virtutum infusarum et donorum Spiritus Sancti. Per accidens est, si in aliquibus hominibus, maxime in peccatoribus et in infidelibus, hoc illudve elementum supernaturale in cognitione morali plene vel partim deest; subiacens tamen structura naturalis apud omnes eadem est.

1. BONITAS MORALIS OBIECTIVA-MATERIALIS ET PERSONALIS-FORMALIS

Distinctio in titulo enuntiata est inter bonum « operatum » et bonam « operationem » [1], seu inter bonum « actum positum » et bonam « positionem actus ». — *Bonitas moralis obiectiva-materialis* ergo consistit in ea qualitate *ipsius actus* positi, ob quam hic secundum rectam rationem est ordinabilis in finem ultimum. — *Bonitas moralis personalis-formalis* vero consistit in *intentione boni*, quod homo in actu quem ponit, videt (sive recte sive erronee). — Per se utraque bonitas in actione personali coincidit, per accidens — ob errorem nempe in cognitione boni obiectivi-materialis — non coincidit.

In *hac* § sermo est *praeprimis* de cognitione boni moralis obiectivi-materialis.

2. SYNTERESIS, SCIENTIA MORALIS, CONSCIENTIA

Usus est distinguendi, maxime in systemate thomistico, triplicem cognitionem moralem: 1° - Cognitio infallibilis primorum principiorum moralium, maxime generalium, quae dicitur esse in « scintilla » morali animae, graece *synteresis* (seu synderesis) vocata. Aliquando ipsa principia vocantur synteresis, dum generatim sic vocatur habitus ea cognoscendi facillime et quasi intuitive. 2° - Cognitio principiorum minus generalium, quae est in *scientia morali*. Ad eam pertinet etiam cognitio casuistica. 3° - Cognitio boni hic et nunc concreti personae agentis, quae est in *conscientia*, graece *syneidesis* vocata.

Distinctio allata, ut talis, est potius secundum diversa obiecta cognitionis moralis, ideoque non tanti momenti. Convenit vero iam hoc loco paululum profundius distinguere inter haec tria: synteresim, scientiam moralem, conscientiam; plura in § sequenti dicentur.

---

[1] S. THOMAS eam habet: *In Eth. Nic.* lib. 5, lect. 13, n. 1036.

a) *Synteresis*, vox desumpta ex quodam textu S. Hieronymi [2], designat inde a saeculo XII nucleum naturalem perceptionis moralis, sive hic nucleus magis concipiatur ut intellectus (Thomas) sive ut voluntas (Bonaventura) [3]. Si consideratur ut nucleus *naturalis*, sciendum tamen est, quod de facto illuminatur *fide* et movetur *gratia*.

A S. Thoma synteresis dicitur habitus naturalis principiorum operabilium [4], non eo sensu, ac si prima principia essent innata, sed eo sensu, quod intellectus, statim ut sibi propositum est obiectum horum principiorum, infallibiliter fert rectum iudicium morale de eis. Praeceteris agitur de principio maxime fundamentali: *bonum est faciendum*. In hoc principio homo intelligit totalem suam dependentiam ab Absoluto, atque ordinationem in Eum; atque simul: *bonum et faciendum* esse id, quod secundum rectam rationem convenit proprio Esse, prout hoc ab Absoluto dependet.

Synteresis vero *non est solummodo habitus cognoscitivus, sed etiam, imo pro* S. Bonaventura *principaliter, habitus volitivus*. Voluntas enim vi naturali [5] tendit in bonum (rationis) affirmandum et faciendum. Cum voluntas bonum morale cognovit, in illud

---

[2] *Comm. in Ezech.*, lib. 1, n. 10 (ML 25, 22). Discussio est, utrum S. Hieronymus de facto scripserit « synteresis » an « syneidesis ». Cfr. scripta allegata in nota sequenti auctorum Hebing, Leiber, Waldmann, De Blic.

[3] O. Renz, *Die Synteresis nach dem hl. Thomas v. Aquin*, in: *Beiträge z. Gesch. d. Phil. d. Mittelalters*, 10, 1/2, Münster/W. 1911. — R. Leiber, *Name und Begriff der Synteresis in der mittelalterlichen Scholastik*: PhilJahrbuch 25 (1912) 372-392. — J. Hebing, *Über conscientia und conservatio im philosophischen Sinn bei den Römern von Cicero bis Hieronymus*: PhilJahrbuch 35 (1922) 136-152. 215-231. 301-306. — K. Schmeider, *Die Synderesis und die ethischen Werte*: PhilJahrbuch 47 (1934) 145-153. 297-307. — Y. Simon, *Critique de la connaissance morale*, Paris 1934, 54-59. — H. Wilms, *De scintilla animae*: Angelicum 14 (1937) 194-211. — M. Waldmann, *Synteresis oder Syneidesis? Ein Beitrag zur Lehre vom Gewissen*: TheolQuartalschrift 119 (1938) 332-371. — J. de Blic, *Syndérèse ou conscience?* RevueAscMyst 25 (1949) 146-157. — O. Lottin, *Psychologie et Morale aux XIIe et XIIIe siècles*, II, Louvain 1948, 103-349; brevius in: *Morale fondamentale*, Tournai 1954, 163-165. — M. B. Crowe, *The term synderesis and the scholastics*: IrishTheolQuarterly 23 (1956) 151-164. 228-245. — G. Sala, *Il concetto di sinderesi in S. Bonaventura*: StudiFranc 54 (1957) 1-11.

[4] STh I 79, 12 c.

[5] Cfr. S. Thomas, *De verit*. 16, 2 c.

fertur; maxime autem fertur in hoc bonum, quod est: Absoluto se subordinare.

Tandem cognitio et voluntas moralis, quae synteresis vocantur, imaginandae sunt non mere ad modum duarum facultatum quasi separate agentium; sed potius habentur, et habendae sunt, ut *omnino unitae et se invicem compenetrantes in fundo* («*scintilla*») *animae*, ubi totus homo sibi praesens est. *Ob hanc unitatem fundamentalem sequitur*: 1° - quod *ratio* iudicium ferre potest de ordine *practico* («bonum», «faciendum»); etenim sine experientia fundamentali synteresis, nec scientia moralis nec conscientia essent possibiles; 2° - quod habitus cognoscitivus-volitivus synteresis non fertur *praeprimis* in bona particularia diversorum actuum, sed in bonitatem personalem hominis (totius), exprimendam et realizandam *per* actus bonos particulares; ideo cognitio et tendentia fundamentales synteresis non sunt reales ut actus reflexi et in seipsis terminati, sed sunt spontaneae et implicitae in omni perceptione morali particulari.

b) *Scientia moralis* consistit in cognitione principiorum moralium per rationem practicam. Scientia moralis potest esse *sine reflexione explicita in rationes veritatis*: talis est, si principia moralia simpliciter acceptantur ob eorum revelationem vel ecclesiasticam propositionem, vel ob doctrinam alicuius hominis experti; talis etiam est, si veritas principiorum est stricte evidens, vel percipitur quasi-intuitive *in* rationibus (non reflexe *ex* rationibus). Sed scientia moralis potest etiam haberi per *reflexionem explicitam in rationes veritatis*, ut fit in ethica et theologia morali; reflexio autem cognitionem non-reflexam supponere videtur.

Scientia moralis exprimitur *conceptibus*. In homine autem concreto continet, propter cognitionem non-reflexam in quam reflectit, plus quam id quod exprimit. Agens de obiecto hic et nunc concreto, non exprimit eius modum individualem-ineffabilem.

c) *Conscientia*[6] est dictamen personae agentis de moralitate actus hic et nunc concreti. Non est tamen, ut in § sequenti dicetur, merum iudicium intellectus, sed potius subsumptio situationis concretae sub vi synteresis. Dictamen conscientiae ergo est *explicite* de actu quodam particulari, *implicite* autem de rea-

---

[6] Bibliographiam cfr. in § sequ.

lizatione personae per hunc actum relate ad finem ultimum; radicatur ergo in fundo animae, ut de synteresi dictum est.

3. COGNITIO MORALIS PER SUBSUMPTIONEM, SEU PER APPLICATIONEM.

Omnis fere cognitio moralis fit subsumendo aliquod obiectum (physicum) sub aliquo principio morali, seu: applicando aliquod principium morale alicui obiecto (physico). Conferantur ea, quae supra diximus de cognitione dispositionis Dei circa situationem concretam (§ 4: III). Sic fit *semper in cognitione morali per conscientiam*, sive realitas concreta subsumatur sub aliquo principio materialiter determinato (v. g. « vita nondum nata non est directe occidenda »), sive sub principio potius formali (v. g. « estote misericordes »). Sic fit *saepissime etiam in cognitione scientiae moralis*, quando haec nempe subsumit aliquod obiectum sub aliquo principio morali fundamentali, statuens sic principia minus generalia; cogita v. g. principium morale de iustitia colenda in societate, quod applicatur obiecto « inflictio poenae », ut dein principium de liceitate inflictionis poenae ex parte sua applicari possit ad obiectum « poena capitis ».

Omnino autem notandum est: omnis subsumptio, vel applicatio, non est operatio analytica, quasi unum ex alio logice deduci possit; sed iudicia subsumptiva — sive in conscientia sive in scientia morali — sunt *synthetica* a priori: continent ergo veram et novam cognitionem moralem, quae habetur ex simul perspectis qualitate obiecti et veritate principii moralis. — Superius (§ 4: III) iam diximus: in iudicio conscientiae subsumptionem, vel applicationem, non fieri semper modo explicito, vel reflexo; sed moralitatem obiecti concreti saepissime percipi *immediate* (« intuitive »); imo, talis perceptio immediata omnem reflexionem praecedere videtur. Similiter in scientia morali acquirenda non fit semper explicita relatio principiorum minus generalium ad omnia principia generaliora.

4. COGNITIO AESTIMATIVA

Alia est cognitio moralis mere (plus minusve) *theoretica*, alia cognitio simul etiam *aestimativa* [1]. Solum haec ultima est cognitio

---

[1] De ea plura scripta sunt ex parte eorum, qui phaenomenologiam et

moralis sensu pleno. In ea enim homo non solum *scit*, quae sit lex vel norma moralis, nec *scit* mere theoretice de *valore* normae moralis, sed hanc scientiam de lege eiusque valore morali vere *sibi appropriat*, ita ut bonitatem personaliter et concrete percipere ac *ponderare* valeat, imo ita ut haec scientia affectum spiritualem (redundantem in sensum) excitet. Aliquando haec cognitio aestimativa, manente cognitione theoretica, deest; deest vero vel *habitualiter*, ut accidere potest, v. g. in hominibus pathologicis, vel etiam in pueris (pueri 8 annorum forsitan bene didicerunt, quinam actus sint peccata gravia, quin valorem actus virtuosi et conceptum peccati gravis sufficienter ponderare valeant), vel deest mere *actualiter*, ut accidere potest v. g. ob habitum vel passionem in momento tentationis superandae, si valor boni moralis iam vix percipitur et ponderatur [8].

Cognitio aestimativa multos *gradus* admittit. *Quoad profunditatem* potest procedere usque ad percipiendum characterem sacralem-religiosum boni moralis in genere, et bonorum moralium particularium in specie, vel etiam boni moralis hic et nunc concreti. *Quoad intensitatem*, cognitio aestimativa est intensior (et simul profundior), si homo libera inclinatione se dedicat bono in genere, et adhuc plus, si hic et nunc valorem boni moralis concreti libere amplectitur.

5. Cognitio « interessata »

Propter intimam relationem inter « bonum » et « faciendum », *voluntas* facillime influxum indirectum exercet in cognitionem boni moralis; cognitio moralis enim est « interessata ».

a) Inclinatio voluntatis humanae, sive spontanea sive libera, in bonum affirmandum et faciendum iuvat ad cognoscendum bonum morale. E contra, minor inclinatio in bonum, vel aversio ab eo, cognitionem boni moralis difficiliorem reddit; *attamen, non omnis cognitio boni moralis impediri potest.*

---

doctrinam valorum colunt; v. g. D. von HILDEBRAND, *Sittlichkeit und ethische Werterkenntnis*: Jahrb. f. Phil. u. phän. Forschung 5 (1921) 463-602. — ID., *Christian Ethics*, N. York 1952. — Cfr. B. HÄRING, *Das Gesetz Christi*, [5]Freiburg/B. 1959, 162-178 (bibliogr.).

[8] Cfr. J. C. FORD - G. KELLY, *Contemporary Moral Theology*, I, Westminster, Md., 1958, 224-227 (bibl.).

b) Minor est influxus voluntatis, si agitur de aliqua cognitione morali, quae in vita personae cognoscentis (vel eorum, qui ei aliquomodo coniuncti sunt) vix momentum practicum habebit. Quo magis autem homo est « interessatus », eo maior erit influxus voluntatis in cognitionem boni: qui influxus ergo maximus erit in cognitione morali situationis concretae.

c) Influxus voluntatis est speciatim magnus quoad cognitionem moralem *aestimativam*: sive agatur de bono in genere, sive de aliquo valore determinato (iustitia, castitas).

II. RELATIO INTER COGNITIONEM BONI MORALIS ET MORALITATEM COGNOSCENTIS

Ob nuper dicta, quaedam notanda sunt de relatione inter cognitionem boni moralis et moralitatem hominis.

1. RECIPROCITAS QUAEDAM habetur, quatenus bonitas moralis hominis, uti patet, supponit cognitionem boni, cognitio autem boni aliquomodo dependet ab amore boni moralis. Quae reciprocitas possibilis est, quia et cognitio intellectus et amor voluntatis radicantur in eadem anima hominis.

a) Homo non est imaginandus quasi persona ex sese indifferens ad bonum et malum, quae indifferentia tolleretur per solam determinationem liberam. Etenim *independenter a libera determinatione sui*, 1° - homo *naturaliter* habet inclinationem radicalem, quae numquam plene deleri potest, in bonum morale cognitum affirmandum et realizandum (supra I, 1); 2° - idem homo, *ob peccatum originale*, inclinatur egoistice in seipsum, ideoque avertitur a vero bono. — Utrumque, inclinatio naturalis in bonum et egoismus postlapsarius, — ergo duo amores spontanei antagonistici —, influunt in cognitionem boni moralis.

b) *Autodeterminatio hominis* facit, ut appetitus eius tendat, plus minusve fortiter, aut in bonum aut in malum. Et hoc *vel* quoad moralitatem in genere, *vel* quoad determinatum obiectum morale in specie (ideoque non raro convertens ad unam virtutem, et simul avertens ab alia), *vel* quoad obiectum morale in individuo. A tali tendentia libera multum pendet facilior et pro-

fundior cognitio moralis. — Unde .de homine virtuoso, i. e. qui
habitualiter inclinatur ad aliquod bonum morale, S. THOMAS dicit: « virtuosus enim recte iudicat de fine virtutis, quia qualis
unusquisque est, talis finis videtur ei »[9], et: « de his quae ad
castitatem pertinent, per rationis inquisitionem recte iudicat ille,
qui didicit scientiam moralem; sed per quandam connaturalitatem ad ipsam recte iudicat de eis ille qui habet habitum casti-
tatis »[10].

2. DISPOSITIO MORALIS PRO COGNITIONE MORALI colenda est.
Fundamentaliter requiritur dilectio Dei et consequens dilectio
boni moralis (in genere, in specie, in individuo), quod est reflexus
bonitatis divinae. Requiritur inquisitio veritatis ex tali dilectione
procedens; non sufficit « eros scientificus ». Requiritur ea boni
moralis aestimatio, quae se exprimit in fidelitate erga dictamen
conscientiae et in contritione de quacumque infidelitate. Requiritur creatio habitus omnium virtutum, et quidem non solum in
genere, sed etiam in specie.

III. NOTA DE MUNERE GRATIAE IN COGNITIONE BONI MORALIS

De munere gratiae in cognitione naturali legis naturalis supra
iam quaedam diximus (§ 6: V, 2b). Hic breviter quaedam de
gratia in cognitione morali in genere notanda sunt.

a) Gratia moraliter necessaria est pro cognitione morali
in sua totalitate spectata; ipsa non solum illuminat intellectum
cognoscentem, sed movet quoque voluntatem, ut amet bonum morale. Atque quo magis gratia est efficax, eo facilior, securior et
profundior erit, ceteris paribus, cognitio boni moralis. Cfr. *1 Io*
2, 20: « Sed vos unctionem habetis a Sancto et nostis omnia »;
ib. 27: « unctio eius docet vos de omnibus ».

b) Deus gratiam suam concedit maxime ideo, quia cognitio
boni moralis est in via ad finem hominis supernaturalem. Ideo
gratia actus cognoscitivos boni moralis, bona intentione peractos,
non solum adiuvat, sed simul elevat ad actus salutares.

---

9 *STh* I-II 58, 5 c.
10 *STh* II-II 45, 2 c.

c) Gratia maxime iuvat in cognitione morali concretissima in conscientia. Conferantur quae dicta sunt de lege nova (§ 7 : IV).

d) Quo magis quis Deum diligit, et diligens gratiam a Deo exposcit, eo magis gratia ei pro cognitione boni conceditur : « Qui autem diligit me, ... manifestabo ei meipsum » (*Io* 14, 21).

§ 12

DE NATURA CONSCIENTIAE

Voluntas Dei est, ut homo tendat in finem ultimum per actus in hunc finem per se ordinabiles. Vel magis concrete, in ordine nostro : ut homo, ad filiationem divinam vocatus, caritate motus tendat in finem supernaturalem per actus ex sese convenientes. Quaestio est, quomodo homini — maxime homini fide illustrato et gratia ac caritate informato — intimetur haec necessitas tendendi, in concreta situatione, in finem ultimum *per determinatum quemdam actum*; aliis verbis, quomodo Deus nobis vocationem suam in concreto notificet. Iam scimus : per conscientiam.

I. CONSCIENTIA IN SACRA SCRIPTURA

Phaenomenon conscientiae, ubicumque notum, sero explicationem conceptualem invenit. Quaerimus prius, quid in S. Scriptura habeatur. Non tamen attendimus ad ea sola elementa, quae stricte ad thema *huius* § pertinent [1].

1. IN VETERE TESTAMENTO vox quidem « conscientia » vix habetur (excipe *Sap* 17, 10s : syneidesis), attamen ipsa res adest;

---

[1] TH. SCHNEIDER, *Der paulinische Begriff des Gewissens (Syneidesis)*: BonnZTheolS 6 (1929) 193-211. — ID., *Die Quellen des paulinischen Gewissensbegriffes*: ib. 7 (1930) 97-112. — H. OSBORNE (prot.), *Syneidesis*: JournTheolStud 32 (1931) 167-179. — C. SPICQ, *La conscience dans le Nouveau Testament*: RevueBibl 47 (1938) 50-80. — J. DUPONT, *Syneidesis aux origines de la notion chrétienne de conscience morale*: StudiaHellen 5 (1948) 119-153. — R. SCHNACKENBURG, *Die sittliche Botschaft des Neuen Testamentes*, München 1954, 202-209. — C. A. PIERCE (prot.), *Conscience in the New Testament*, London 1955. — O. KUSS, *Der Römerbrief*, Regensburg 1957, Exkurs 76-82.

haec maxime venit sub nomine « cor », vel etiam « spiritus », quo significatur homo interior. Inde ab initio historiae sacrae habetur phaenomenon conscientiae *damnantis* hominem *post* peccatum commissum: *Gen* 3, 7-10 (Adam), *Gen*. 4, 12ss (Cain), *2 Sam* 24, 10 (David, qui numeravit populum); sed et conscientia hominem ob iustitiam eius *laudans* habetur: *Ps* 26, 1-7, *Iob* 27, 6. Insinuatur quoque esse conscientiam, quae *ante* actum hominem illuminat: *1 Reg* 3, 9. — *Conscientia maxime apparet ut praesentia hominis responsabilis coram Deo*; cfr. Adam, Cain, David, etc.

2. IN EVANGELIIS item deest vox « conscientia ». Rem ipsam Dominus describit, ubi eam comparat cum oculo ut luce, qua totum corpus illuminatur; atque nos admonet, ne negligamus curam huius lucis: secus enim tenebrae erimus (*Mt* 6, 22s; *Lc* 11, 34s). Eadem monitio habetur in verbis de luce ponenda super candelabrum (*Lc* 11, 33). Lux enim homini interior, secundum usum rabbinorum, significat possibilitatem iudicii spiritualis-moralis[2].

3. IN EPISTULIS PAULINIS etiam vox « conscientia » habetur, quae apud philosophos gentiles et in philosophia populari gentium omnino in usu erat. Notetur maxime *Rom* 2, 14ss: « (14) Cum enim Gentes, quae legem non habent, naturaliter ea, quae legis sunt, faciunt, eiusmodi legem non habentes, ipsi sibi sunt lex: (15) qui ostendunt opus legis scriptum in cordibus suis, testimonium reddente illis conscientia ipsorum, et inter se invicem cogitationibus accusantibus, aut etiam defendentibus, (16) in die cum iudicabit Deus occulta hominum, secundum Evangelium meum per Iesum Christum ». Homo ergo in conscientia se experitur non ut plene autonomum, sed ut radicaliter ligatum ad normam, quae est independens ab ipso, ultimatim ad Deum personalem (cfr. *Rom* 13, 4s); in hoc apostolus differt a doctrina pantheistica stoicorum de conscientia. S. Paulus haec affirmat (non solum de christianis et iudaeis — qui legem habent —, sed etiam) de gentibus: ergo de omnibus hominibus.

Distinguitur ab apostolo in textu allato conscientia *antecedens* (15a) et *consequens* (15b). Utraque simul indicatur etiam

---

[2] H. STRACK-BILLERBECK, *Kommentar zum Neuen Testament aus Talmud und Midrasch*, I, München 1922, 432.

1 Cor 8, 7; antecedens etiam v. g. *Rom* 13, 5, consequens *2 Cor* 1, 12.

Conscientia autem, non obstante affirmatione *Rom* 2, 14s, non excludit omnino errorem; apostolus vocat *infirmam* conscientiam eorum, qui erronee distinguunt inter cibos manducandos et non manducandos (*1 Cor* 8, 10; *Rom* 14, 1). Attamen, etiam conscientia errans est norma agendi (*1 Cor* 8, 7), a cuius observatione salus aeterna pendere potest (ib. 11). Unde etiam unusquisque conscientiam alterius cum caritate respicere debet (ib. 7-13; 10, 23-33), manente tamen libertate propriae conscientiae (*1 Cor* 10, 18.29).

Propter auctoritatem Dei, vi cuius conscientia urget (cfr. *Rom* 13, 4s et 2, 15), secundum apostolum tum conscientia propria (*Rom* 9, 1; *2 Cor* 1, 12) tum conscientia aliorum (*2 Cor* 4, 2; 5, 11) appellari possunt ut testes absoluti veritatis.

In Christianis conscientia est iudicium non mere naturale, sed formatum secundum fidem christianam. Iudicium de cibis manducandis fertur secundum *1 Cor* 8, 10 *a conscientia* (syneidesis), secundum *Rom* 14, 23 *a fide* (pistis): « Omne autem quod non est ex fide, peccatum est ». Ob *fidem* suam [3] homo fert *iudicium* (graece: nous) de agendis (*Rom* 14, 5). (In epistolis pastoralibus fides et bona conscientia quasi idem dicunt: bona conscientia significat fidem christianam bene conservatam; cfr. *1 Tim* 1, 5. 19; 3, 9; 4, 2; *2 Tim* 1, 5; *Tit* 1, 15).

Praeter fidem, secundum quam conscientia christiana iudicat, attendendum est ad operationem *Spiritus Sancti* in nobis, cuius gratia actuosa est elementum principale legis Christi: Spiritus ipse « agit » et « attestatur » in conscientia nostra (cfr. *Rom* 8, 2. 15. 16). Conscientia nostra nobis perhibet testimonium de nobismetipsis in Spiritu Sancto (*Rom* 9, 1; 14, 14)

De conscientia in scriptis primorum saeculorum et medii aevi videas bibliographiam infra, in nota 4.

---

[3] Notes hoc dici de christianis. Inde non subsistit problema quorundam Patrum: utrum non credentes in Christum necessario peccent; de quo cfr. M. SCHEEBEN, *Handbuch der katholischen Dogmatik*, VI. Buch, [3] Freiburg 1957, n. 514-545.

II. CONSCIENTIA UT DICTAMEN [4]

Conscientia est phaenomenon experientiae, quod quoad diversa elementa, quae virtualiter continet, caute analyzandum est. Qui conscientiam simpliciter diceret aliquod indicium rationis, vel aliquem statum emotivum, non sufficeret phaenomeno explicando.

---

[4] *Pro bibliographia* videas ea, quae supra indicavimus de synteresi (§ 11, n. 3). *Ulterius:*

F. TILLMANN, *Geschichte des Begriffs Gewissen*, in: *Festschrift S. Merkle*, Düsseldorf 1922, 336-346. — J. STELZENBERGER, *Über Syneidesis bei Klemens von Alexandrien*: MünchTheolZeitschrift 4 (1953) 27-33. — ID., *Conscientia bei Tertullian*, in: *Festschrift K. Adam*, Düsseldorf 1956, 28-43. — ID., *Conscientia bei Augustinus*, Paderborn 1959. — PH. DELHAYE, *Le problème de la conscience morale chez S. Bernard, étudié dans ses oeuvres et dans ses sources*, Namur 1957. — G. SALA, *Il valore obbligatorio della coscienza nei primi scolastici*: StudiFranc 54 (1957), 174-198. — O. LOTTIN, *Psychologie et Morale aux XIIe et XIIIe siècles*, II, 1, Louvain 1948, 103-417. — R. HOFMANN, *Die Gewissenslehre des Walter von Brügge und die Entwicklung in der Gewissenslehre der Hochscholastik*, Münster 1941. — J. E. NAUS, *The nature of the Practical Intellect according to St. Thomas Aquinas* (Anal. Gregor. 109), Roma 1959. — C. E. WÜRTH, *Die psychologischen Grundlagen der Gewissensbildung nach der Lehre des hl. Thomas von Aquin*, Olten 1929. — J. F. GRONER, *Geistesgeschichtliche Würdigung der thomistischen Gewissenslehre*: DivThom (Frib.) 31 (1953) 129-156. 299-314.

L. BENDER, *Het geweten*, [2] Bussum 1948. — C. CAPONE, *Intorno alla verità morale* (Excerpta ex diss. P. Univ. Greg.), Neapoli 1951. — R. CARPENTIER, *Conscience*, in: DictSpirit II, 1459-1575. — ID., *Comment formuler le problème de la conscience chrétienne*, in: *Problemi scelti di teologia contemporanea* (Anal. Gregor. 68), Roma 1954, 463-468. — R. GUARDINI, *Das Gute, das Gewissen und die Sammlung*, Mainz 1929. — J. M. HOLLENBACH, *Sein und Gewissen. Eine Begegnung zw. M. Heidegger und thomistischer Philosophie*, Baden-Baden 1954. — G. LECLERCQ, *La conscience du chrétien*, Paris 1947. — O. LOTTIN, *Morale fondamentale*, Tournai 1954, 297-339. — G. MADINIER, *La conscience morale*, Paris 1954. — A. MARC, *Dialectique de l'Agir*, Paris 1954, 521-535. — M. MERCIER, *Conscience*, Paris 1936. — Th. MÜNCKER, *Die psychologischen Grundlagen der katholischen Sittenlehre* (F. TILLMANN, *Handbuch der katholischen Sittenlehre* II), [4] Düsseldorf 1953. — A. PEINADOR, *De iudicio conscientiae rectae*, Madrid 1941. — TH. RICHARD, *La conscience morale et l'expérience morale*, Paris 1937. — L. RODRIGO, *Praelectiones theologico-morales Comillenses* III, 1/2: *Tractatus de conscientia morali*, Santander 1954 et 1956. — P. ROUSSELOT, *Quaestiones de conscientia*, Louvain 1937.

H. G. STOKER, *Das Gewissen*, Bonn 1925. — W. BREMI, *Was ist das Gewissen?* Zürich 1934. — *Das Gewissen. Studien aus dem C. G. Jung-Institut* VII, Zürich 1958.

1. SYNTERESIS ET CONSCIENTIA

a) *Synteresis*[5] hodie non raro vocatur « conscientia fundamentalis », sicut olim eam dicebant « scintillam conscientiae »[6]. Quando agitur de determinanda — in conscientia agentis — moralitate actus hic et nunc concreti, synteresis *duo praestat*: 1° - praebet prima principia moralia infallibiliter cognita, sub quorum luce moralitas actus concreti melius diiudicari potest; 2° - creat in fundo animae, speciatim per cognitionem intellectus et naturalem inclinationem voluntatis, fortem tendentiam et persuasionem de necessitate exprimendi per actum concretum ponendum propriam ordinationem in finem ultimum, atque eligendi idcirco nonnisi actum moraliter bonum : bonum enim et finis convertuntur.

b) *Conscientia (syneidesis) a nobis intelligitur ut a c t u s, quo persona agens iudicat de moralitate actionis hic et nunc concretae*: quod iudicium insertum est absoluto et intimo dictamini synterésis tendendi per actum bonum in finem ultimum. Conscientia ergo breviter definiri potest: *dictamen de actione hic et nunc concreta.*

Dictamen conscientiae recte dicitur et est *fundamentaliter* aliquod *iudicium rationis*. Sed iam nunc notetur: hanc terminologiam usitatam, secundum nos, *non necessario dicere discursum* rationis, sed posse etiam significare (et significare in iudicio conscientiae de facto prius) simplicem intellectionem, seu « intuitionem ». *Nec dicitur conscientiam nihil esse nisi iudicium rationis,* — contrarium enim probatur ex experientia, et infra fusius explicatur.

Dictamen conscientiae potest esse: actum hic et nunc concretum esse *bonum obligatorium* vel *malum vitandum*, vel eum esse simpliciter *bonum* vel *meliorem* alio, etc.

Distinguitur conscientia antecedens et conscientia consequens, — scil. relate ad positionem actus. Cum conscientia antecedens non solum sit natura prior positione actus, sed etiam eam comitetur et informet, non est loquendum de conscientia concomitanti, distincta a conscientia antecedenti. — *Conscientia antecedens* imperat, hortatur, permittit, prohibet. *Conscientia consequens* approbat, laudat, excusat, remurmurat. — In sequentibus maxime

---

[5] Cfr. § 11: I, 2 (cum nota bibl.).

[6] Sic iam in textu citato ex S. HIERONYMO (§ 11, n. 2).

sermo erit de conscientia propriissime dicta, scil. de conscientia antecedenti.

2. IUDICIUM CONSCIENTIAE VIRTUALITER DUPLEX

Magni momenti esse nobis videtur distinguere duplex iudicium, *virtualiter* in dictamine conscientiae contentum. In conscientia enim non habetur solummodo aliquod *iudicium de actu ponendo* (vel, in conscientia consequenti, de actu posito), seu — ut alia utamur terminologia — de « operando » (vel « operato »), sed etiam *iudicium de positione (personali) actus*, seu de « operatione » (cfr. supra § 11: I, 1)[7]. — *Iudicium de actu ponendo* (vel posito) est de moralitate actus obiectiva-materiali; est ergo potius adhuc aliquomodo *theoreticum* de moralitate actus (concreti), considerans eum in ordine essentiae, in ordine statico, in ordine exsecutionis (« id quod fit »). — *Iudicium de positione actus* est de moralitate personali-formali, quae in ponendo actu concreto exprimitur; est ergo iudicium vere *practicum* de actu, considerans eum in ordine existentiae personalis, in ordine dynamico, in ordine intentionis (« agendo intendo bonum »). — De duplicitate virtuali dictaminis conscientiae magis in particulari dicendum est.

a) *Iudicium de positione actus* est iudicium maxime proprium et formale conscientiae: dictat esse agendum secundum iudicium, quod hic et nunc habeo de moralitate obiectiva actus ponendi. Est ergo iudicium *infallibiliter verum*, — eodem modo ac iudicium synteresis de bono faciendo, quod (ut dictum est) applicatur in iudicio practico de casu concreto. Nec differt, utrum iudicium de actu ponendo sit verum an erroneum; moralitas personalis-formalis enim est in *voluntate*, cuius finis immediatus non est actus prout est bonus in se, sed prout est *cognitus* ut bonus. Nec obstat, quod tendentia naturalis voluntatis est in bonum *verum*; intellectus enim revera proponit actum ponendum ut *verum* bonum, — sive iudicet recte sive erronee.

b) *Iudicium de actu ponendo* est natura prius iudicio de positione actus. Est iudicium *non infallibile*, etsi intellectus est

---

per se ad cognoscendum bonum *verum*. Haec fallibilitas eo est admissibilis, quod hoc iudicium non est de moralitate formali-personali, sed de actu ponendo obiective spectato, quo mere exprimitur et exteriorizatur moralitas formalis-personalis.

Ad ferendum iudicium de particulari actu ponendo, intellectus, exercite saltem, assumit iudicia universalia infallibilia synteresis et iudicia universalia scientiae moralis, quae sibi cognita sunt: ut in eorum luce facilius et securius iudicet de concreto. Alias iam dictum est, hoc non fieri logica deductione, imo hoc fieri posse simplici intuitu, quin quis explicite cogitet de principiis generalibus (cfr. § 11: I, 3 et § 4: III).

Attamen iudicium de actu ponendo non est eodem sensu obiectivum-speculativum, sicut sunt iudicia scientiae moralis. *Primo* enim, est de actu stricte individuali et personali, ergo de situatione. *Secundo,* non fit modo abstracto, sed modo maxime personali et sub motu synteresis, quae urget ad inquirendum in bonum verum, quo realizando exprimi possit tendentia in finem ultimum.

Saepe iudicium de actu ponendo *praeparatur* per conatum inveniendi veritatem de moralitate actus concreti. Talis conatus habet characteres iam dictos: est personalis et fit sub motu synteresis. Fieri potest, ut conatus non perveniat ad conclusionem sufficienter fundatam et certam, quae assumatur in dictamen conscientiae. Conatus cognitionis, qui praecedit definitivum iudicium de actu ponendo, ideoque dictamen conscientiae, vocari potest *conscientia in fieri.*

c) *Duplicitas* iudicii conscientiae non est nisi *virtualis.* Iudicium enim de moralitate actus ponendi continetur tamquam praesuppositum in iudicio de positione actus. Aliis verbis, iudicium de moralitate actus ponendi subsumitur sub iudicio absoluto et infallibili synteresis de bono faciendo (et malo vitando), cum connexa tendentia naturali in bonum: sic habetur dictamen de positione actus concreti, iudicati ut bonus vel malus.

Subsumptio iudicii de actu ponendo sub synteresi, transformatio ergo eius in iudicium de positione actus, fit eo ipso, quod iudicium de actu ponendo habetur cum illa certitudine morali, quae hominem prudentem facit transire ad actionem. Affirmatio subiecti agentis se hic et nunc habere hanc certitudinem aliquatenus quidem pendet a dispositione hominis, v. g. utrum sit animi potius fortis an timidi; sed intra certos limites tantum. Nam etiam scrupulosus, qui ob anxietatem vix audet sibi *explicite* concedere se habere sufficientem certitudinem de liceitate actus, hanc certitudinem tamen habere potest. Et vitiosus, qui desiderat, ut desit sufficiens certitudo iudicii de illiceitate alicuius actus, eam tamen forsitan habet, etsi in conscientia *reflexa* hoc denegare conetur.

Quod iam de synteresi dictum est [8], etiam *de dictamine conscientiae valet*: *illud non esse mere in facultatibus intellectus et voluntatis quasi separatis, sed maxime in fundo animae, ubi persona (intelligens et volens) cognoscit et determinat vere seipsam (non solum actus particulares)*, et quidem in relatione ad finem ultimum. Inde est, quod in conatu ponendi actum, quem quis in conscientia malum esse iudicavit, *ratio* clare contradicit, cum ipsius iudicium debeat dirigere actionem, *voluntas* remurmurat, cum conatus suus sit contrarius propriae tendentiae naturali, *intimum animae* resistit, cum decisio voluntatis contra iudicium intellectus violet unitatem animae. Hoc ultimum profundius intelligitur, si attenditur, quod anima est sublimis imago Trinitatis, cuius unitas perfecte servatur, cum Pater *per* Verbum spirat Amorem [9]. — Ceterum, reactio totius hominis in conscientia ideo ultimatim intelligitur, quia homo est totus ordinatus ad operandum bonum, et ad donandum seipsum per operationem boni Deo, in quo omne bonum radicatur.

d) *Consequentiae et observationes.* — Dictamen conscientiae vere est *intellectio* de moralitate actus concreti, illuminans et dirigens hominem in positione actus; ideo hoc dictamen vocatur *dictamen, seu iudicium rationis.* Sed actus conscientiae, ut diximus, non est exclusive iudicium rationis, sed potius *reactio totalis hominis* in intimo animae. — *Ut iudicium rationis*, conscientia continet modo non-reflexo plus quam id, quod modo reflexo et notionali concipitur et exprimitur; nam: 1° - *in iudicio de positione actus* («hoc bonum cognitum mihi nunc faciendum est») simul affirmatur (conscie, non-reflexe) positionem huius actus particularis esse realizationem personae in relatione ad finem ultimum;

---

[8] § 11: I, 1.
[9] De his cfr. B. HÄRING, *Das Gesetz Christi*, [5] Freiburg/Br. 1959, 184s.

2° - *iudicium de actu ponendo*, cum sit stricte personale et individuale, procedit ultra id, quod ideis universalibus·in tali iudicio exprimitur.

Reflexio explicita in conscientiam post positionem actus (« examen conscientiae »): 1° - non reproducit ea omnia, quae in conscientia antecedenti erant modo non-reflexo; 2° - non est perfecte adaequata, cum condicio subiecti, saltem interna, iam aliquatenus mutata fuerit; 3° - ob varias causas falsificari potest; cogita scrupulosum reflectentem in actum prius positum.

Statui emotivo conscientiae post actum *male* positum non raro admiscetur, per (morbosam) reactionem psychicam, sensus culpabilitatis *falsus*, v. g. exaggeratus, vel falso motivatus.

Reactio illa totalis, quae est in conscientia, deficere vel diminui potest in hominibus pathologicis; item in homine sano, ob dispositionem actualem (cfr. dicta de cognitione aestimativa, § 11: I, 4). Etiam in homine vitioso, qui habitualiter non sequitur dictamen conscientiae, reactio potest diminui, etsi non totaliter tolli.

3. VARIAE ACCEPTATIONES VOCIS « CONSCIENTIA » ET EXPLICATIONES DICTAMINIS CONSCIENTIAE

a) *Vox « conscientia » aliter ab aliis accipitur.* Secundum explicationem nunc datam, nos conscientiam hic intelligimus:

1° - non ut conscientiam psychologicam, qua conscii sumus proprii Ego et factorum interiorum;

2° - non ut proprietatem moralem hominis « conscientiosi », i. e. hominis qui fideliter sequitur iudicium conscientiae;

3° - non ut perceptionem (« sensum ») boni moralis (vel valorum moralium) in genere, maxime non ut perceptionem spontaneam et aestimativam; etsi hodie saepe hoc sensu utantur voce « conscientia »;

4° - non ut synteresim, — quae tamen vero quodam sensu dici potest et de facto saepe dicitur esse « radix conscientiae », « indoles conscientiae », « conscientia fontalis » (Urgewissen) vel « fundamentalis » vel « habitualis »;

5° - non ut facultatem formandi iudicium actuale conscientiae; nec ut « conscientiam in fieri », seu conatum formandi iudicium de actu ponendo, — nisi hoc explicite a nobis dicatur;

6° - non ut modum habitualem formandi conscientiam (conscientia « laxa », « rigorosa », etc.); nec ut statum psychicum (v. g. « conscientia scrupulosa »);

7° - sed unice ut *actum*, in sensu explicato.

b) *Dictamen conscientiae non ab omnibus eodem modo explicatur.*

In medio aevo duae praeprimis erant tendentiae explicandi phaenomenon conscientiae. — *Albertus M. et schola thomistica* insistunt in aspectu eius intellectuali. Ultimum dictamen conscientiae habent ut conclusionem ex practico quodam quasi-syllogismo, qui ex principiis necessariis synteresis procedit et casum concretum subsumit. Addendum tamen est, quod S. THOMAS 1° - non loquitur de vero syllogismo logico [10], 2° - non dicit hunc quasi-syllogismum fieri modo explicito, 3° - novit dictamen conscientiae non esse solum conclusionem rationis, sed reactionem hominis [11]. Plurimi scholastici posteriores, *usque hodie,* tendentiam thomisticam secuti sunt; in modo autem eam proponendi aliquando erant tam unilateraliter intellectualistici, ut adversarii ibi iam non potuerint videre veram explicationem phaenomeni conscientiae. — *Alexander Halensis, Bonaventura, Duns Scotus, Henricus Gandavensis,* aliam quoque terminologiam adhibentes, insistunt praeprimis in aspectu voluntaristico-emotivo conscientiae. Dictamen ergo conscientiae explicatur praeceteris ex dynamismo voluntatis ad bonum, qui dynamismus applicatur bono hic et nunc cognito. Unde ne in hac theoria quidem dictamen conscientiae est caecum. *Tempore moderno,* praesertim theologi scholae Tubingensis saeculi XIX, atque ob data scientiae phaenomenologicae et psychologicae non pauci auctores hodierni tendentiam descriptam, unusquisque suo modo, assumunt [12]. Quod bene fit, si non tollitur elementum fundamentale intellectivum, cum secus conscientia fiat reactio caeca. — *Potius omnis unilateralitas evitanda est, ut conscientia appareat ut functio radicalis totius personae* [13].

Inter errores modernos in phaenomeno conscientiae explicando enumeranda est theoria «sentimenti», sive psychologice sive romanticistice sive pantheistice intellecti. Nec per immediatam locutionem Dei conscientia explicari potest. — Errant qui conscientiam habent ut reactionem spontaneam, provenientem ex adaptatione biologica vel sociali ad ambiens, vel ex sensu iucundi et iniucundi, vel ut meram reactionem psychologicam sine intrinseca necessitate logica et morali; etsi verum est, quod in formandis conceptibus moralibus elementa enumerata de facto non parvum influxum habeant.

---

[10] Saepius enim S. Doctor addit: «quasi», vel «quodammodo»; cfr. *STh* I-II 76, 1c; II-II 49, 2c; *In II Sent.* d. 24, q. 3, a. 3c.

[11] Unde eius observatio de «inclinatione» et «remurmuratione» conscientiae: *De verit.* 16, 2c; *STh* I, 79, 12c.

[12] *Theologi:* J. B. HIRSCHER, F. X. LINSENMANN, A. KOCH, TH. STEINBÜCHEL, TH. MÜNCKER; B. HÄRING; cfr. maxime opus theologi-psychologi TH. MÜNCKER, *Die psychologischen Grundlagen der katholischen Sittenlehre,* 4 Düsseldorf 1953. — *Psychologi-phaenomenologi:* M. SCHELER, D. VON HILDEBRAND, alii.

[13] Cfr. B. HÄRING, *Das Gesetz Christi,* 5 1959, 182-188.

III. CONSCIENTIA PRUDENS

Omnis actus humanus informatur dictamine conscientiae; aliter tamen in homine prudenti-virtuoso, aliter in imprudenti-peccatore [14].

1. VIRTUS PRUDENTIAE

Prudentia ut actus dicitur « *recta ratio agibilium* » [15], i. e. ratio recte procedens in *electione* libera actuum particularium respectu finis ultimi. — *Prudentia ut virtus est habitus perficiens rationem practicam* ad ferendum rectum iudicium *electivum* circa hic et nunc agenda respectu finis ultimi.

Prudentia, ut virtus perficiens intellectum practicum, non solum bene perspicit principia moralia universalia, sed maxime scit *recte aestimare de particularibus* [16]. Ad hoc praestandum, prudentia iuvatur experientia, docilitate, etc. Maxime autem supponit in subiecto virtutes, tum theologicas tum morales; nam qui non est inclinatus ad credendum, sperandum, diligendum, ad esse iustum, castum, etc., non ducitur recta intentione (appetitu recto)

---

[14] Quoad discussionem de relatione inter conscientiam et prudentiam videas: D. CAPONE, *Intorno alla verità morale*, Neapoli 1951. — TH. DEMAN, *Probabilisme*, in: *DictThéolCath* 13, 417-619. — ID., *La prudence, Somme théol. de S. Thomas*, ² Paris 1949. — R. GARRIGOU-LAGRANGE, *Du caractère métaphysique de la théologie morale de Saint Thomas, en particulier dans les rapports de la prudence et de la conscience*: RevueThom 30 (1925) 341-355. — ID., *La prudence. Sa place dans l'organisme des vertus*: Revue-Thom 31 (1926) 411-426. — G. GUNDLACH, *Klugheit als Prinzip des Handelns*: Gregorianum 23 (1942) 238-254. — H. M. HÉRING, *Quomodo solvendi sunt casus: recurrendo ad sola principia an etiam ad prudentiam?* Angelicum 18 (1941) 311-335. — F. HÜRTH, *Metaphysica, psychologica, theologica hodierna conscientiae christianae problemata*, in: *Problemi scelti di Teologia contemporanea* (Anal. Gregor. 68) 393-414. — M.-M. LABOURDETTE, *Chronique de théologie morale*: RevueThom 50 (1950) 209-227. — B. H. MERKELBACH, *Quelle place assigner au traité de la conscience?* RevueScPhilThéol 12 (1923) 170-183. — J. PIEPER, *Traktat über die Klugheit*, ² Leipzig 1940. — M. PRIBILLA, *Klugheit und Kasuistik*: Stimmen d. Zeit 133 (1937/8) 205-216. — J. SCHELLEKENS, *Over het « lot » van de prudentie in de moraaltheologie*, in: *Jubileumbundel Kreling*, Nijmegen 1953, 252-267. — THEOTIMUS, *Verstandigheid en geweten*: Jaarboek 1947, 114-132. — G. THIBON, *Le risque au service de la prudence*: EtudesCarmél 24, 1 (1939) 47-70.

[15] STh 47, 2 Sed contra; et passim (ex ARISTOTELE).

[16] STh II-II 49, 2 ad 1: « quaedam recta aestimatio de aliquo particulari fine ».

in finem debitum, ideoque de mediis ad finem non tam facile recte
iudicabit.

Homo virtuosus ergo: 1° - Libere consentit tendentiae naturali in finem ultimum, ita ut non solum voluntate naturali, sed
voluntate libera (et maxime caritate) tendat in finem, se subiiciens
Absoluto. *Ob hunc liberum consensum ac tendentiam praecise iam
erit in aliquo gradu (et quidem non in gradu minimo) prudens
in aestimatione particulari.* Nam hic consensus (intentio, appetitus, optio) fundamentalis, seu decisio radicalis personae de seipsa,
pervadit et dirigit omnes actus particulares, — quamdiu non (totaliter vel partialiter) revocetur. 2° - *Ratione huius prudentiae*
dein, (a) sincere inquirit in actus, qui fini intento, ideoque propriae tendentiae (appetitui), conveniant; quaerit ergo efformare
iudicium *obiectivum* de actu ponendo, assumendum in iudicio
de positione actus; (b) libere consentit iudicio de positione actus,
ita ut *iudicium conscientiae* sit simul *iudicium electivum*, effective
dirigens actionem.

2. PRUDENTIA ET CONSCIENTIA

Data breviter notione prudentiae, influxus eius in dictamen
conscientiae sic determinari potest:

a) *Quoad iudicium de actu ponendo*: 1° - Recte quidem
hodie multi moralistae, speciatim thomistae, urgent: iudicium
hominis prudentis de actu hic et nunc ponendo semper esse verum.
Sed quaestio est, utrum detur hic homo *perfecte* prudens. De
facto, etiam homo valde virtuosus non potest habere absolutam
certitudinem iudicandi recte in omni casu particulari. 2° - Prudentia tamen, etiam non-perfecta, valde iuvat ad inveniendum
iudicium obiective verum. Hoc maxime iam ita est propter virtutes, quas prudentia supponit, et ob quas homo prudens libere
— et non tantum vi naturali — tendit in finem ultimum, imo in
fines particulares variarum virtutum. Haec virtuosa tendentia
enim, (a) *faciliorem reddit* assecutionem veritatis moralis obiectivae, cum *et* augeat curam de bono vero inveniendo *et* efficiat in
homine illam connaturalitatem, quae — multo magis quam connaturalitas, quae est ex appetitu mere naturali — securius de
bonis particularibus iudicare facit. Ulterius tendentia virtuosa

(b) *pleniorem reddit* cognitionem moralem de actu eligendo, quia connaturalitas *et* permittit cognitionem boni profundiorem *et* disponit ad percipiendam vocationem singularem-personalem Dei de persona agente (« ethica existentialis »; cfr. § 4: II et III).

b) *Quoad iudicium de positione actus*: 1° - Iam diximus iudicium conscientiae de positione actus semper esse verum, cum sit de appetendo bono *cognito*; in *hoc* ergo non est differentia inter hominem prudentem et peccatorem. Differentia tamen habetur, *quatenus*, secundum dicta sub a), differentia esse potuit in iudicio de actu ponendo, quod iudicium assumitur in iudicio de positione actus. 2° - Cum in homine prudenti-virtuoso iudicium de actu ponendo non solum subsumatur sub *necessaria* tendentia synteresis, sed etiam sub *libera* tendentia virtutis, iudicium hominis prudentis de positione actus semper est — ut iam insinuavimus — etiam *iudicium electivum*: unde iudicium conscientiae prudentis semper effective dirigit actionem. Homo imprudens, e contra, cum non sit libere tendens in verum finem ultimum, inter dictamen conscientiae et actionem intermittere debet iudicium electivum, quo forsitan iudicabit: iudicium conscientiae sibi (i. e. propriae tendentiae non-virtuosae) non esse connaturale, ideoque non sequendum. Unde *iudicium conscientiae* et *iudicium electivum* (*seu prudentiae*) in homine imprudenti *realiter*, in homine prudenti *virtualiter* distinguntur.

NOTA: 1° - Homo *simpliciter non-prudens* non est imaginandus quasi homo intermedius, vel indifferens, inter prudentem et peccatorem. Qui enim non est peccator, tendit libere in finem ultimum verum, ergo est iam, fundamentaliter saltem, prudens; non-prudens autem, utpote non tendens libere in verum finem ultimum, eo ipso est peccator. 2° - Infra prudentiam perfectam plurimi dantur gradus prudentiae imperfectae; imperfectiones autem sunt, etsi non unice, tamen magna ex parte, ex imperfecta possessione virtutum.

3. UNITAS ORGANICA INTER CONSCIENTIAM ET PRUDENTIAM

Ex dictis iam patet: iudicium conscientiae et iudicium prudentiae non esse nimis separanda. Una est enim facultas intellectiva, quae format iudicium conscientiae et iudicium prudentiae (seu electivum): quae ergo *per se* coincidunt.

a) **Unitas, vel duplicitas, non sunt affirmanda** secundum ea, quae sunt per accidens, sed secundum ea, quae sunt per se. *Per se autem est*, ut homo *libere consentiat* tendentiae naturali in finem, utque consequenter vera cum prudentia efformet iudicium conscientiae illudque, utpote sibi connaturale, exsequendum eligat. — Vel alio modo: dictamen conscientiae, quod in omni homine iudicat de actu hic et nunc concreto, non est natura sua indifferens ad hoc, ut prudenter acceptetur vel imprudenter reiiciatur, sed ordinatur ad dirigendam et informandam actionem realem: hoc autem supponit hominem esse prudentem-virtuosum.

Mere *per accidens* ergo est, si aliquis homo vel non curat prudentem efformationem iudicii conscientiae, vel huic iudicio non consentit. Solum in hoc casu accidentali requiritur, post dictamen *conscientiae*, aliud iudicium, iudicium nempe *electivum* prudentiae (vel potius: imprudentiae), quo eligatur actus iudicio conscientiae quidem contrarius, homini imprudenti autem connaturalis.

Si conscientia duas solutiones casus concreti moraliter aeque bonas ideoque licitas esse dictat, exigitur quidem etiam in homine prudenti adhuc iudicium electivum, dirigens actionem realem, sed non sub aspectu morali.

b) **Consequenter minus opportunum est dicere**: conscientiae quidem esse *applicare legem universalem*, prudentiae autem esse *iudicare de contingentibus et particularibus*.

Haec duo separanda non sunt; imprudens enim applicatio legis est revera falsificatio ipsius legis; sicut et « prudens » iudicium de actu concreto, quod non sufficienter intendit veritatem obiectivam (ergo et legis), non est vere prudens. Unius enim eiusdemque facultatis est *et* applicare legem ad casum particularem, *et* hoc facere prudenter; seu: iudicare prudenter de casu concreto, et quidem sub luce legis universalis. Unde est, quod praecise homo prudens, qui paratus est ad sequendum dictamen conscientiae, facilius « intuetur » veritatem obiectivam.

c) NOTA: Non pauci auctores his ultimis decenniis [17], se referentes ad formulam quandam Aquinatis, insistunt in distinctione inter veritatem theoreticam, quae est in conformitate ad rem, et *veritatem practicam, quae*

---

[17] Cfr. bibliographiam in n. 11.
[18] Sic, secundum ARISTOTELEM: THOMAS, *In Eth. Nic.* lib. 6, lect. 1, n. 1131. *STh* I-II 57, 5 ad 3: 64, 3c; etc.

est in conformitate ad appetitum rectum [18]. Ut hoc ultimum adagium, quod non indiscussum mansit [19], recte intelligatur, distinguimus quadruplicem eius sensum per se possibilem: 1° - Verum est id, quod *obiective* est conforme *appetitui naturali* (et semper recto). Haec veritas est tum in vera scientia morali tum in vero iudicio conscientiae de actu ponendo: appetitus naturalis enim est in finem obiectivum. 2° - Verum est id quod, *secundum meum iudicium* de actu ponendo, est conforme *appetitui naturali* (et semper recto). Hanc veritatem esse sequendam recte dictatur ab omni iudicio conscientiae de positione actus. 3° - Verum est id quod, *secundum meum iudicium* de actu ponendo, est conforme *appetitui recto et libere approbato*, i. e. id quod mihi, sincere tendenti in finem ultimum, videtur esse medium conveniens exprimendi hanc meam tendentiam. Notes tamen hunc appetitum — praecise quia est rectus et sincerus — quoad actum particularem prudenter rectificandum esse, *ut* conformitas ad appetitum rectum coincidat cum conformitate ad rationem veram. 4° - Verum est id, quod est conforme *appetitui recto et libere tendenti in finem, atque rectificato quoad actum concretum secundum rationem veram.* Hoc est illud verum, quod homini *per se* convenit, sed non semper obtineri potest; semper autem possibile est illud sub n° 3.

IV. CONSCIENTIA UT VOX DEI

Estne conscientia « vox Dei », ut saepe dicitur? Certo non ut vera inspiratio, quid hic et nunc bonum vel faciendum sit; secus quomodo possit esse error in iudicio de actu ponendo, — quod iudicium tamen intrat in iudicium definitivum de positione personali actus?

1. Consideratio generalis

Ex parte Dei duo certo habentur: 1° - A Deo est hic homo concretus, cum omnibus elementis quibus nunc realis est; Deum per hoc Esse concretum vocare hominem, supra iam dictum est (cfr. §§ 3s). 2° - A Deo sunt ea omnia, quibus homo pervenire potest ad dictamen conscientiae.

Attamen, ipsius hominis sunt cognitio, volitio et tota reactio, quae hic et nunc influunt ad dictamen conscientiae constituendum.

Habetur ergo, ut vox Dei innotescat, intima cooperatio inter Deum vocantem et hominem audientem. Imo, per se, i. e. in homine virtuoso-prudenti, haec cooperatio est *libera*, non solum ex parte Dei, sed etiam ex parte hominis; nam ut virtuosus-prudens, homo

---

[19] Cfr. v. g. G. GUNDLACH et F. HÜRTH, supra n. 11. — O. LOTTIN, *Morale fondamentale*, Tournai 1954, 448-452.

et scit vocationem Dei esse opus caritatis eius, *et* caritate motus tendit ad hoc, ut vocem Dei bene et recte percipiat.

Manet aliqua *difficultas* in usu loquendi de dictamine conscientiae ut voce Dei *ob non exclusam possibilitatem erroris in iudicio de actu ponendo. Iudicium autem de actu ponendo,* eventualiter erroneum, pertinet ad totum « situationis » concretae hominis, circa quam est *iudicium de positione actus,* dictans: hominem debere actione sua realizare seipsum prout informatur hoc iudicio — eventualiter erroneo — de actu ponendo (cfr. § 4: II, 1). In casu ergo iudicii erronei de actu ponendo, homo audit quidem vocem Dei, eam autem audit imperfecte tantum. Audit *recte* huius vocis elementum principale, quo vocatur ad *donationem sui personalem.* Haec enim non potest fieri nisi secundum iudicium morale, quod homo de actu ponendo revera habet; sed *modus quo huius donationis,* quem Deus determinavit per Esse hominis concretum, pro dolor non percipitur recte.

2. CONSIDERATIO CHRISTIANA

Quae dicta sunt de conscientia in genere, valent de homine *ut tali.* Non existit autem homo nisi *nostri ordinis salutis;* atque conscientia non dictat nisi de homine existente, i. e. nostri ordinis salutis. Hic homo est *per se,* i. e. ex Dei consilio, homo-filius Dei. Interveniunt in conscientia huius hominis intellectus *fide illuminatus,* voluntas *caritate Dei informata,* totus homo *per actualem operationem Spiritus Sancti (gratia, dona) adiutus.*

Unde iam fundamentale illud *principium* de bono faciendo est revera de bono et fine hominis *christiani. Voluntas* vi naturali in finem tendens, revera facta est voluntas libera, caritate in Deum tendens. *Prudentia* quae inquirit in actus, qui possint exprimere fundamentalem hanc cognitionem et caritatem, est de facto prudentia supernaturalis, in quo operatur Spiritus Sanctus. *Virtutes,* quae disponunt ad hanc prudentiam, sunt virtutes supernaturales. — Unde dicendum est: in dictamine conscientiae operatur et vocat Deus, Creator et Redemptor, in Christo per Spiritum Sanctum.

Per accidens est, si haec elementa supernaturalia in dictamine conscientiae alicuius hominis partim desunt: vel cognitio veritatum revelatarum, vel caritas, vel fides, etc. Sic in homine peccatore, qui veritates fidei et doctrinam Ecclesiae admittit, dictamen conscientiae illuminatur fide, etsi voluntas adhaerendi huic dictamini desit. In apostata formali, deficit praeter caritatem etiam directio per fidem. In infideli deest cognitio — saltem plena — veritatum revelatarum, sed forsitan non gratia et caritas, quae inclinant ad dictamen conscientiae sequendum.

3. THEOLOGI PROTESTANTES non habent omnes eundem conceptum conscientiae. Omnes tamen concedunt eam esse, sub aspectu mere *formali*, id, quo homo se responsabilem scit in agendo, quidquid sit de aspectu *materiali*, i. e. de obiecto conscientiae. Pro lutheranis conscientia maxime erat locus, in quo homo sentit propriam condemnationem (secundum *Rom* 7), qua percepta pervenire potest ad spem in Christum. Tempore idealismi conscientiam potius considerabant ut locum, in quo habetur scientia de lege. Hodie omnes quidem concedunt conscientiam debere, hoc vel illo modo, attendere ad aliquas normas [20]; conceptio tamen idealistica generatim relicta est. Praesertim post opera E. BRUNNER et H. THIELICKE conscientiam potius habent ut locum, in quo quis percipit *voluntatem Dei personalem in situatione concreta* [21]. Sic se distinguunt a principio idealistico « scis in conscientia te debere, ergo potes »; simul se distinguunt a conceptione catholica, secundum quam conscientia absolute tenetur ad legem naturalem (quae se manifestat in conscientia) et magisterium ecclesiasticum; maxime autem se distinguunt ab omnibus qui putant: homines *naturaliter* in conscientia cognoscere verum debitum morale eosque esse *iustificatos*, si hoc debitum putativum faciunt. Unde v. g. THIELICKE: id, quod conscientia naturaliter homini (postlapsario) dictat, prorsus relinquendum est, ut locus detur unice Deo sese revelanti et maxime per Spiritum hic et nunc operanti; conscientia enim « naturalis » — sic affirmat — nil est nisi vox hominis peccatoris-egoistae, qui vult seipsum iustificare.

---

[20] Videas quae supra (§ 5: II, 1) dicta sunt de munere legis in theologia protestantica, et (§ 4: IV, 2) de relatione inter legem universalem et voluntatem Dei concretam.

[21] E. BRUNNER, *Das Gebot und die Ordnungen*, ⁴1945. — H. THIELICKE, *Theologische Ethik* I, Tübingen 1951, maxime 475-604.

§ 13

DE VI MORALI DICTAMINIS CONSCIENTIAE

Explicata in praecedentibus natura conscientiae, agendum nunc est de eius vi morali.

I. DEPENDENTIA ACTUS MORALIS A DICTAMINE CONSCIENTIAE

1. NECESSITAS DICTAMINIS CONSCIENTIAE PRO ACTU MORALI

Actus humanus non est moralis, nisi persona agens iudicaverit de actionis moralitate. Ratio est, quod actus humanus non est moralis nisi ex intentione voluntatis circa obiectum morale; intentio autem circa obiectum morale supponit huius cognitionem.

Ulterius, persona agens actione sua sibi propriam facere non potest nisi illam moralitatem, quam actioni inesse conscientia iudicavit; moralitas ergo actionis pendet a iudicio quo conscientia iudicat actionem esse aliquid bonum, bonum melius, malum, vel etiam quid obligatorium, licitum, illicitum.

Notes nos dixisse: iudicium conscientiae esse etiam de actionis obligatorietate, liceitate, illiceitate; attingitur ergo non sola ratio *boni*, sed etiam ratio *liciti*, resp. debiti (seu obligationis vitandi illicitum). Cui non obstat, quod in omni actione *bonum* intendendum et agendum est; infra enim dicetur: intendere aliquam actionem *ut licitam*, iam esse intendere aliquod bonum.

2. CERTITUDO ABSOLUTA IUDICII DE POSITIONE ACTUS

Dictamen conscientiae de positione actus absoluta gaudet certitudine. Dictat enim personam agentem debere agere secundum iudicium personale, quod habet de actu hic et nunc ponendo; gaudet ergo eadem certitudine ac ipsa synteresis, sub qua subsumitur iudicium de actu ponendo (§ 12: II). Breviter: iudicium de positione actus non est tantum (obiective) infallibiliter *verum* (§ 12), sed etiam (subiective) absolute *certum*.

3. CERTITUDO MORALIS IUDICII DE ACTU PONENDO

Dum iudicium conscientiae de positione actus semper gaudet certitudine *absoluta*, pro iudicio de actu ponendo per se non requiritur nisi *certitudo moralis* (*late dicta*), quam vocant.

Notes: auctores, cum loquuntur de « certitudine conscientiae » vel de « conscientia certa », generatim intelligere certitudinem *iudicii circa actum ponendum.*

a) *Certitudo moralis late dicta* vocatur illa, cui non obstant rationes in vita practica prudenter *attendendae,* seu quae est sine *attendibili* formidine errandi. A tali certitudine ergo *non* excluditur mera possibilitas errandi, imo *nec* excluduntur rationes dubii tales, quae in vita practica non sunt attendibiles; tales enim rationes excludit sola certitudo moralis *stricte* dicta. — *Certitudo moralis late dicta est illa, quae congruit vitae practicae prudenter agendae, cum maior in rebus practicis et contingentibus saepissime haberi vix possit.*

b) *S u f f i c i t certitudo moralis (late dicta) in iudicio de moralitate (bonitate, malitia, liceitate, obligatorietate, illiceitate) actus ponendi.* Supposito enim tali iudicio, conscientia iam valet ferre correlativum iudicium absolute certum de positione actus, atque persona agens potest sibi propriam facere moralitatem, quam illud iudicium affirmat.

Ratio (iam indicata sub a) est, quod in re practica maior certitudo prudenter exigi non potest. *Unde damnata fuit thesis tutioristica,* quae dicit: « Non licet sequi opinionem (probabilem) vel inter probabiles probabilissimam » (D. 1293). — Qui ergo exigit maiorem certitudinem iudicii de *liceitate* vel bonitate actus ponendi, supprimit modo vix humano et timiditate imprudenti iudicium (absolute certum) conscientiae de licita positione actus. E contra, qui exigit maiorem certitudinem sui iudicii de *obligatorietate* actus ponendi, vel de malitia vel illiceitate contrarii, incidit in suspicionem supprimendi mala fide iudicium (absolute certum) conscientiae de obligatoria positione actus.

Haec certitudo sufficit pro casibus o r d i n a r i i s si v. g. agitur de sola actionis honestate, de avertendo damno minore, etc. *Ob causas vero e x t r a o r d i n a r i a s maior certitudo requiri potest.* Sic v. g., si quaestio est de medio necessario ad finem necessarium, vel de validitate actus necessarii; cogita certitudinem de mediis ad salutem necessariis, de elementis ad validitatem sacramentorum requisitis, etc. (cfr. ea, quae infra dicentur: § 14: II, 1).

c) *Requiritur* certitudo moralis (*late dicta*) iudicii de
actu licite (*seu honeste*) *ponendo*: i. e. *vel* de eius intrinseca honestate (bonitate), *vel* (deficiente certitudine de intrinseca eius bonitate) de liceitate eum ponendi, ex principiis reflexis deducta
(cfr. § 14).

Ratio est, quod deficiente iudicio moraliter certo: 1° - homo
in actu non potest intendere aliquod bonum, quo in finem suum
tendat, — ad quod tamen tenetur; 2° - agit ergo caece circa media
ad proprium finem realizandum, quod est inhumanum ideoque
illicitum; 3° - consequenter impossibile est iudicium permissivum
conscientiae de positione actus.

S. Paulus hoc sensu instruit Romanos, agens de esu ciborum.
Affirmat quidem legem de discernendis cibis omni carere valore;
simul tamen docet damnari eum, qui manducat *incertus* (sic secundum textum graecum: diakrinómenos) de liceitate manducandi.
Atque addit rationem: « quia non ex fide (i. e. ex certa conscientia). Omne autem, quod non est ex fide peccatum est » (*Rom* 14, 23).

Notandum: nos hic et in sequentibus affirmare *necessitatem* iudicii moraliter certi solum quoad *liceitatem* (honestatem) ponendi actum, dum *suf-
ficientiam* iudicii moraliter certi asseruimus etiam quoad *illiceitatem et obligatorietatem.* Ratio differentiae indicatae est, quod non sola certitudo, sed
etiam mera *probabilitas* illiceitatis vel obligatorietatis potest — manente
incertitudine, quae est in probabilitate — consequentias omnino *certas* habere, ut statim dicetur (sub 4).

4. DICTAMEN CONSCIENTIAE IN CASIBUS DUBII ET IUDICII VIN-
CIBILITER ERRONEI DE LICEITATE MORALI ACTIONIS CON-
CRETAE

a) *Dubium de liceitate morali actionis concretae*

Hoc dubium generatim venit sub nomine « conscientiae *practice* dubiae ». De facto nihil est nisi iudicium: *non constare de
liceitate morali ponendi actum.* Ergo non est proprie conscientia
(ut actus), ideoque nec conscientia dubia, sed mere aliquod iudicium praeparativum conscientiae.

*Omnibus constat: dubium de liceitate morali ponendi actum
reddere actionem illicitam,* — *si hoc dubium superari non potest.*
Seu, ut generatim dicitur: non esse licitum agere cum « conscientia practice dubia ».

Rationes asserti iam indicavimus: 1° - Secundum S. Paulum « omne ... quod non est ex fide, peccatum est » (*Rom* 14, 23). 2° - Homo debet tendere in finem suum per actus bonos, quorum honestatem ergo novit. Secus agit caece relate ad finem suum, quod est destinationi suae contrarium.

In dubio ergo de honestate actionis concretae iudicium verum conscientiae *de actu ponendo* est: eum non posse licite poni. Quod iudicium assumitur a iudicio definitivo *de personali positione actus. Proprie ergo non habetur « conscientia dubia », sed conscientia certa de illiceitate actionis.* — Nisi tamen quis errando putaverit licitum esse agere sub dubio de actu licite ponendo. Est autem quaestio discussa, utrum talis error sit possibilis, ita ut illiceitas actionis ne directe-exercite quidem advertatur [1].

Patet: *iudicium reflexum* de illiceitate ponendi actum, in casu dubii de eius honestate, tenere locum iudicii directi de moralitate actus ponendi. Unde recte vocari potest iudicium *de actu ponendo*; affirmatur enim actum, in casu dubii de liceitate morali eum ponendi, constituere aliquod illicitum. Posset quidem quis illud vocare iudicium *de positione actus*, quatenus fertur sine iudicio (certo) de intrinseca moralitate actus ponendi: sed attendatur opórtet, quod tale iudicium de positione actus non est illud de personali positione actus, quod sic vocavimus, et quod Aquinas vocat operationem; habet enim proprietates iudicii de actu ponendo, quatenus est adhuc obiectivo-theoricum atque assumitur a dictamine definitivo de personali positione actus.

Practice ergo: 1° - *Quamdiu permanet dubium de actu honeste ponendo*, ab actione abstinendum est. Instituatur inquisitio de intrinseca actionis honestate, consulendo v. g. personas competentes vel libros aptos, *aut*, si hoc impossibile est, de eius liceitate ratione principiorum reflexorum (cfr. § 14). Inquisitio autem facienda est ea cum diligentia, quae convenit et rei momento et personarum condicioni. Unde, si aliquis casus urgens nec rei investigationem nec personae doctioris vel libri consultationem permittit, eo quod in dilatione damnum improportionate grave timetur, etiam homo in rebus moralibus satis rudis generatim casum sufficienter solvere poterit [2].

2° - *Si dubium est tum de actu licite ponendo, tum de eo licite omittendo*, res difficilior est:

(a) prius inquiratur de liceitate actionis, vel omissionis eius, prout sub 1° dictum est;

---

[1] Hanc possibilitatem iam olim agnovit TH. SANCHEZ, *In decalogum*, l. 1, c. 16, n. 18.

[2] A. VERMEERSCH, *Theol. mor.*, ⁴ I, n. 330.

(b) *si autem dubium manet et actio differri non potest sine incommodo improportionate gravi*, videtur licite eligi posse id, quod minus malum esse apparet; sub tali enim condicione ulterior inquisitio esset improportionata, ita ut per electionem tutioristicam satis exprimatur intentio bona in finem. Auctores, hoc principium reflexum communiter admittentes, addere solent: in electione partis paululum minus tutae quam opposita, peccatum quidem committi, sed non grave [3]. Qui autem in casu exposito tutioristice agit, quin cognoscat principium reflexum nunc explicatum, agendo peccat.

(c) *si dubium nunc solvi non potest, et in ipsa quoque dilatione actionis peccatum prudenter timetur*, id eligi *debet*, quod minus malum esse apparet: ut tali modo agendi tutioristico exprimatur sincera intentio boni. Hoc *licitum* esse patet ex eo, quod nemo coactus esse potest ad peccandum. Unde, si quis ita agendo se peccare putaverit, tamen non peccavit.

Consequenter, v. g. iuvenis dubitans de honestate alicuius actionis sexualis, stante dubio actionem interim licite peragere non potest; sed prius, modo sibi possibili, notitiam quaerere debet. — Qui suspicatur obligationem iuvandi proximum mediante mendacio et simul timet illiceitatem mendacii, peccat sive mentiatur sive non mentiatur, *nisi* prius, modo sibi possibili, dubium deponere conetur, vel, conatu deponendi dubium sine successu manente, id agat, quod sibi minus malum esse videtur.

Qui illicite cum dubio agit, eam contrahit speciem peccati (theologicam et moralem), quam in actione inesse timet. — *Obliviscendum tamen non est*: 1° - quod in his casibus forsitan minor advertentia saepe diminuit gravitatem subiectivam peccati; 2° - quod persona agens, in casu dubii insolubilis, non raro spontanee et exercite iam superavit dubium per principia reflexa (cfr. § 14). — *Malitia*, quam dubius timet, saepe nonnisi valde confuse apprehenditur. Quid tunc de facto? Vel quid praesumendum: peccatum grave an leve? Responsum dependere videtur a personae agentis instructione in re ethica et habituali dispositione morali; certa tamen et exacta determinatio culpabilitatis vix possibilis est [4].

Conscientia perplexa, quae dicitur, est iudicium (non proprie conscientia): omnem modum se habendi, in concreta situatione possibilem, (v. g. tum actionem tum eius omissionem) esse illicitum vel tantum dubie licitum. Tale iudicium *obiective* est erroneum. *Subiective* autem huiusmodi perplexitas omnino possibilis est, et quidem saepe ob insufficientem instructionem moralem, non raro accedente emotione scrupulosa. Si haec ultima accedit, conferantur ea, quae infra de scrupulosis dicentur (§ 15). Secus, dubium diligenter auferendum est; quod si fieri non potest, tutioristice agendum est, ut supra de dubio ex utraque parte iam dictum fuit. In casu autem eiusdem gravitatis ex utraque parte, locus est liberae electioni.

---

[3] Cfr. A. VERMEERSCH, *Theol. mor.*, [4] I, n. 332. — A. LANZA, *Theol. mor.*, I, n. 362.

[4] Cfr. praesumptiones apud M. ZALBA, *Theol. Mor. Sum.* [2] I, n. 839.

b) *Iudicium vincibiliter erroneum de liceitate morali actio-nis concretae*

Hoc iudicium generatim venit sub nomine « conscientiae vin-cibiliter erroneae ». Nihil est nisi *iudicium erroneum de liceitate morali ponendi actum, formatum cum attendibili formidine er-randi,* — v. g. quia persona agens scit se non adhibuisse sufficien-tem diligentiam in praeparatione vel formatione huius iudicii. Dicitur iudicium *vincibiliter* erroneum, quia ratio dubitandi et possibilitas obiectiva corrigendi errorem *animadvertuntur*; secus esset *invincibiliter* erroneum. Iudicium vincibiliter erroneum quoad essentiam vix differt a dubio. Unde nec est proprie *conscien-tia* vincibiliter erronea; nam conscientia in casu recte dictat: *non esse agendum sub concreto iudicio vincibiliter erroneo.*

Practice ergo: 1° - Qui agit *secundum* iudicium, quod *vel* aliquid permittit aut exigit, sed non sine (attendibili) formidine de illiceitate ponendi actum, *vel* prohibet actionem, pariter non sine (attendibili) formidine de obligatorietate eam ponendi, illicite agit.

Qui agit *contra* hoc idem iudicium, quod aliquid praecipit vel prohibet, etsi cum attendibili formidine de illiceitate, resp. de obligatorietate ponendi actum, item agit illicite; imo, gravius quam in primo casu, quia ibi obstat mere aliqua formido, hic autem vera opinio (iudicium cum formidine errandi).

2° - Qui suspicatur vincibilem errorem iudicii, ideoque aliquod illicitum in actione ponenda vel omittenda, tenetur ad errorem deponendum, quantum prudenter fieri potest.

De peccato, quod committitur ab eo, qui agit illicite sive secundum sive contra iudicium vincibiliter erroneum, eadem correlative valent, quae supra de actione cum dubio de actu ponendo dicta fuerunt. — *Post factum* bene videndum est, utrum agens conscientiam de dubia liceitate agendi habuerit, atque utrum de necessitate ulterioris inquisitionis in veritatem cogitaverit.

II. VIS NORMATIVA DICTAMINIS CONSCIENTIAE

Dictum est sub I: *requiri* dictamen conscientiae ad actionem moralem. Nunc *vis normativa* dictaminis conscientiae positive ex-plicanda venit[5].

---

[5] Cfr. O. LOTTIN, *Principes de morale* II, Louvain 1947, 149-157 (*La valeur obligatoire de la conscience chez Saint Thomas d'Aquin et ses pré-décesseurs*). — F. PUSTET, *Gewissenskonflikt und Entscheidung*, Regens-burg 1955.

1. VIS DICTAMINIS CONSCIENTIAE IN GENERE.

Supra iam *negative* dictum est: hominem agendo sibi propriam facere non posse nisi eam moralitatem, quam conscientia actioni inesse iudicet (I, 1). Nunc *positive* additur: *dictamen conscientiae esse normam i m m e d i a t a m positionis actus*, sive dictet actionem esse bonam vel consilium, sive dictet eam esse obligotoriam vel illicitam; atque hominem, qui sequitur hoc dictamen, agere moraliter bene, perfectius, debite, indebite.

S. Paulus, agens de quaestione ciborum, *fidem*, i. e. persuasionem conscientiae, habet pro norma agendi, ita ut qui non ex fide agit, damnatus dicatur: « Omne autem, quod non est ex fide, peccatum est » (*Rom* 14, 22s; similiter in simili materia: *1 Cor* 8, 10). — *Item* in quaestione de moralitate gentilium, qui legem (VT) non habent, apostolus conscientiam eorum agnoscit ut normam moralitatis eorum: « ... testimonium reddente illis conscientia ipsorum, et inter se invicem cogitationibus accusantibus, aut etiam defendentibus ... » (*Rom* 2, 15); in prima tamen parte versus (in qua adhibetur terminus « cor » loco « conscientia »), conscientia forsitan non intelligitur ut actus, certissime vero in secunda parte. — *Tandem*, in quaestione de oboedientia auctoritati civili praestanda, conscientiae auctoritas habetur ut absoluta, utpote ex Dei auctoritate ultimatim deducta (*Rom* 13, 4-6).

Ratio eandem vim moralem conscientiae confirmat: 1° - *Sub aspectu moralitatis formalis-personalis*, definitivum dictamen conscientiae, i. e. iudicium de positione actus, enuntiat *necessitatem absolutam et obiectivam*: esse agendum secundum iudicium personale de actu ponendo. Ratio, alias iam indicata, est in hoc, quod obiectum voluntatis — in qua formaliter est moralitas — non est actus qualis est in se, sed qualis est in iudicio agentis. 2° - *Sub aspectu moralitatis materialis-obiectivae*, ordo moralis obiectivus statuit *necessitatem absolutam et obiectivam* pro actione personali; haec autem necessitas in situatione concreta personae agenti communicari non potest nisi per iudicium conscientiae, quod est *per se* verum: unde resultat vis moralis absoluta iudicii conscientiae.

2. Vis moralis conscientiae verae

« *Conscientia vera* » dici solet illa, cuius *iudicium* (*sive directum sive reflexum*) *de actu ponendo est conforme veritati obiectivae*; conscientia non-vera vocatur « erronea » [6]. Conscientia verà est casus « per se », seu normalis. Qui eam sequitur, agit bene non solum sub aspectu moralitatis formalis-personalis, i. e. ratione positionis actus, sed etiam sub aspectu moralitatis materialis-obiectivae, i. e. ratione actus positi; « per se » enim haec duo coincidunt.

Conscientiam veram esse normam proximam ugendi patet ex dictis sub 1. — Minus tamen placet *ratio* saepe ab auctoribus allata: conscientiam veram esse normam agendi, *quia est vera*, sc. quia est conformis veritati obiectivae. Nam potius dicendum videtur: conscientiam esse (*semper*) normam agendi sub aspectu obiectivo-materiali, *quia est p e r s e vera*, et quidem ut *unica* via ad verum habendum pro actione personali; et ulterius, sub · aspectu formali-personali, quia moralitas actionis immediate non determinatur a veritate materiali, — et hoc secundum ordinem obiectivum.

3. Vis moralis conscientiae invincibiliter erroneae

« *Conscientia invincibiliter erronea* » *dici solet ea, cuius iudicium* (*sive directum sive reflexum*) *de actu ponendo est difforme a veritate obiectiva, quam difformitatem persona agens nec cognoscit nec ex rationibus attendendis suspicatur*; secus enim esset iudicium vincibiliter erroneum. Supponitur ergo iudicium de actu ponendo fuisse formatum bona fide et cum sufficienti diligentia.

Conscientiam invincibiliter erroneam esse normam moralem proximam actionis, patet ex dictis sub 1, et quidem tum ex doctrina S. Pauli tum ex ratione. — Nota *apostolum* non solum damnare actionem, quae non est ex fide (*Rom* 14, 22s), sed positive quoque docere: cibos, per se non immundos, revera esse immundos pro eo, qui eos immundos esse existimat (ib. 14, 14). — Addantur *verba Domini*, quae excludunt peccatum ab eo, qui in agendo

---

[6] « Recta » generatim dicitur ab auctoribus conscientia, cuius iudicium de actu ponendo est « logice » formata ex praemissis; secus conscientia esset « falsa », vel « vitiata ».

non habet conscientiam actionis peccaminosae: « si caeci essetis, non haberetis peccatum; nunc vero dicitis, quia videmus. Peccatum vestrum manet » (*Io* 9, 41; cfr. etiam 15, 22. 24). — ALEXANDER VIII damnavit sequentem sententiam iansenisticam de conscientia praecipienti: « Tametsi detur ignorantia invincibilis iuris naturae, haec in statu naturae lapsae operantem ex ipsa non excusat a peccato mortali » (D. 1292).

Actio peracta secundum dictamen conscientiae invincibiliter erroneae non solum "excusatur a malo", sed est vere bona et meritoria. Bonus autem non est ipse *actus* positus, cuius moralitas est mere obiectiva-materialis, sed bona est *positio* actus, cuius moralitas est personalis-formalis. Bonitas vero, quae positione actus acquiritur, non videtur esse solum in formali oboedientia normae proximae (sc. dictamini conscientiae), sed in intendenda illa praecise bonitate, quam in actu posito inesse agens erronee iudicavit [7].

Casus conscientiae invincibiliter erroneae est casus « per accidens », anormalis, quatenus conscientia « per se » est ad hoc, ut *secundum veritatem* iudicet de actu ponendo; solum per accidens errat. In eo autem, qui — ut ordo obiectivus vult — se decidit ad actum ponendum, quem erronee bonum esse iudicavit, *voluntas* recte quidem fertur in obiectum cognitum ut bonum (moralitas formalis-personalis in positione actus), *actus* positus autem ob iudicium erroneum praecedens non est congruus veritati obiectivae (moralitas materialis-obiectiva actus positi). Haec noncoincidentia est per accidens.

Recte quidem dici solet: conscientiam invincibiliter erroneam esse « normam agendi per accidens ». Attamen melius forsitan distingueretur: eam esse « normam per accidens », si respicitur actus ponendus (moralitas materialis-obiectiva);- eam esse « normam per se », si respicitur voluntaria positio actus (moralitas formalis-personalis). Atque qui talem conscientiam sequitur: sub aspectu moralitatis formalis-personalis agit per se recte, per uccidens non [8] (intendit enim actum ut bonum, ponens tamen propter erro-

---

[7] Varias sententias de « bonitate » agentis secundum conscientiam erroneam cfr. apud A. LANZA, *Theol. mor.* I, 1949, n. 351.

[8] Cfr. THOMAS AQU., *De verit.* 17, 4 ad 1: « Quamvis id, quod dictat erronea conscientia, non consonum sit legi Dei, tamen accipitur ab errante ut ipsa lex Dei; et ideo, *per se* loquendo, si ab hoc recedat, recedet a lege Dei; quamvis *per accidens* sit, quod a lege Dei non recedit ».

rem actum malum); sub aspectu autem moralitatis materialis-obiectivae agit
per se male, per accidens recte (cum propter errorem non operetur bonum,
illud tamen solum intendens). — Quam distinctionem multi auctores insinuant
dicentes: conscientiam invincibiliter erroneam esse normam agendi solum
per accidens, existere tamen *legem superiorem,* quae vult ut sequamur dictamen conscientiae.

*Casus conscientiae invincibiliter erroneae, quantum fieri po-
test, evitandus est* : quia est casus « per accidens », anormalis, con-
tinens errorem. *Qui eam non satis evitat, culpabilis est.* Evitari
potest maxime per acquisitionem scientiae moralis (cogita v. g.
medicum, qui acquirit debitam scientiam deontologicam) et per
dispositionem animi sinceri. Qui debitam praeparationem *culpabiliter* negligit, postea, quando agere debet, aut recordatur negli-
gentiae culpabilis aut non. Si culpae recordatur, iudicium de actu
est *vincibiliter* erroneum; de quo supra dictum est. Si culpae
non recordatur, iudicium de actu ponendo est hic et nunc *invincibiliter* erroneum et ideo sequendum; attamen, etsi sic agens nunc
non peccet (sed solummodo olim per negligentiam peccaverit), malum (obiectivum), quod nunc fit, *ei imputatur in causa,* — nisi
tamen eum paenituerit culpae commissae, et ipse nunc diligenter
procedat.

A conscientia invincibiliter et culpabiliter erronea distinguas casum hominis, qui voluntarie fovet *conscientiam larvatam* quam dicunt, v. g. qui nolit
admittere se iam habere certitudinem moralem de illiceitate actus, quem
ponit; quod nihil est nisi casus iudicii *vincibiliter* erronei.

Notes: conscientiam invincibiliter erroneam esse normam agendi — ut
patet — solum pro actibus *liberis.* Qui v. g. impeditur vi, ne assistat missae
dominicali, non peccat, etsi erronee putat se peccare.

III. ORDO MATERIALIS-OBIECTIVUS ET CONSCIENTIA PERSO-
NALIS

De relatione inter has duas instantias morales breviter dicendum est.

1. INSTANTIAE « COMPLEMENTARES »

Formula « instantiae complementares » praeferenda videtur
alteri, quae dicit: normae obiectivae competere primatum prae

conscientia personali. A fortiori praeferenda est sententiae *erroneae* multorum protestantium, qui primatum adiudicant conscientiae personali modo tam exaggerato, ut pessumdetur valor absolutus normarum. — *Dicendum*: primatus competit ordini materiali-obiectivo, si attenditur ad *actum*, qui ponitur; si autem attenditur ad personalem *positionem* actus, primatus competit conscientiae personali. In actione concreta utrumque inseparabiliter unum quid constituit; agitur ergo de duobus *aspectibus* complementaribus unius eiusdemque realitatis. Atque utraque norma — norma materialis de variis obiectis ex una parte, et norma formalis de conscientia sequenda ex altera parte — aequali modo fundatur in Esse hominis et hoc sensu est obiectiva. Nec *actus* positus fit bonus, quia ponitur secundum conscientiam invincibiliter erroneam; nec *positio* actus boni est bona, si fit contra conscientiam invincibiliter erroneam. De *primatu* ergo sermo esse non potest simpliciter, sed solummodo sub hoc vel illo aspectu. Quia agitur de instantiis *complementaribus*, aequali modo urgenda est *et* necessitas sequendi dictamen conscientiae *et* necessitas curandi, ut conscientia dictet secundum ordinem materialem-obiectivum.

2. Conscientia, lex, auctoritas

Propter complementarietatem normarum materialium et conscientiae personalis, admittenda non est « libertas conscientiae » hoc sensu, quod conscientia, relate ad formationem iudicii de actu ponendo, plus minusve independens sit sive a normis materialibus-obiectivis sive ab auctoritate legitima.

a) *Normae morales* exprimunt *et* ordinem necessarium fundatum in Esse hominis (in sensu perfecto: hominis christiani) *et* tendentiam hominis profundam (in sensu perfecto: caritatem a Spiritu in nobis operatam). *Conscientiae* autem est dictare de moralitate actus concreti, i. e. utrum sit secundum ordinem in Esse hominis a Deo fundatum et secundum intimam hominis tendentiam. *Ex ipso ergo munere conscientiae habetur*: conscientiae iudicium de actu ponendo formandum esse secundum normas obiectivas, non secundum opinionem subiectivam, difformem a norma obiectiva. Cfr. dicta de voluntate Dei concreta et de ethica situationis: supra § 4.

b) *Auctoritates externae* non possunt quidem substituere dictamen conscientiae. Attamen, praecise quia munus conscientiae est dictare verum, non datur obiective « libertas conscientiae » contra veram auctoritatem. Ecclesia hoc maxime urgebat saeculo elapso contra falsum liberalismum [9]. — Distinguendum est inter auctoritatem docentem et auctoritatem aliquid facere iubentem. 1° - *Auctoritas docens* in formando iudicio conscientiae attendenda est eo gradu, quo vere est auctoritas. Quod *Ecclesiam* attinet, alibi docetur alio modo attendendam esse eius doctrinam infallibilem ac eius doctrinam non-infallibilem. Auctoritas doctrinalis *personae privatae,* in determinata materia morali peritae, generatim non eodem modo attendenda est ac doctrina Ecclesiae; attamen formatio conscientiae esset imprudens, ideoque illicita, si quis nolit rationem habere talis auctoritatis privatae. In rebus valde contingentibus prudenter ratio habenda est etiam boni *consilii,* a persona prudenti et perita dati. *Imo,* urgere potest *obligatio petendi* instructionem vel consilium, relativa tamen pro insufficientia personae agentis, pro momento materiae de qua agitur, et pro possibilitate consulendi alios (vel libros). — *Non tam raro homines contra doctrinam Ecclesiae, vel peritorum, appellant ad propriam conscientiam;* cfr., pro exemplo, tot medicos quoad deontologiam medicam. Secundum rerum veritatem dicendum est: appellant non vere ad *conscientiam,* sed ad *opinionem subiectivam,* cui tamen praevalet auctoritas Ecclesiae vel peritorum in re morali (supposita ex parte eorum cognitione factorum). Cum autem munus conscientiae sit dictare secundum veritatem, et non secundum opiniones subiectivas, *iudicium conscientiae* de actu ponendo formandum est — inquantum haec formatio (praeparatio) a nobis pendet — secundum *eam* doctrinam, quae vel certitudinem vel

---

[9] Cfr. v. g. GREGORIUS XVI, *Mirari vos* (D. 1613). PIUS IX, *Quanta cura* (D. 1690); *Syllabus* (D. 1715). LEO XIII, *Libertas* (D. 1932). Hodie Ecclesia potius defendit *libertatem* conscientiae, sed alio hoc sensu, quod homines non sunt indebite ab auctoritate publica impediendi, ne sequantur propriam conscientiam. Sic iam LEO XIII, *Libertas:* ASS 20 (1887/8) 608 s. PIUS XI, *Non abbiamo bisogno:* AAS 23 (1931) 301 s. — Cfr. bibliographiam indicatam infra n. 11.

maiorem praesumptionem veritatis secumfert. Hanc obligationem
multi homines non percipere videntur, vel quia non clare vident
munus conscientiae, vel quia errant de gradu respectivae auctoritatis. 2° - *Auctoritas legitime aliquid facere iubens* attendenda
est in formatione conscientiae; conscientia enim dictare debet *oboedientiam*, nisi vel agatur de re illicita, vel excusatio habeatur
(cfr. dicta de lege humana: §§ 9s). Numquam tamen agendum
est contra iudicium *certum* conscientiae diligenter formatae, etsi
invincibiliter erroneae [10].

3. OBLIGATIO CURANDI RECTAM FORMATIONEM CONSCIENTIAE

Haec obligatio consequitur ex munere conscientiae in vita
morali.

a) *Praeparatio remota postulat*: 1° - *Acquisitionem scientiae moralis*, et quidem non solum principiorum maxime funda-
mentalium, sed secundum statum uniuscuiusque specialem (ergo
etiam deontologiae professionalis: cogita hominem politicum, oe-
conomum, medicum, iudicem, confessarium, etc.). Atque non ad
solas *obligationes* attendendum est, sed etiam ad *bonum* morale,
imo ad bonum perfectum, ad boni characterem religiosum et christianum, ad boni cognitionem plene aestimativam (cfr. § 11: I, 4).
2° - *Exercitationem casuisticam*, relativam ad tenorem vitae uniuscuiusque; atque hanc non solum ad cognoscendos aliquos « typos »
solutionum, sed etiam ad acquirendam facilitatem in inveniendis
solutionibus rectis. 3° - *Sinceritatem illam religioso-moralem* et
« conscientiositatem », de quibus supra iam fusius dictum est
(§ 11: II, 2). Cavendum enim est, (a) ne bonum mere contem-
plemur, ut est in se, quin nos personaliter vocatos sentiamus;
(b) ne facili inoboedientia negligamus dictamen conscientiae; tunc
enim *vel* indebilitatur reactio conscientiae profundae, instigantis
et remurmurantis, *vel* diminuitur ipsa promptitudo cognoscendi
et sentiendi recte et bene in rebus moralibus.

b) *Formatio proxima iudicii de actu ponendo* supponit sinceritatem virtuosam, diligentiam debitam pro rei momento, cir-
cumspectionem prudentem.

---

[10] Cfr. TH. DEMAN, *The dignity of conscience*; Blackfriars 34 (1953)
115-119. — B. HÄRING, *Das Gesetz Christi*, ⁵Freiburg/Br. 1959, 199s.

c) *Appetenda est formatio iudicii quantum fieri potest independens ab interventu aliorum* (« *auto-formatio* »). Quae tamen supponit amplam et profundam scientiam moralem, experientiam, iudicium prudens, animum non timidum (non tamen audaciorem), virtutem moralem. *Ratio* cur appetenda sit « autoformatio » est, quod in ea est maior (physice) similitudo cum Deo quam in formatione magis dependente ab aliis: Deus ipse enim, ex una parte omnem rationem boni perspicit, etiam in concretissimis, ex alia parte seipsum plena independentia possidet. *Attamen* homo, qui dotes suppositas non habet, magis tenetur curare veritatem iudicii conscientiae, etiam mediante consilio aliorum, quam independentiam ab aliis; in hoc tamen, ut iam saepius monitum fuit, ratio habenda est momenti rei, opportunitatis consilii petendi, etc.

d) *Educatio maximum influxum in praeparatione ad conscientiam formandam habet.* Notum est infantes primo formare conscientiam maxime ex adaptatione quadam sociali: propter exemplum, laudem, poenam. Formatio conscientiae vere personalis locum obtinet praecipue tempore pubertatis. Educatores ergo *iam primis puerorum annis* futuram eorum formationem conscientiae praeparant. Unde exemplum vitae vere christianae, in familia et societate, praebere debent. Inductio ad bene agendum amabilis sit oportet: ut pueri bonum *amare* incipiant. Reprobatio autem et poena debent esse rationabiles et proportionatae: ut appareat relatio eorum ad malum, non ad « absolutismum » personae superioris. Boni ratio intrinseca et pulchritudo explicandae et inculcandae sunt: ut pueri incipiant se inducere ad agendum vere propter ipsum bonum.

e) *Formatio conscientiae* « *christiana* », quam vocant, est ea, quae fit secundum legem Christi — primario internam et secundario externam —, de qua supra actum est (§§ 1-8); imo, secundum ipsum Christum (§ 8). In dictamine talis conscientiae « operatur et vocat Deus, Creator et Redemptor, in Christo per Spiritum Sanctum » (§ 12: IV, 2); atque hoc non obiective tantum: nam homo plene christianus percipit — sive reflexe sive non-reflexe — vocem conscientiae ut vocem Dei, Christi, Spiritus Sancti.

4. « IUS » CONSCIENTIAE PERSONALIS, PRAESERTIM INVINCIBI-
LITER ERRONEAE

Quaestio de « iure », seu « libertate » conscientiae personalis [11]
stat in hoc: Homo seipsum personaliter realizare potest et debet
— versus finem ultimum personalem — nonnisi sequendo dictamen conscientiae personalis; quid hoc factum secumfert in externa conviventia hominum? Dicendum videtur: *libera formatio
et sequela conscientiae sunt maximum aliquod bonum personae,
quod sine titulo iuris laedere iniustitiam constituit.* — *Consequenter:*

a) *Habetur ius personale, ne impediatur formatio conscientiae secundum veritatem.* Iniustum ergo est docere vel propagare
errorem, secundum quem dein alius formabit iudicium conscientiae et consequenter geret vitam suam.

b) *Reverenda est conscientia personalis proximi, et eius
vita secundum conscientiam: etiam tunc, si conscientia est invincibiliter erronea.* Sic *S. Paulus* docet Romanos et Corinthios circa
relationem ad « infirmos », qui dubitant de liceitate quorumdam
ciborum, monens, ut caritate evitent actiones, quibus « infirmi »
scandalizentur (*Rom* 14, 10. 13. 15. 22; *1 Cor* 8, 9-13). — *Ex
alia parte, errans, qui sequitur conscientiam suam certam, habet
ius subiectivum, ne ut malus habeatur vel tractetur.*

Attamen, nemo debet conscientiam propriam accomodare conscientiae erroneae proximi (cfr. *Rom* 14, 22). Errans vero non po-

---

[11] A. ODDONE, *Lo spirito di tolleranza nell'insegnamento cattolico*: CiviltàCatt 97, 2 (1946) 317-327. — J. LECLER, *La papauté moderne et la
liberté de conscience*: Etudes 249 (1946) 289-309. — A. MESSINEO, *Libertà
religiosa e libertà di coscienza*: CiviltàCatt 101, 3 (1950) 237-247. — B. OLI-
VIER, *Les « droits » de la conscience, le problème de la conscience errante,*
in: *Tolérance et communauté humaine*, Tournai 1952, 163-190 (liber extra
commercium ex mandato SOff). — A. HARTMANN, *Toleranz und christlicher
Glaube*, Frankfurt/M. 1955. — K. RAHNER, *Schriften zur Theologie* II, Einsiedeln 1955, 247-277. — R. HOFMANN, *Gewissensfreiheit in christlicher Sicht*,
in: HAUSER-SCHOLZ, *Der Mensch unter Gottes Anruf und Ordnung*, Düsseldorf 1958, 13-31. — H. J. SCHOLLER, *Die Freiheit des Gewissens*, Berlin 1958.
    Historice nec ipsa Ecclesia semper habuit in praxi sufficientem solutio-
nem quaestionis maxime difficilis de « libertate conscientiae ». Cfr. v. g. librum iam citatum A. HARTMANN. — Videas etiam: J. LECLER, *Histoire de la
Tolérance au siècle de la Réforme*, Paris 1955.

test exspectare, ut *error* suus ab aliis agnoscatur; veritas enim stat in indivisibili. Ideoque vox « tolerantia », si ad ipsum errorem refertur, vero sensu caret: nihil est nisi indifferentia erga veritatem.

c) *Unusquisque habet ius personale sequendi dictamen propriae conscientiae* [12]. Hoc ius pro casu conscientiae *verae* affirmat *S. Petrus* coram iudice prohibente praedicationem Christi (*Act* 5, 29). Hoc ius pro casu conscientiae *erroneae* tuetur Ecclesia, cum prohibet, ne aliquis contra conscientiam suam cogatur ad professionem fidei catholicae [13].

In casu conscientiae invincibiliter erroneae tamen distinguendum esse putamus: videtur enim concedendum esse verum ius *personale*, ne quis impediatur a vita secundum propriam conscientiam, non autem ius *reale* quoad ipsam actionem externam. Illud ius personale autem, quatenus exercetur actibus externis, non est ius illimitatum, sed obtinet determinatum locum in ordine iurium. Unde distinguendum est:

1° - *Qui agendo sequitur conscientiam erroneam, quin sic faciendo laedat bonum aliorum, illicite et etiam — ut nobis videtur — iniuste impediretur ab actione;* — nisi tamen ob *aliam* rationem non esset nisi *irrationabiliter invitus* contra impeditionem, cogita v. g. impeditionem suicidii.

2° - *Sequela conscientiae erroneae per actum, qui laedit iura aliorum, iure meritoque ab aliis i m p e d i r i potest,* dummodo persona errans non cogatur ad aliquid agendum contra conscientiam. Ius enim aliorum, in veritate fundatum, *praevalet* iuri sequendi conscientiam per actum, quem quis *erronee* ut licitum vel etiam ut obligatorium habet.

Unde conscientia erronea v. g. non fundat ius illimitatum publicandi errores, vendendi res malas, etc.: haec omnia enim sunt obiective nociva proximo, vel bono communi, ideoque iniusta. Haec obiectiva iniustitia ipsius *actus* (publicandi, vendendi) non tollitur eo, quod agens hos actus forsitan ut *licitos* habet. Datur consequenter ius impediendi hos actus obiective no-

---

[12] Verum *ius* explicite defendit: L. RODRIGO, *De iure sectandi moralem conscientiam,* in: *Problemi scelti di teologia contemporanea* (Anal. Greg. 68), Roma 1954, 441-461.

[13] LEO XIII,. *Immortale Dei* (D. 1875). *CIC* 1351.

civos et iniustos. *Idem* dicendum de actibus obiective nocivis et iniustis, ad quos se *obligari* aliquis erronee putaverit; cogita revolutionarium idealistam; unde auctoritas publica iure eum impedit.

Attamen, etsi l i c e a t actus nocivos impedire, hoc ideo non semper fieri d e b e t . Hoc valet tum pro personis privatis, tum pro auctoritate publica. Non raro enim propagatio erroris, operatio mali, etc. *tolerari* possunt, vel etiam debent, ad evitanda mala maiora : sic secundum principium duplicis effectus, de quo infra. Imo, nec desunt casus, in quibus *cooperatio materialis* cum actione mala aliorum, bona fide posita, est licita, vel etiam conveniens aut necessaria.

Sic v. g. in Statibus quoad religionem mixtis, gubernium concedit subsidia pro finibus « culturalibus » aequo modo catholicis et heterodoxis, etsi haec ab heterodoxis etiam in finem obiective indebitum et ideo pro societate aliquomodo nocivum adhibentur. Vel, ubi in « diaspora » catholici constringuntur ad petendum usum ecclesiarum heterodoxarum, heterodoxis etiam usus ecclesiarum catholicarum — pro cultu heterodoxo — conceditur.

Illicita vero est *cooperatio formalis* cum errantibus. Sic non licet dare subsidia formaliter ad opera illicita, cum praetextu, quod alius talia opera propter conscientiam erroneam « licite » praestabit. *Nec* possumus aliis licite suadere id, quod hi solum propter conscientiam erroneam sine peccato praestare poterunt; nam id, quod suadetur, est obiective malum, etsi propter bonam fidem non fiat peccatum formale.

Attamen non cooperatur formaliter, qui dicit: « si haec est conscientia tua, debes ita agere », « dubitans, non debes converti ad fidem catholicam », « tibi (homini protestantico) certo melius est inire matrimonium ritu protestantico quam ritu mere civili », etc.

3° - *Illicitum est — saltem per se — inducere alium suasione vel coactione ad actionem contra conscientiam personalem.* Quod esset eum inducere ad peccatum. *Coactio esset iniusta.*

Hoc nobis dicendum videtur *etiam pro casu, quo nos ipsi, vel societas, per se ius habemus ad eam praestationem,* quam alius sine laesione conscientiae erroneae praestare non potest. Ius alterius enim, ne cogatur *ad aliquid agendum contra dictamen conscientiae,* videtur *praevalere* iuri nostro in eius praestationem.

Ex dictis graves oriuntur quaestiones: Licetne cogere poenis veros « obiectores conscientiae », qui erronee servitium militare omnino illicitum habent? Licetne sic cogere revolutionarios (v. g. communistas) idealistas, et in genere « delinquentes ex persuasione »? Poena enim in casu vere est *coactio moralis* aliorum ad agendum id, quod illicitum putant, vel ad omittendum id, quod obligatorium habent. Quaestio tum apud moralistas tum apud iuristas discussa est. Ob rationem indicatam coactio-punitio nobis iniusta esse videtur. Nihil nobis efficere videtur distinctio inter casum, quo merum *ius* ad praestationem alterius habetur, et casum, quo *obligatio* adest ad exigendam hanc praestationem (cfr. gubernium in exigenda praestatione subditorum, necessaria ad bonum commune obligatorie curandum). Rationes afferri solitae ad probandam liceitatem coactionis exercendae per poenarum inflictionem nos non convincunt. Dicunt enim poenas esse media proportionata, quibus « delinquentes ex persuasione » ducantur ad conscientiam diligentius formandam [14]. Alii auctores coactionem-punitionem defendunt eo, quod supponunt conscientiam aliorum erroneam talem esse *culpabiliter*: sive conscientia erronea sit nunc *vincibiliter* talis, sive invincibiliter quidem, sed *in causa culpabilis*; conscientia, sic asserunt, debuisset et potuisset melius formari [15]. — Auctoritatis publicae *certo* est: 1° - informare errantes per propagationem veritatis, 2° - impedire, quantum fieri potest, propagationem erroris, 3° - impedire, si necessarium est, nocentes, etiam mediante vi physica.

§ 14

DE FORMANDO IUDICIO CERTO CIRCA LICEITATEM AGENDI, IN CASU DUBII DE HONESTATE ACTUS PONENDI

Non raro oritur dubium de honestate actus hic et nunc ponendi. In tali casu, ut in § praecedenti dictum est, actus per se non est ponendus. Quaeritur, utrum et quomodo, orto dubio de honestate actus ponendi, iudicium certum formari possit circa liceitatem (illiceitatem, obligatorietatem) ponendi actum [1]. Solutio,

---

[14] Cfr. K. RAHNER, *Schriften zur Theologie* II, Einsiedeln 1955, 265. — A. HARTMANN, *Toleranz und christlicher Glaube*, Frankfurt 1955, 189. — J. MARITAIN, *The Rights of Man and Natural Law*, London 1945, 43. — J. C. MURRAY, in: TheolStudies 6 (1945) 261s.

[15] Cfr. v. g. J. F. GRONER, in: Anima 15 (1960) 22s.

[1] Cfr. opera auctorum CARPENTIER, PEINADOR, ROUSSELOT, indicata supra § 12, n. 4. Ulterius Th. RICHARD, *Etudes de théologie morale*, II. *De la probabilité à la certitude pratique*, Paris 1913. — E. BRISBOIS, *Pour le*

supra (pag. 179, « Practice ») breviter indicata, hic magis explicanda erit.

Dictum est dubium de honestate actus hic et nunc ponendi oriri non tam raro. Etenim non paucae sunt quaestiones morales difficillimae et a moralistis a saeculis discussae; progredientibus scientia et civilisatione, novae continuo oriuntur quaestiones morales circa condiciones novas vitae humanae (v. g. quaestiones deontologiae medicae, quaestiones oeconomico-sociales, quaestiones politicae internationalis, etc.); multi homines in rebus moralibus paucum tantum sunt instructi, sive ex propria culpa sive inculpabiliter; in multis quaestionibus practicis tendentia sive spontanea sive voluntaria hominis postlapsarii obcaecat intellectum, ita ut res per se clarae fiant dubiae.

I. CONCEPTUS, QUAESTIO, SOLUTIO

1. CONCEPTUS IN HAC § SAEPIUS OCCURRENTES

Aliqui ex his conceptibus iam in § praecedenti occurrebant; pro § praesenti magis praecise determinandi sunt.

Dubium de liceitate actus est *suspensio iudicii* de ea. *Iudicium* de dubia liceitate realizandi actum affirmat: non constare de tali liceitate.

Opinio non suspendit iudicium, sed est iudicium cum prudenti formidine errandi. Consequenter opinio non facit iudicium conscientiae, cum conscientia ex natura sua excludat prudentem formidinem errandi. Ideo in praesenti quaestione *opinio* habetur sicut *dubium*: deest certitudo.

Non datur ergo proprie *nec* conscientia dubia *nec* conscientia opinativa, *sed* solum *iudicium de dubia liceitate actus ponendi*, — sive tali iudicio subsit dubium sive opinio.

Dubium est vel *positivum* vel *negativum*, prout habentur rationes attendibiles pro et contra, vel secus. — Dubium *negativum* etiam alio sensu accipitur, pro casu nempe, in quo pro una parte habentur rationes attendibiles, etsi non convincentes, pro altera parte autem tales rationes non habentur.

Dubium *iuris* dicitur esse de existentia, significatione, natura, obiecto, extensione alicuius normae vel *legis*; dubium *facti*, e contra, de existentia alicuius facti, quod — si existit — subest legi certae ideoque fundat eam obligationem (vel relationem), quam lex statuit. Sic v. g. theologi, qui dubitant, utrum pro extrema unctione requiratur infirmitas gravis an pericu-

---

probabilisme: EphTheolLov 13 (1936) 74-97. — H. VAN ZUNDEREN, *Vrijheid in twijfel*, Tilburg 1947. — R. PHILIPPOT, *De dubio in iure praesertim canonico*, Brugis 1947. — A. VAN LEEUWEN, *Enige aantekeningen over de moraalsystemen*: Bijdragen 16 (1955) 390-407; cfr. ib. 17 (1956) 201-203. — N. CAMILLIERI, *Una tesi antiprobabilistica*: Salesianum 20 (1958) 87-117.

lum mortis, habent *dubium iuris* de unctione infirmis extra periculum mc
danda; parochus autem potest habere *dubium facti*, utrum determinatus
ç̧ochianus nunc sit in periculo mortis, — ex quo dependet liceitas dandi ei
unctionem. — *Dubium de actu hic et nunc ponendo* saepe est *ex* dubio iuris
vel *ex* dubio facti.

Probabilis dicitur sententia, pro qua sunt rationes graves, etsi non convincentes, et contra quam non habentur rationes convincentes.

Tuta vocatur sententia, quam quis sine peccato *formali* sequi potest.

Tutior vero ea vocatur sententia, quae magis aliena est a periculo peccati *materialis* quam alia sententia, seu quae magis favere videtur legi, seu
obligationi obiectivae.

2. Delineatio Quaestionis eiusque Solutionis

Quaestio est haec: Orto dubio de honestate actus concreti
hic et nunc ponendi, quomodo procedi potest, ne statim dicendum
sit: propter dubium exortum, actum non esse ponendum? Aliis
verbis, quomodo potest, orto dubio de actus honestate, formari
iudicium certum de actu licite (vel obligatorie, vel illicite) ponendo? — Agitur ergo de dubia honestate *actus hic et nunc ponendi*,
ergo actus omnino concreti, in situatione, ideoque cum omnibus
elementis, condicionibus, circumstantiis, quae actum concretum
constituunt (cfr. § 4: II, 1).

*Pro solutione quaestionis indicatur triplex possibilitas, vel
gressus*, ad iudicium certum formandum circa liceitatem ponendi
actum. Dicimus: triplicem possibilitatem vel *gressum*; quo indicatur necessitas quaerendi solutionem antea per primum gressum;
si hoc est impossibile, per secundum; si ne hoc quidem est possibile, per tertium. — *Si in aliquo casu hi tres gressus iudicium
certum non permittunt, manet dictamen conscientiae: stante dubio de actus honestate non esse agendum.*

a) *Primus gressus: solutio directa dubii de honestate actus
ponendi, in seipso spectati.* — Evidens est solutionem directam
et intrinsecam dubii semper, quantum fieri potest, quaerendam
esse. Quae solutio, ut alias dictum est, invenitur vel investigando
rationes intrinsecas, vel consulendo peritos, libros, etc. Atque requiritur illa diligentia, quae correspondent momento rei et pos-
sibilitati agentis.

Notes velim: *certam vocationem individualem* dirimere in

casu concreto directe dubium de actu hic et nunc ponendo, quod
secus haberetur ex dubia aliqua norma universali.

b) *Secundus gressus*: *formatio iudicii certi per varia principia reflexa (proxima).* — Si enim iudicium moraliter certum de honestate actus ponendi in se spectati impossibile evadit,
saepe *aliunde*, ex rationibus ipsi actui extrinsecis, haberi potest
iudicium *de liceitate vel illiceitate vel obligatorietate actus hic et
nunc ponendi* (seu, ut supra dictum est, iudicium adhuc aliquomodo theoricum *de positione actus;* cfr. § 13: I, 4 a). — Exemplum sit medicus, cui praesto est duplex remedium unum certo,
alterum dubie efficax. Dubium de physica efficacia alterius reme-
dii, ideoque dubium de morali liceitate applicationis eius, ut talia
interim non solvuntur. Attamen, stante dubio, formatur iudicium certum de hoc actu non ponendo, et quidem *propter principium reflexum*: iustitiam exigere applicationem medii certi prae
incerto.

c) *Tertius gressus*: *formatio iudicii certi per principium
reflexum remotum probabilismi.* — Variis ergo principiis reflexis
proximis, quae sunt diversa in diversis condicionibus (cfr. infra
II), opponitur unum principium reflexum magis *remotum*, idem
in omnibus materiis: probabilismus. Hoc principium applicari non
potest, si iudicium certum iam habetur *vel* per dubii solutionem
directam (primus gressus) *vel* mediantibus principiis reflexis proximis (secundus gressus). Principium enim probabilismi dicit:
Manente dubio, sc. si nec quaestio de intrinseca moralitate actus
hic et nunc ponendi solvi potest, nec mediantibus principiis reflexis proximis statui potest liceitas vel illiceitas vel obligatorietas ponendi actum (stante dubio de intrinseca moralitate actus), *licet agere id, pro cuius liceitate militant rationes solide
probabiles.* Principium probabilismi tamen adhuc magis determinandum erit. — *Si autem rationes solidae non apparent*, dubium
ne hoc tertio gressu quidem superatur; consequenter conscientia
definitive iudicabit: non esse agendum.

Exposito sic breviter triplici gressu, *secundus et tertius in
sequentibus (II et III) ulterius explicantur.*

II. PRINCIPIA REFLEXA PROXIMA

Agitur de secundo ex tribus gressibus indicatis ad dubium de actu ponendo solvendum. Dictum iam est: stante dubio de intrinseca liceitate ipsius actus hic et nunc ponendi, varia principia reflexa quandoque afferre posse certitudinem de liceitate vel illiceitate vel obligatorietate actus ponendi. *Aliqua ex his principiis in sequentibus exponemus et exemplis explicamus.* — Notandum tamen est, quod inter auctores quaedam applicationes discussae sunt: in tali casu liceitas sententiae mitioris iuxta nos fit certa ex applicatione principii reflexi remoti (tertius gressus: probabilismus). Idem dicendum relate ad casum, quo aliqua applicatio forsitan non assequitur gradum certitudinis moralis, sed solius solidae probabilitatis.

1. Dubium de mediis necessariis ad finem necessarium

In eligendo medio necessario ad finem necessarium, tutioristice agendum est. Aliis verbis non licet ponere actionem, quae est medium solummodo dubie, vel minus certo sufficiens ad finem obtinendum, *si* medium magis securum praesto est. Ergo: *certa* obligatio ad finem obtinendum reddit *certo* illicitam actionem, cuius sufficientia physica ideoque liceitas moralis intrinseca dubia sunt, cum medium magis securum praesto est.

Atque addendum nobis videtur: Si habentur plura media non sufficienter secura ad finem necessarium obtinendum, non sufficit adhibere solum medium magis securum, sed omnia media adhibenda sunt, *nisi* vel medium magis securum *includat* efficaciam aliorum mediorum, vel usus unius medii practice excludat usum aliorum. Ratio asserti est, quod, cum nullum ex his mediis solum nos satis securos reddat, usus collectivus efficit securitatem maiorem; nam solummodo in usu collectivo adhibetur certo etiam illud medium, quod forsitan est medium vere sufficiens.

a) *Hoc maxime valet de mediis ad salutem aeternam obtinendam.*

Exempla: Non possumus esse contenti baptismo probabiliter valido: requiritur baptismus moraliter (et quidem stricte, non tantum late) certus. — Infidelis, dubitans de fide catholica, ulterius investigare tenetur (Innoc. XI - D. 1154), etsi dubio durante non est baptizandus. — In periculo mortis media moraliter (stricte) *certa* adhibenda sunt; unde v. g., si fieri potest, in-

structio de mysterio Trinitatis et Incarnationis danda est, quia sententia
adhuc probabilis tenet necessariam esse fidem explicitam in haec mysteria.

b) *Ob reverentiam sacramentis debitam, in eis perficiendis,
stante aliquo dubio, per se tutioristice procedendum est, ne sacramenta periculo nullitatis exponantur* (INNOC. XI - D. 1151).

Dictum est: per se; nam ob bonum animarum, quibus sacramenta ex
institutione sua serviunt, aliquando licitum est admittere periculum nullitatis: excepto tamen sacramento eucharistiae, ob periculum idololatriae (cfr.
tractatum de sacramentis).

c) *Iustitia exigit, ne ponatur actio, quae forsitan laedat
ius certum alterius;* sic saltem per se [2]. Etenim stante dubio actio
forsitan est revera laesio iuris certi alterius.

Exempla: Illicitum est: dare medicamenta dubii valoris, si medicamenta securiora praesto sunt; administrare sacramenta cum materia probabili, si materia certa habetur; solvere debita certa per monetam dubiam;
ponere actionem, quae probabiliter est laesio sigilli sacramentalis, vel iniusta
manifestatio alterius secreti servandi; medio mortifero procedere contra obiectum, quod forsitan est persona humana; in iudicio criminali damnare eum,
qui non moraliter certo probatur esse reus (ipse enim habet ius certum,
ne damnetur nisi crimine probato); in iudicio contentioso decernere contra
positionem meliorem (cfr. D. 1126. 1152).

NOTA: *Post solutionem debiti iuridici p r o b a b i l i t e r peractam*: non
obstante dubio, ex probabilismo (cfr. tertium gressum) iudicandum videtur
nihil ulterius esse faciendum, excepto si debitor dubium *culpabiliter* cau-
savit, vel etiam si egit *sciens* de dubia sufficientia actionis (v. g. si dedit
medicamentum dubie sufficiens, sed deficiente interim medicamento meliore).
Aequiprobabilista, e contra, solutionem in omni casu adhuc faciendam esse
iudicabit (cfr. infra III, 5).

Actio tamen, quae, *cum ratione sufficienti*, mere *permittit* damnum dubium alterius, non est iniusta (principium duplicis effectus); cfr. explosio-
nem in obiectum militare, in quo *probabiliter* sunt etiam personae civiles.

In solvendis vero dubiis, quae *non* sunt de mediis necessariis
ad finem necessarium, requiritur sola *certitudo moralis late dicta*
(supra § 13 : I, 3b): *de ea invenienda in numeris sequentibus (2-4)
agetur.*

---

[2] Hoc « per se » addimus, ne a priori excludamus casum, in quo subiectum iuris non potest esse rationabiliter invitum contra actionem.

2. Dubii solutio unice probabilis

Dubium, pro cuius una parte habentur rationes vere atten-dibiles, at non convincentes, superatur, si pro altera parte tales rationes non, vel vix, habentur. In tali enim casu (dubii negativi ex una parte), unicitas solutionis vere probabilis gignit certitudinem moralem (late dictam), non obstante defectu rationis intrinsecae convincentis.

3. Praesumptiones prudentiales in dubiis facti

Ex dubiis facti saepe oriuntur dubia de liceitate actionis. In his casibus *non raro praesumptiones prudentiales de factis illam gignunt certitudinem moralem (late dictam), quae requiritur et sufficit ad affirmandam actionis liceitatem, illiceitatem, obligatorietatem.*

a) *Praesumptio secundum communiter contingentia saepe solvit dubium, si nulla habetur ratio affirmandi, personam agentem hac vice aliter egisse.* Habetur enim in tali casu requisita certitudo moralis, cum ex una parte adsint rationes seriae (« sic agere solet »), dum ex altera parte rationes seriae desint (dubium negativum ex una parte).

Exempla: Qui, in administratione sacramentorum, non *recordatur* (dubium negativum!) se verba protulisse, vel, in susceptione absolutionis, se contritionem elicuisse, nec verba nec confessionem repetere debet, si *alias* semper recte verba profert, resp. contritionem elicit, et nunc non habetur positiva ratio admittendi se hac vice aliter egisse. Similiter dicendum in casu dubii negativi alicuius hominis de consensu suo in peccatum grave, si talem consensum denegare consuevit: hic ergo non tenetur ad impletionem legis positivae de confessione sacramentali. (*Nota* quoad contritionem in casibus propositis: etsi nihil faciendum sit *ratione confessionis sacramentalis*, attamen *contritio est elicienda* ex alia ratione, quatenus nempe in mediis salutis tutioristice procedendum est: supra 1).

b) *In dubio negativo circa positionem alicuius actus, praesumptio gignit certitudinem moralem actum non fuisse positum.* Si enim nulla ratio attendibilis positionem actus probabilem reddit, sola non-positio est probabilis.

Unde agendum est, quasi actus non fuisset positus. Qui v. g. aliquod debitum solvere debet, sed prorsus nescit, utrum hoc iam fecerit necne, certo adhuc solvere debet.

c) *In dubio negativo « standum est pro valore actus ».* Si enim nulla ratio habetur affirmandi actum fuisse positum modo irregulari, ipsa positio actus fit ratio admittendi, eam fuisse factam modo regulari. Oritur sic certitudo moralis, secundum quam agendum est.

NOTA: principia « praesumptio stat pro communiter contingentibus », « factum non est praesumendum, sed probandum », « standum est pro valore actus », per se applicantur in materia legis positivae; sed eo modo, quo a nobis proposita sunt, non restringuntur ad leges positivas.

4. MENS LEGIS POSITIVAE PRO CASIBUS DUBIIS

In materia legis positivae, non raro ex mente legis — alii dicunt: ex mente legislatoris — *morali cum certitudine habetur, quid in casibus dubiis faciendum sit;* — nisi ipsa legislatione aliud explicite statuatur.

a) *Lex, quae praecipit aliquam praestationem positivam, vel exigit aliquam condicionem positivam pro liceitate alicuius actionis, exigit certo impletionem solide probabilem; non sufficit dubium negativum, utrum impletio habeatur necne.*

Qui ergo dubitans non habet rationem seriam affirmandi se iam dixisse officium divinum, vel se habere aetatem pro ordinibus recipiendis, certo tenetur ad divinum officium adhuc recitandum, ad ordines non sine dispensatione recipiendos. — *Qui autem probabiliter satisfecit ordinationi legis, ex mente legis in multis materiis nobis liber esse videtur ab ulteriore praestatione,* nisi tamen materia aliud suadeat vel lex explicite contrarium dicat. Sic putamus eum ad recitandum officium divinum non teneri, qui illud cum vera probabilitate iam recitavit: v. g. qui quidem non recordatur se officium dicendum iam dixisse, dum tamen signa poni solita hoc insinuant. — Eodem modo *etiam obligatio libere suscepta,* v. g. votum, intelligenda esse nobis videtur, nisi in casu contrarium constet.

b) *Lex, quae aliquid prohibet sub determinatis condicionibus, intelligenda est hoc non prohibere, nisi moraliter certo constet de verificatione condicionum:* unde etiam *in dubio negativo* de verificatione condicionum prohibitio non subsistit. Excipe, si rerum natura vel expressa legis determinatio aliud exigant.

Unde non prohibetur a communione recipienda, qui nescit, utrum sit adhuc ieiunus necne; item non tenetur ad abstinentiam, qui nescit (nec scire potest), utrum sit feria V an VI. — Nota tamen: neminem posse licite causare dubium de ieiunio eucharistico servato (etsi medium cognoscendi horam adsit), quin simul renuntiet communioni recipiendae [3].

III. PRINCIPIUM REFLEXUM REMOTUM: PROBABILISMUS

1. PROBLEMA EIUSQUE SOLUTIO

a) *Problema*: Dubio de honestate actus ponendi exorto, saepe inveniri non potest *nec* directa solutio dubii de intrinseca honestate actus (primus gressus) *nec* iudicium reflexum de actus ponendi liceitate, illiceitate, obligatorietate (secundus gressus). In hoc casu oritur quaestio, utrum actio dubie licita maneat necessario prohibita necne. Quaestio *non* est, utrum sub dubio de aliqua obligatione nullatenus soluto homo sit undecumque liber, *sed* quomodo sub tali dubio tendentia et obligatio in finem ultimum — ultimatim tendentia et obligatio caritatis — sint specificanda: utrum necessario in sensu dubiae obligationis, an forsitan etiam per aliud medium ab agente eligendum.

b) *Solutio: Si habentur rationes solide probabiles et practice attendibiles, quae stant contra obligationem dubiam, per se non est necessario agendum in sensu obligationis dubiae.* Soliditas rationum hic non dicit, eas esse fortiores vel aeque fortes ac rationes, quae probabilem reddunt obligationem, sed eas esse vere fundatas, etiam comparative ad rationes contrarias. — E contra, in defectu rationum solide probabilium contra obligationem, practice sola obligatio est probabilis ideoque moraliter certa.

c) *Applicatio*: Stante libertate de qua sub b), videndum est, quid agere conveniat. Potest esse, ut — supposita illa libertate — actio obligationi dubiae *contraria* sit actio melior vel obligatoria, v. g. ad iuvandum proximum, vel ad curandam tranquillitatem animae nimis turbatae. Sed potest etiam esse, ut — supposita illa libertate — circumstantiae et gratia interna urgeant actionem generosam in sensu obligationis dubiae. Atque, in dubio de aliqua obli-

---

[3] Cfr. A. VERMEERSCH, *Theol. mor.*, [4] I, n. 355, 1.

gatione positiva (ex lege positiva vel praecepto), non tam raro libertas asserta dat possibilitatem eligendi alia media, quibus agens melius in via boni progredi potest. — Breviter: probabilismus non intendit simpliciter libertatem ab obligatione ut talem, sed indicat possibilitatem eligendi media ad finem convenientia, differentia ab illo medio, quod proponitur ut obligatio dubia.

2. PROBATIO

a) *Thesis probabilismi est sententia libera*. Nec S. Scriptura, nec traditio, nec documenta Ecclesiae eam vel probant vel reiiciunt [4]. Damnatae tamen sunt theses extreme contrariae ex utraque parte, nempe: 1° - semper agendum esse in sensu dubiae obligationis, i. e. tutioristice (ALEX. VIII - D. 1293), 2° - licitum esse sequi sententiam tenuiter tantum probabilem (INNOC. XI - D. 1153; cfr. 1127).

b) *Ratio* duplex elementum monstrat: 1° - *per se* obligationem vere dubiam non posse gignere in subiecto obligationem personalem; 2° - *nec per accidens* induci obligationem, ratione nempe periculi violandi obligationem obiective forsitan existentem.

Ad primum: Dictamen definitivum conscientiae de obligatoria positione alicuius actus non habetur, nisi iudicium hunc actum esse obligatorium sit moraliter certum. Excluditur autem iudicium moraliter certum de obligatione, si adsunt rationes solide probabiles et practice attendibiles in contrarium. Ergo obligatio dubia, cui obstant rationes solide probabiles et practice attendibiles, per se non potest inducere in subiecto obligationem personalem.

Nec excluditur *psychologice* tale iudicium de probabilitatibus simultaneis ex utraque parte. — Nonne potest esse, ut aliquis videat ex utraque parte rationes vere probabiles et tam fortes, quae pro diversa personarum subiectiva dispositione possint trahere in *opiniones* contrarias? Sed etiam, si aliquis personaliter *opinatur* in unam partem, admittere *potest* et *debet* veram probabilitatem sententiae contrariae; nam praecise quia ipse non est certus, sed solum opinatur, manet ei prudens formido errandi, atque concedere debet, quod alius, aliter dispositus, opinari possit in sensu contrario;

---

[4] Quoad singula videas v. g. M. ZALBA, *Theol. mor. S.* [2] I, n. 869-873, cum ulteriori bibliographia.

opiniones enim multo pendent ab influxu dispositionis subiectivae. *Si autem ex utraque parte opinio esse potest propter rationes cognitas, patet quod ex utraque parte est via possibilis tendendi in finem* [5].

Ad secundum: Etsi rationes solide probabiles contra existentiam obligationis excludant obligationem per se, manet tamen quaestio de obligatione evitandi periculum violandi obligationem obiective forsitan existentem actus ponendi. — Si agitur de sola *obligatione positiva* (ex lege positiva vel praecepto), quaestio non urget; simpliciter dicendum est: obligatio dubia obligatio nulla, — nisi legislatione explicite aliter statutum fuerit. *Quoad obligationes vero naturales, et divino-naturales*, evitanda est aequiparatio cum lege positiva. Tales enim obligationes non habent solam rationem formalem liciti vel illiciti, quasi liceitas vel obligatorietas dependerent a voluntate superioris, sed potius exprimunt *realem necessitatem determinati medii ad aliquem finem* (cogita v. g. obligationem non mentiendi, ut vita socialis possibilis reddatur). Nunc vero, periculum inducendi positione per se non illicita actus tale damnum, certe admittendum non est nisi ex ratione proportionate gravi. Ratio autem proportionate gravis ordinario *habetur*: esset enim onus improportionate grave teneri in casu dubii semper ad agendum id, quod obiective forsitan non est actio debita. Dictum est rationem proportionate gravem haberi « ordinario »; casus autem « extraordinarii » sunt illi, quos excludere diximus usum probabilismi, cum ob rationem specialem iudicium certum iam habeatur mediante aliquo principio reflexo proximo (secundus gressus: supra II).

c) *Alii modi probandi, qui minus placent.*

Praenotandum, quod thesis probabilismi generatim modo paululum a nostro diverso proponitur. Dici enim solet: dubium practicum-concretum superari posse, si hoc dubium fundetur in

---

[5] Cfr. A. van Leeuwen, *Enige aantekeningen over de moraalsystemen*: Bijdragen 16 (1955) 390-407; cfr. ib. 17 (1956) 201-203.

De hoc problemate psychologico, plures scripserunt, v. g. P. Rousselot, *Quaestiones de conscientia*, Louvain 1937, 50-56. — A. Peinador, *De iudicio conscientiae rectae*, Madrid 1941, n. 47. — Th. Richard, *Etudes de théologie morale*, Paris 1933, 177-347.

aliquo dubio remoto-theoretico circa aliquod principium scientiae moralis, ergo *in dubio de aliqua lege vel norma universali*. Nos, e contra, quaerimus modum formandi iudicium certum circa liceitatem agendi, si oritur *dubium de ipso actu concreto, hic et nunc ponendo* (cfr. supra, I, 2). Hoc dubium quidem forsitan in dubio remoto de aliqua norma universali fundatur, sed non necessario. — Atque notes: iudicium de actu hic et nunc ponendo, aeque ac iudicia moralia universalia, 1° - praecedere (saltem natura) iudicium omnino practicum de *positione* actus, 2° - esse adhuc aliquomodo *theoricum*, etsi concretum et personale (§ 12: II, 2).

Saepe in probando probabilismo negligitur distinctio inter obligationes mere positivas et obligationes naturales. Distinctio tamen necessaria est, quia in dubio de obligatione non mere positiva explicite consideranda est necessitas evitandi periculum laesionis ordinis *realis* (supra: b, 2°)[6].

Non raro argumentum sumitur ex principio: libertatem esse in possessione, obligationem proinde esse probandam. Quod principium solum caute adhibendum esse videtur. *Primo* enim, libertas non est in possessione contra obligationem simpliciter, nempe quoad finem ultimum et varios fines particulares, sed tantum quoad obligationes particulares circa media, de quorum necessitate ad finem moraliter non constat. *Secundo*, principium vix adhiberi potest in dubio de obligatione non mere positiva; ordo enim naturalis, vel divino-naturalis, non est ordo mere ab extra impositus, contra quem possideat libertas; transeat nunc, utrum libertas « esse in possessione » dicenda sit quoad obligationes positivas dubias.

Multi argumentantur ex principio: « lex dubia non obligat ». Sed hoc principium: 1° - potius *sequitur* ex principio in argumentatione nostra allato: « obligatio dubia obligatio nulla »; 2° - valet praeprimis pro legibus positivis; 3° - se refert ad solas leges universales, non autem ad obligationes individuales, ideoque nec ad obligationes, quae ex dubio facti ortum habent; hae obligationes tamen possunt esse obiectum dubii de actu hic et nunc ponendo.

Alii procedunt ex principio: legem dubiam non esse satis promulgatam. Sed: 1° - lex naturalis semper est promulgata; 2° - principium allatum non distinguit inter promulgationem et divulgationem vel potius applicationem ad subiectum; lex enim satis promulgata potest pro multis manere lex ignota vel dubia.

Nonnulli asserunt: « Qui probabiliter agit, prudenter agit ». Hoc tamen non valet nisi de probabilitate solida; nec de probabilitate qua tali, sed quatenus mediante principio reflexo fundat certitudinem moralem.

---

[6] Bene: I. DE FINANCE, *Ethica generalis*, Romae 1959, n. 260-265. — Cfr. etiam O. LOTTIN, *Morale fondamentale*, Louvain 1954, 317-319.

3. Limites principii

a) *A probabilistis saepe indicantur quaedam limitationes, seu exceptiones, pro applicatione probabilismi,* quae tamen non sunt vere exceptiones. 1° - Dicitur v. g. probabilismum esse applicandum *tantummodo, si agitur « de solo licito »,* non autem si de iure proximi, de mediis necessariis ad finem necessarium etc. Sed cum in his casibus aliud principium reflexum iam permiserit iudicium certum (supra II: secundus gressus), quaestio de applicando probabilismo ne oritur quidem. 2° - Idem dicendum est in multis casibus de *dubiis facti,* in quibus multi auctores [7] asserunt probabilismum non esse applicandum, cum dubia non mutent facta. In casibus autem, in quibus aliud principium reflexum nondum permisit iudicium certum, simpliciter valet principium probabilismi, applicandum ad dubium de obligatione concreta, ortum ex dubio facti.

b) *Legislatio positiva quandoque explicite statuit, quid in dubio valeat.* Sic *CIC* 15 determinat: in dubio iuris leges non urgere, ne leges irritantes et inhabilitantes quidem. Secundum *CIC* 1068 § 2, impotentia dubia non impedit matrimonium. Iurisdictionem Ecclesia supplet in dubio probabili iuris vel facti: *CIC* 209.

4. Usus probabilismi

De fine prudentis usus probabilismi supra iam dictum est (supra 1c): maxime eum non tendere in libertatem ut talem, seu in commoditatem. His suppositis, sequentia pro praxi attendenda sunt.

a) *Quotiescumque adest dubium invincibile de liceitate actus hic et nunc ponendi, nec aliunde iudicium certum habetur circa liceitatem eum ponendi, probabilismus per se applicari potest. Quod valet etiam de singulari homine hic et nunc invincibiliter dubitante.* Dubium autem *vere invincibile* omnino requiritur; supponitur ergo ante applicationem probabilismi diligens conatus superandi statum dubii, maxime per solutionem directam, vel, hac deficiente, per principia reflexa proxima. — *Practice:*

1° - *Homo in rebus moralibus minus versatus* generatim agere potest secundum instructionem vel responsum accepta a confessario, parocho, alio sacerdote competenti; excipe, si oriatur prudens ratio dubitandi de instructione vel responso datis. Qui alia ab aliis responsa acceperit, videat utrum de hoc vel illo prudenter dubitandum sit; secus disparitas responsorum

---

[7] Aliter tamen: O. Lottin, *Morale fondamentale,* Louvain 1954, 316, nota 1. — M. Zalba, *Theol. mor. Summa,* [2] I, n. 866.

potest esse signum probabilitatis ex utraque parte. — Potest autem accidere, ut in determinata materia laicus melius rem perspiciat quam parochus, v. g. in materia iuris. — *Sacerdotes et confessarii* ipsi generatim non valent inquirere in veritatem sententiarum, iam ob defectum temporis; unde iure sequi possunt doctrinam doctorum in materia versatorum. — *Ipsi quoque theologi* non sunt aeque versati in *omnibus* quaestionibus; unde merito sequuntur alios in materia doctos. Imo, ipsi bene versati, in materia graviore prudenter interrogant alios. Atque si sciunt, alios doctores serios tenere sententiam contrariam sententiae propriae, prudenter dubitare possunt de certitudine propriae sententiae: ita ut eis quoque prudens usus probabilismi non prohibeatur.

2° - Notat VERMEERSCH: *Ipsa angustia temporis*, « a pleniore inquisitione (sive recogitando rationes, sive consultando peritos), quae aliter facienda esset, dispensare poterit, quando proportionatum damnum ex ipsa mora timendum erit. Cum enim tunc moralis copia maioris diligentiae non habeatur, ignorantia quae superest pro invincibili haberi poterit. Quare etiam rudis casum, prudenter, pro modo suo tunc per se solvere poterit, paratus errorem pro viribus dein corrigere » [8]. In tali ergo casu homo rudis (in rebus moralibus) non agit dubius, sed sufficienter certus de liceitate agendi, ut iam supra notavimus (§ 13: pag. 179).

b) *Solida probabilitas sententiarum asserenda est solum ob rationes rei intrinsecas. Hae rationes vel cognoscuntur in seipsis — « probabilitas interna » —, vel admittuntur propter doctrinam doctorum — « probabilitas externa » —;* sententia enim doctorum praesumenda est fundari in rationibus intrinsecis.

Probabilitas interna diiudicatur a versatis in materia morali.

Probabilitas externa eo maior est, quo graviores sunt rationes allatae, quo graviores sunt auctores, qui sententiam defendunt vel eam probabilem habent, quo profundius (et non tantum in obliquo) auctores rem tractant. *Auctores ergo ponderandi, non numerandi sunt.* Potest esse, ut unus rem profunde et prudenter tractans plus valeat sex aliis, qui de re agunt in obliquo, vel tantum sententiam suam ex aliis auctoribus assumunt. Plus etiam valet, qui sententiam vere defendit, quam qui eam probabilem — vel non improbabilem — dicit. *Consequenter aliqua sententia nondum dicenda est solide probabilis ideo, quod aliquis auctor eam defendens inveniri potest* (cfr. D. 1127).

Ut probabilis haberi potest sententia, quae est quasi communiter ab auctoribus accepta, vel a pluribus sincere proposita, imo ab uno doctore gravissimo, v. g. S. THOMA, asserta. — *Attamen* etiam in his casibus videndum est, utrum hi auctores opinionem suam docuerint pro iisdem condicionibus

---

[8] A. VERMEERSCH, *Theol. mor.*, ⁴ I, n. 330.

ac nostris, necne; cogita v. g. sententias de tributis solvendis, quas auctores priores docebant relate ad condiciones valde diversas a nostris. — *Ulterius,* decursu temporis accidere potest, ut rationes auctorum priorum futiles fuisse appareant; imo, ut iam communiter non admittantur. - *Evidens est: illae sententiae priorum auctorum hodie probabiles dicendae non sunt, quae alias condiciones respiciunt, vel quarum rationes insufficientes esse hodie cognoscuntur* [9].

Quoad legem positivam autem non semper hoc modo dicendum est. Multis enim auctoribus determinatam aliquam legis positivae interpretationem ut probabilem proponentibus, legislator non contradicens non raro censendus est legem in hunc sensum per conniventiam mutasse. Si aliquando ita est, non licet postea appellare ad sensum legis originarium, si hic contrarius fuisse demonstratur.

c) *Confessarius,* ut iudex, non potest stricte imponere sententiam, cuius contrarium est solide probabile. In hoc hodie omnes auctores, etiam non-probabilistae, conveniunt. — Interrogantibus confessarius potest indicare, quae sibi videntur probabiliora; prudentia pastoralis eum docebit, utrum opportunum vel necessarium sit, paenitentibus alias a propria sententias vere probabiles indicare, necne. — Ceterum conferas tractatum de paenitentia.

d) *Quaestio specialis de usu simultaneo probabilitatum oppositarum.* — Sincere agendum est. Usus simultaneus *in una eademque moraliter actione* certo causat per hanc actionem non-impletionem alicuius obligationis, ideoque illicitus est. Aliter dici potest, si usus simultaneus se refert ad *actiones diversas, saltem virtualiter distinctas.*

Sic *non* licet hereditatem ex testamento, destituto forma legitima, accipere, sequendo sententiam probabilem de eius validitate, *et simul* non solvere legata, sequendo sententiam, quae testamentum informe pro invalido habet: testamentum enim non potest esse simul validum et invalidum. *Nec* mihi licet mane agere secundum sententiam probabilem, quae commutationem collationis et prandii in die ieiunii licitam habet, ut dein, fretus sententia contraria, ob substantialem laesionem legis ieiunii iam peractam me ab ulteriore ieiunio liberatum teneam. *E contra,* nihil nobis [10] prohibere videtur usum diversarum temporis computationum, a *CIC* 33 § 1 concessarum, eodem quidem momento, in diversis vero materiis ad invicem non con-

---

[9] Exemplum videas apud E. HAMEL, *L'erreur sur la personne dans la damnification: SciencesEccl* 8 (1956) 335-384.

[10] Cum non paucis aliis auctoribus: v. g. A. VERMEERSCH, *Theol. mor.* [4] I, n. 352; LANZA, *Theol. mor.,* I, n. 393; M. ZALBA, *Theol. Mor. Summa* [2] I, n. 887a.

nexis; propter materiae enim diversitatem agitur de actionibus moraliter
diversis et ab invicem independentibus. Sic recitatio breviarii et dies ieiunii
non debent necessario sequi eandem temporis computationem; aliter dicendum
videtur de lege ieiunii et abstinentiae, cum agatur de materiis ad invicem
connexis.

5. VARIA « SYSTEMATA MORALIA » [11]

Inde a saeculo XVI oriuntur varia « systemata moralia » ad
superanda, mediantibus principiis reflexis, dubia hic et nunc practica, ita *ut, non obstante dubio theoretico de aliqua lege, habeatur
certitudo moralis de practica liceitate vel illiceitate actionis.* Notes
ergo vocem « systema morale » non se referre ad conceptionem totius theologiae moralis, sed ad unum solum problema. Quaestio,
olim acerrime discussa, hodie tranquillius tractatur, ideoque non
tanta ac olim expositione indigere videtur [12].

a) *Historice* ante saeculum XVI non invenitur conatus systematicus
ad solvenda dubia moralia practica; theologi dubia superare solebant vel
praesumptionibus vel plus minusve tutioristice. BARTHOLOMAEUS A MEDI-
NA O. P. videtur, in secunda medietate saec. XVI, primus formulasse *prin-*

---

[11] Ex ampla *bibliographia* de historia systematum moralium pauca indicamus:

De medio aevo: Th. DEMAN, *Probabilis*: RevScPhilThéol. 22 (1933)
260-290. — O. LOTTIN, *Le tutiorisme du XIII° siècle*: RechThéolAncMéd
5 (1933) 292-301. — — *De S. Thoma*: U. LOPEZ, in: PerMorCanLit: 25 (1936)
38-50. 119-127; 26 (1937) 17-33; F. TER HAAR, in: Angelicum 18 (1941)
3-35; T. URDANOZ, in: CienciaTom 79 (1952) 529-576; E. MONTAL VILERT,
in: RevEspTeol 17 (1957) 531-555.

Th. DEMAN, *Probabilisme*: DictThéolCath 13, 417-619. — DE BLIC-
VERMEERSCH, *Probabilisme*: DictApolFC 4, 301-361. — *Vindiciae Alphonsia-
nae, cura theologorum CSSR* (1873), ² Doornik 1874. — L. GAUDE, *De morali
systemate S. Alphonsi*, Romae, 1894. — F. TER HAAR, *De systemate morali
antiquorum probabilistarum*, Paderborn 1894. — A. LEHMKUHL, *Probabilismus vindicatus*, Freiburg 1906. — J. L. JANSEN, *Geschichte und Kritik im
Dienste der « minus probabilis »*, Paderborn 1906. — F. DELERUE, *Le système
moral de S. Alphonse de L.*, S. Etienne 1929. — J. DE BLIC, *B. de Medina
et les origines du probabilisme*: EphTheolLov 7 (1930) 46-83. 264-291. —
J. TERNUS, *Zur Vorgeschichte der Moralsysteme von Vitoria bis Medina*
Paderborn 1930. — A. EBERLE, *Das « probabile » bei Thyrsus Gonzalez als
Grundlage seines Moralsystems*: TheolQuartalschrift 127 (1947) 295-331. —
ID., *Ist der Dillinger Moralprofessor Chr. Rassler der Begründer des Aequi-
probabilismus?* Freiburg 1951.

[12] Pro ulteriore expositione videas *manualia* AERTNYS-DAMEN, LANZA,
ZALBA; cum ampla bibliographia.

cipium probabilisticum: « si est opinio probabilis licitum est eam sequi,
licet opposita probabilior sit », et hoc ea ratione, quod probabilitas non
deficit propter sententiam probabiliorem [13]. Quae sententia dein a multis
theologis O. P. et S. I. tenebatur. Exaggerationes in sensu laxistico ex parte
aliquorum theologorum in applicatione principii provocarunt fortes reactio-
nes, non solum contra probabilismum *laxisticum*, sed contra probabilismum
simpliciter. Orta sunt exinde systemata rigidiora *tutiorismi* et *probabiliorismi*.
S. ALPHONSUS discussionem exortam mitigavit per systema *aequi-probabi-
lismi*. Hodie non pauci velint his systematibus substituere *solutiones prudentiales*, vel *systema compensationis*.

Ad intelligendam vehementem illius temporis discussionem inter defensores variorum systematum, recolere iuvat differentiam inter theologiam
moralem medii aevi, quae potius elaborabat ordinem moralem eiusque principia, et theologiam moralem illius temporis, quae potius intendebat faci-
litare solutionem casuum conscientiae, maxime pro utilitate confessariorum.
Quaestiones conscientiae autem hoc tempore intelligebantur praeprimis tamquam quaestiones de subiectione hominis liberi (subditi) sub lege (legislatore): sive sub lege positiva, sive sub lege morali, quae posterior autem
concipiebatur paululum unilateraliter ad modum legis positivae. Periculum
invocandi *principium possessionis* (per se iuridicum) unilateraliter *vel* pro
lege (defendendo auctoritatem) *vel* pro libertate (eam defendendo maxime
contra auctoritatem absolutisticam principum), facile ducebat ad *exaggerationes vel tutiorismi vel laxismi*. Ecclesia has exaggerationes damnavit
(D. 1293 et 1153; cfr. 1127), ceteris vero opinionibus relinquens libertatem.

b) Singula « *systemata moralia* » argumentis suis indicant difficultates, quibus defensores aliorum « systematum » respondere coguntur.

Tutiorismus, seu rigorismus, affirmat absolute excludendum esse periculum laedendi legem forsitan existentem; unde non permittit sequi opinionem
legi non faventem, probabilissimam quidem [14]. — Contra dicendum est:
nobis agendum esse non « tutius », sed « tuto ». Obligationes enim nobis
non intimantur nisi per cognitionem personalem in conscientia; haec autem
cognitio in rebus practicis-contingentibus non nisi prudentialis esse potest
et consequenter debet. Unde periculum laedendi obligationem, obiective forsitan existentem, evitandum est non absolute, sed prudenter tantum. —
NOTA: Cum supra dicebatur in dubio non esse agendum (vel, in casu urgenti,
non nisi tutioristice), actio dubitantis non prohibebatur propter periculum
laedendi obligationem obiective forsitan existentem (quod tamen minus recte
non pauci auctores dicunt), sed quia stante dubio homo ageret, quin ratione
ducatur circa media ad finem ultimum.

Tutiorismus mitigatus permittit agere contra legem dubiam tunc

---

[13] *In I-II*, qu. 9.
[14] Sic saec. XVII: SINNICH, plures iansenistae (PASCAL, ARNAULD, QUES-
NEL), alii. Pro iansenistis urgebat etiam quaestio de imputabilitate ignorantiae legis naturalis (cfr. D. 1292).

tantum, cum sententia libertati favens est probabilissima, etsi non moraliter certa (ut vult tutiorismus absolutus) [15]. — Systema non subest damna-
tioni ecclesiasticae, ut tutiorismus absolutus; sed rationes contra ipsum sunt
eaedem.

Probabiliorismus exigit, ut tutioristice agamus, nisi in casu, quo rationes libertati faventes sunt manifeste probabiliores. Putat: 1° - excessum
probabilitatis manifesto maioris reddere sententiam probabiliorem moraliter
certam: unde moraliter iam non existere periculum laedendi aliquam obligationem obiectivam; 2° - in dubio eligendam esse sententiam, quae magis ad
veritatem accedit: hanc autem esse sententiam probabiliorem [16]. — E contra
dicendum: 1° - Non tenemur in dubio *omnino* (scl. morali cum certitudine)
vitare *periculum* laedendi aliquam obligationem, sed *prudenter* tantum; ceterum, excessus probabilitatis elidit rationes contrarias tunc tantum, cum
rationes pro et contra desumptae sunt ex eodem ordine principiorum [17]. 2° -
Sententia probabilior non constat esse veritati magis conformis: potest enim
esse falsa. Certo, *opinio* formatur secundum rationes probabiliores, sed non
iudicium moraliter certum.

Aequiprobabilismus S. ALPHONSI concedit probabiliorismo, sententiam
manifesto probabiliorem esse moraliter certam. *Ulterius* asserit pro casu,
quo sententiae sunt aeque, vel fere aeque probabiles: *principium possessionis*
esse in favorem obligationis, quando agitur de *cessatione* obligationis, in
favorem vero libertatis, quando agitur de ortu obligationis [18]. Unde, secundum hoc systema, breviarium solummodo probabiliter dictum adhuc dicendum est; in dubio, e contra, de vera emissione voti, ad nihil teneris. —
Aequiprobabilismus, quatenus a probabiliorismo differt, minus apte invocare
videtur principium possessionis, et quidem differenter pro ortu et cessatione
obligationis. In casu enim dubii probabilis habentur praecise rationes solidae
dubitandi de existentia obligationis, quae possit esse in possessione; unde
nil refert, utrum agatur de ortu an de cessatione obligationis. Potius dicendum: neque lex neque libertas sunt in possessione; sed « obligatio dubia
obligatio nulla », ut supra expositum est.

Probabilismus solet proponi circa dubia iuris, non facti. Affirmatur
generatim liceitas sequendi sententiam *vere probabilem* de aliqua *lege*, sive
positiva sive naturali [19]. Quae liceitas ne in casu quidem excluditur, quo
sententia, quae favet legi, est probabilior. Forma « minus-probabilismus »,
quae apud adversarios quandoque invenitur, est infelicissima: punctum di-

---

[15] Sic multi lovanienses saec. XVII et XVIII, v. g. GERDIL, HABERT.
[16] Sic olim ex O. P.: BILLUART, GONET, alii, et ex S. I.: THYRSUS GON-
ZALEZ (superior gener.); recentius praesertim plurimi ex O. P.
[17] Cfr. E. RANWEZ, in: NouvRevThéol 56 (1929) 551-559; E. BRISBOIS,
in: EphTheolLov 13 (1936) 80-89.
[18] Sic praesertim plurimi e C. SS. R.
[19] Post plures ex O. P. et O. F. M., probabilismum defendunt plurimi
ex S. I. et alii.

stinctivum enim probabilismi non est probabilitas *minor,* sed probabilitas *solida.* Historice vero auctores alii alio modo descripserunt gradum *solidae* probabilitatis; atque non pauci nimis in libertate simpliciter ut tali institerunt. Atque multi non videbant necessitatem attendendi ad rationem, quae iustificat periculum violandi legem naturalem.

Laxismus proprie non erat aliquod systema, sed potius modus nimis largus sentiendi quorundam auctorum.[20] Plures eorum propositiones laxae proscriptae fuerunt ab auctoritate ecclesiastica (cfr. D. 1101-1145. 1151-1216).

Systema compensationis, et *systema prudentiale,* recentius proposita, volunt[21], 1° - ut non unum quoddam principium (« systema morale ») solvat dubium practicum, sed ut prudentia inveniat, utrum in casu singulari habeatur ratio sufficiens subeundi periculum laedendi concretam obligationem forsitan existentem, 2° - ut reiiciamus « systemata moralia », utpote quae supponunt veritatem practicam esse in conformitate cum ordine obiectivo, cum tamen secundum ARISTOTELEM et S. THOMAM sit in conformitate cum appetitu recto. — *Ad primum,* supra iam diximus quoad obligationes non mere positivas: periculum deordinationis realis revera non esse admittendum sine ratione proportionate gravi[22]; hanc autem rationem sufficientem normaliter inveniri in necessitate, quae secus adesset, observandi multa, quae obiective obligationem non constituunt. Unde, si defensores « systematis compensationis » volunt considerationem magis prudentem ea, quam tribus gressibus supra indicavimus, huius rationem non percipimus. *Ad secundum,* supra (§ 12: III) iam diximus de momento prudentiae in relatione ad formationem conscientiae, et de veritate practica, quatenus consistit in conformitate cum appetitu recto. Dicendum videtur: cum appetitus rectus tendat in bonum *obiectivum,* systemata moralia necessario habent applicationem in multis dubiis de bono obiectivo. Ulterius, conformitas cum appetitu recto minus videtur esse veritas iudicii *conscientiae* (ut talis) quam iudicii *electivi.*

Hodie variae auctorum sententiae de superando dubio circa actum hic et nunc ponendum, *quoad rem* non tantum distant, ut prudenter locus esse possit discussioni acriori.

---

[20] Nominantur maxime CARAMUEL, DIANA, SANCHEZ, MOYA, TAMBURINI.

[21] Cfr. bibliographiam apud M. ZALBA, *Theol. Mor. Summa,* ²I, n. 861. Cfr. quae supra indicavimus de prudentia et conscientia (§ 12: III).

[22] Minus feliciter formulatur: legem dubiam parere obligationem imperfectam.

§ 15

DE MODIS HABITUALIBUS DICTAMINIS CONSCIENTIAE ET DE SCRUPULOSITATE

Conscientia dicit dictamen *actuale*. Varii autem sunt modi, quibus dictamen conscientiae praeparatur, formatur, se prodit. Quatenus hi modi saepe sunt *modi habituales*, mos est loquendi de « conscientia habituali » : v. g. de conscientia recta, tenera, laxa, rigida, etc. De aliquibus ex his modis habitualibus breviter sub aspectu morali-pastorali dicendum est. Mentionem specialem meretur status scrupulositatis.

I. MODI HABITUALES DICTAMINIS CONSCIENTIAE

1. CONSCIENTIA RECTA dicit habitum iudicandi in conscientia secundum veritatem obiectivam. — *Conscientia tenera* est habitus notandi levissimas quoque differentias morales, et quidem non solum in iudicio rationis, sed etiam in profunda reactione totali hominis. — *Conscientia lata* denotat habitum iudicandi sine nimia angustia et rigiditate; contrarium est *conscientia rigida, angusta*. — *Conscientia firma* dicit habitum superandi facile dubia imprudentia; contrarium vocatur *conscientia infirma*.

Educatio tendere debet ad formandum habitum conscientiae rectae, imo et tenerae. Debita latitudo et firmitas iuvant conscientiae rectitudinem. Cfr. supra § 13 : III, 3.

Notes alio sensu sermonem fieri de conscientia recta, vel tenera, si intelligitur « conscientiositas » habitualis, qua quis facile et libenter sequitur dictamen conscientiae. Quae conscientiositas maxime iuvat ad servandam conscientiam rectam et teneram in sensu prius dicto.

2. CONSCIENTIA LAXA dicit inclinationem iudicandi in conscientia ut licita ea, quae sunt illicita, ut levia ea, quae sunt gravia : sive ante actionem, sive post actionem, et in hoc ultimo casu vel de moralitate actus obiectiva-materiali, vel de moralitate subiectiva-formali (imputabilitas!). Modi speciales conscientiae laxae sunt conscientia larvata et conscientia pharisaica. *Conscientia larvata* (seu *cauteriata*) reprimit *dictamen genuinum* conscientiae,

ut affirmet (maxime sibimetipsi) iudicandum esse omnino in sensu mitiore. *Conscientia pharisaica* in multis levioribus est rigida, dum in multis gravioribus modo laxiore iudicare solet.

Qui scit — v. g. monitus a confessario — se laborare defectu conscientiae laxae, 1° - *hunc statum deponere tenetur;* ad quod maxime iuvat frequens confessio, cum directione spirituali, et sincera religiositas; 2° - *post actionem reflectens in seipsum,* secundum communiter contingentia iudicare debet: i. e. inclinari potius in partem severiorem; 3° - *ante actionem, si suspicatur defectum in formatione iudicii de actu ponendo,* se gerere debet, ut pro casu dubii et iudicii vincibiliter erronei supra dictum est (§ 13: I, 4).

3. Alii modi habituales conscientiae indicantur: — Sermo fit de *conscientia activa* vel *passiva,* prout quis dictamen conscientiae facile formare valet sine recursu ad alios, vel secus; activa praeferenda est. — *Conscientia ethica* maxime respicit propriam iustitiam moralem, *conscientia religiosa* potius intendit suiipsius donationem Deo; patet utrumque curandum esse. — *Alii quoque modi* « conscientiae habitualis » indicantur, quorum momentum sive morale sive psychologicum alibi satis ostenditur.

II. SCRUPULOSITAS [1]

1. Consideratio psychologico-moralis

a) *Scrupulositas proprie non designat conscientiam, sed status psychicum morbosum,* qui status tamen difficultates creat in formanda et sequenda conscientia genuina.

---

[1] *Nota bibliographica*: Alphonsus a Lig., *Theologia moralis,* liber I, 11-19. — A. Barbaste, *Le scrupule et les données actuelles de la psychiatrie*: RevueAscMyst 28 (1952) 3-17; 97-120. — A. Eymieu, *Le Gouvernement de soi-même. L'obsession et le scrupule,* Paris 1933. — G. Jud, *Zur Psychologie der Skrupulanten,* Freiburg (Schw.) 1935. — D. Casey, *The nature and treatment of scruples,* Dublin 1948. — J. Jérôme, *Le scrupule,* Paris 1950. — Relationes congressus de scrupolositate, habiti in abbatia Ettal anno 1955, inveniuntur in: Anima 11, 1 (1956); VieSpir, Suppl. 39 (1956); Psyché 1955, 313-330; 337-404. — A. Snoeck, *Skrupel-Sünde-Beichte, Pastoralpsychologische Anregungen,* Frankfurt/M. 1960; cfr. articulum in: NouvRevThéol 79 (1957) 371-387. 478-493. — G. Griesl, *Das zwangsneurotische Beichtkind*: TheolPrQuartalschrift 108 (1960) 194-204.

Scrupuli sunt *cogitationes obsessivae, characterizatae magna affectivitate et anxietate.* Imo, anxietas cogitationibus obsessivis subesse videtur tamquam radix. Ex parte sua autem haec anxietas radicari videtur in insufficienti efformatione fiduciae in Deum. Huic ultimo defectui correspondet quidam « perfectionismus », qui refutat acceptare « imperfectionem » propriae activitatis creaturalis. Inde resultat illa *debilitas psychica scrupulosi, assumendi responsabilitatem vitae agendae, et iam actae*: non audet agere (actio enim possit esse « imperfecta »), fugiens actionem per reflexionem continuatam de actu ponendo; nec audet acceptare actionem positam ut sufficienter factam (actio enim possit esse aliquod « imperfectum »), quaerens distantiam ab ea per reflexionem abnormalem et sine fine.

Scrupulus, ut status psychicus coactivus, non impedit per se dictamen genuinum conscientiae, maxime si scrupulosus a directore spirituali didicit distinguere inter statum coactivum scrupulositatis et conscientiam genuinam. Attamen, scrupulosus psychice impeditum se sentit in hac conscientia genuina agnoscenda: *timet* eam agnoscere.

Verum est: etiam scrupulosus peccat, non aliter ac ceteri homines, *si* agit id, quod conscientia genuina iudicat esse illicitum, vel tantum dubie licitum. *Sed* generatim actio scrupulosi, agentis contra scrupulum, non erit contra conscientiam; in fundo enim animae conscientia dictat sic esse agendum; quod maxime tunc valet, si director spiritualis scrupulosum de hoc monuit.

b) *Phaenomena scrupulositatis varia sunt.* — Scrupulosus *non audet agere.* Ideo recogitat modo abnormali actum ponendum, timens ubique obligationes, prohibitiones, etc. Non raro interrumpit actionem iam inceptam, timens denuo de eius liceitate. Saepe ad actionem non pervenit nisi sub ductu externo alterius hominis; vel etiam proruendo quasi ex abrupto in actionem, abrumpendo sic tensionem defatigantem reflexionis. De actu posito mox orientur anxietates.

Scrupulosus *actum positum* vix agnoscere valet ut recte factum. Inde veniunt analyses prbtractae, quae ob anxietatem facile ducunt ad falsificationem memoriae, imo ad halucinationes de actu externo, de intentione, de consensu. Certitudo, aliquando forsitan obtenta, non multum perdurat. Reflexiones continuatae incertitudinem affectivam non diminuunt, sed augent.

Timor coactivus saepissime ducit scrupulosum ad *actum positum iterandum et melius perficiendum.* Vel, si iteratio est impossibilis, ad *actus expiationis* pro actu forsitan insufficienter posito ponendos et iterandos.

Nimis evidens est *character egocentricus,* ideoque *superbus* habitudinis scrupulosae. Quae verba autem magis sensu psychologico quam morali accipienda sunt. Scrupulosus abhorret a possibilitate se posse esse non-perfectissimum, quaerit propriam iustitiam et iustificationem, fugit ideo responsabilitatem, imo desiderat iteratam aliorum declarationem: se posse agere sine responsabilitate, se egisse sine responsabilitate.

Saepe *alia phaenomena coactiva* comitantur scrupulositatem: 1° - *Cogitationes coactivae de actionibus malis ponendis,* i. e. scrupulosus putat se fortiter impelli ad blasphemandum, ad aliis nocendum, ad turpia patranda, etc. Imo non raro accedunt anxietas vel halucinatio se talia de facto fecisse. Sed revera, scrupulosus has cogitationes coactivas numquam executioni dabit. 2° - *Actiones coactivae:* v. g. iterato se lavare, non tangere hoc vel illud, repetere actiones (v. g. claudere iterum ianuam), etc. Nec excluduntur actiones coactivae obiective illicitae.

c) *Origo phaenomenorum scrupulositatis ordinarie est indolis naturalis-psychologici:* saltem quod causam proximam attinet. De Deo ut causa permissiva et de influxu daemonis in hac materia vix plus dicendum est quam in aliis phaenomenis, quae in vita religioso-morali occurrunt.

A statu graviter psychoneurotico scrupulositatis duo alii modi scrupulositatis minoris distinguendi sunt: 1° - Scrupulositas temporanea in evolutione spirituali, consistens in hoc, quod quaedam « conversio », secumferens novam aestimationem valorum, temporanee tollit internam certitudinem et aequilibrium psychicum. Haec forma non raro occurrit tempore pubertatis, initio alicuius vocationis specialis, etiam initio « noctis obscurae » mysticorum. 2° - *Scrupulositas compensatoria* est spontanea reactio psychica contra tepidam vitam religioso-moralem, vel etiam contra vitam in aliquibus materiis vere laxam, contra « conscientiam (voluntarie) larvatam », contra refutationem clarae vocationis specialis. Compensatio per scrupulositatem est punitio suiipsius et tentamen quietandi conscientiam hominis, qui non tolerat se esse imperfectum, vel iniustum.

Scrupulositas graviter psychoneurotica non fundatur, aliter ac duo typi indicati, directe in vita religioso-morali; *forsitan* ei subsunt organice determinata structura, psychice quidam narcismus et egocentrismus infantilis, spiritualiter quaedam superbia personalis. Occasiones, quae faciunt ut dispositio scrupulosa actuetur, possunt esse variae: defectus actualis in vita spirituali, aliqua « conversio » in sensu supra explicato, instructio et directio spiritualis minus rectae (per directorem spiritualem, magistrum religionis, librum), conceptio unilateraliter legalistica (et vix personalis) vitae moralis, explicatio deficiens normarum moralium, conceptus insufficiens naturae legum humanarum, etc.

d) *Iudicium:* Scrupulositas in aliquibus quidem casibus habet etiam bonos effectus, si nempe superatur et ad vitam spiritualem perfectiorem ducit. Ordinarie tamen scrupulositas, maxime forma gravior, magnum constituit impedimentum pro vita spirituali. Multum quoque impedire potest sanitatem physicam, activitatem professionalem, etc.; quandoque vitam reddit quasi intolerabilem. Scrupulositas ergo sananda est, quantum fieri potest.

2. Consideratio pastoralis

In cura scrupulosorum sacerdos magna indiget patientia, benignitate, vi superandi periculum taedii, ironiae, etc.

a) *Diversas formas scrupulositatis diverse tractabit*. Illum, qui aggrediendo vitam perfectiorem laborat *scrupulositate evolutionis*, praeprimis iuvabit in recte concipiendis valoribus vitae perfectioris; ceterum, quatenus necessarium est, eum interim ut vere scrupulosum tractabit: de quo statim agetur. *Scrupulositas compensatoria* praeceteris exigit, ut sacerdos ipse detegat defectus scrupulosi et eos ab ipso agnosci faciat; item, quatenus necesse est, eum interim ut vere scrupulosum tractabit. — Hae duae formae scrupulositatis minoris generatim non indigent cura medici.

Aliter dicendum de *scrupulositate graviore*. Haec maiore cura sacerdotis indiget. Atque non raro psychiatra, vel psychotherapeuta, adeundi sunt, cum quibus convenit, ut director spiritualis — cum licentia scrupulosi — opportunam relationem habeat. Attamen, in multis casibus valde gravibus spes verae *curationis* minima est, dum sola quaedam *relaxatio* obtineri potest.

b) *Sacerdos* cum scrupuloso formae gravioris, quantum fieri potest, *non in solo confessionali aget*. — Maximi momenti est, ut *acquirat plenam fiduciam scrupulosi*: ut sit quasi aliquod « Super-Ego » pro scrupuloso, quod hic simpliciter sequatur (vel sequi conetur). Scrupulosum enim magis iuvant auctoritas et suggestio quam expositio rationum, quas — non raro in re sua acutissimus — nimis facile unilateraliter intelliget. Sacerdos, consequenter, in responsis dandis clarus sit oportet, praecisus, firmus, numquam dubitans, vel a dicto recedens; sacerdotes, qui et ipsi scrupulosi sunt, ad haec saepe vix apti erunt. Sacerdos ulterius roget ac exigat, ne scrupulosus cum aliis de statu suo agat; hoc enim turbaret fiduciam et firmitatem directionis.

c) *Scrupulosus convincendus est de natura difficultatum suarum*: non agi de quaestionibus religioso-moralibus, seu conscientiae, sed de phaenomenis morbi psychici; dubia, quibus angustiatur, non esse nisi coactiones psychicas.

Sacerdos eum intelligere faciat, quod homo in tali statu simpliciter directori animae fidere debet, ut difficultates tam damnosae superentur. Hic est enim ordo a Deo statutus homini qua enti sociali, et maxime fidelibus qua membris Ecclesiae: ut, ubi iudicium proprium ob vehementiam vitae affectivae nimis supprimitur, homo vivat secundum iudicium consultoris, resp. directoris animae. Scrupulosus pro tranquillitate sua sciat oportet: etsi accideret, ut in aliquo casu iudicium sacerdotis minus rectum vel erroneum esset, hoc a Deo hunc ordinem statuente fuisse praevisum; scrupulosus sequens iudicium directoris sui obtemperat voluntati divinae sic ordinanti.

d) *In specie, scrupuloso clara quaedam principia particularia dentur*: — Ea, quae alios homines honestos sine timore agere videt, et ipse sine anxietate facere potest. — In dubio de agendis maxima gaudet libertate. *Dubium*, in casu, intelligitur omnis cogitatio, scrupuloso adveniens, actionem, non obstante cogitatione scrupulosa, forsitan sibi esse licitam, resp. non-obligatoriam: etsi ipse non audeat veritatem huius cogitationis affirmare. — Actionem, quam incepit sine evidentia peccati, numquam interrumpat propter exortum interim timorem de eius honestate. — De actibus non obstante quadam anxietate positis ne instituat examen conscientiae. Quae enim scrupulosus sic facit, fiunt secundum dictamen conscientiae genuinae, — etsi ipse hoc admittere vix audeat. — Ne timeat cogitationes coactivas de actibus illicitis ponendis, v. g. blasphemandi, non credendi, faciendi turpia (cum commotione inde forsitan oritura). Ne reprimat cum vehementia concupiscentias pravas, sed modo tranquillo eas moderetur. Ne opponat cogitationibus obsessivis contra fidem actum fidei, sed contemnet eas; ne renovet intentiones, de quibus dubia veniunt; ne repetat ea, de quibus dubium venit, utrum bene facta sint. Imo, in non paucis, quae — intrinsece non mala — scrupuloso *propter anxietatem suam* fiunt tentationes (v. g. aliquid legere, videre, balnea sumere), convenit ea simpliciter agere, periculo tranquille et prudenter contempto. — Ne se habeat obligatum ad correctionem fraternam; anxietas enim facile eum cogeret ad actiones, quae et aliis et sibi non conveniunt. — In multis legibus positivis excusatus esse potest ob nimiam suam difficultatem, v. g. quoad ieiunium eucharisticum, quoad breviarium recitandum, quoad integritatem confessionis, etc.

e) *Vita sacramentalis multis scrupulosis difficultates creat.* — Hoc praeprimis valet *relate ad confessionem sacramentalem*, ad quam scrupulosi frequenter recurrere solent; pro dolor, minus tamquam ad occursum personalem inter hominem poenitentem et Deum condonantem, sed tamquam ad ritum, quo seipsos iustificent et evitent responsabilitatem personalem. Scrupulosi ergo inducendi sunt, ut in sacramento vere et personaliter paenitentiam agant de veris peccatis personalibus, non autem quaerant — egocentrice —

suipsius « assecurationem », fugiendo propriam responsabilitatem. — Ideoque non sunt admittendi saepius ad confessiones generales, neque si tales interim apud *alios* confessarios instituerunt. — *Pro gravitate casus*: scrupuloso determinetur minor frequentia confessionis, tempus maximum pro examine conscientiae, imo, si opus est, interdicatur ipsum examen conscientiae, et in aliquibus casibus etiam ipsa confessio; vel inducantur ad confessionem minus specificam et integram, vel genericam (sciant legem de integritate confessionis esse mere divino-*positivam*, quae admittat exceptiones, v. g. si scrupuloso integritas confessionis fit damnosa). — Post confessionem non est admittenda reflexio de ea: de integritate, contritione, proposito, etc. — *Scrupulosus certo certius quaeret*: 1° — Quid, si aliquod peccatum grave certum commisi, sacerdos autem eius accusationem prohibuit? Respondendum: Illa *quaestio* non fit actualis sine dubitationibus; ceterum, si sacerdos iudicavit prohibitionem pro statu psychico scrupolosi esse necessariam, deest iam obligatio integritatis confessionis. 2° — Usquequando licet agere modo tam extraordinario? Respondendum: Usque ad plenam sanationem, i. e. quando nec talis quaestio nec alia dubitatio oriuntur; ideo de tali quaestione nec cogitandum est.

Quoad *s. communionem recipiendam* plurimi scrupulosi habent difficultatem, quatenus semper timent se esse in statu peccati mortalis et teneri ad sacramentalem confessionem praemittendam. Sciant hanc legem, potius ecclesiasticam, nec urgere in casu scrupulosi cui veniunt dubitationes, nec urgere pro scrupuloso cui lex fieret damnosa. — In dubiis suis scrupulosus ne ad actus quidem formalis *contritionis* eliciendos recurrat: sed simpliciter *diligendo* Deum se praeparet ad communionem. Practice non paucis scrupulosis, quorum « peccata gravia » director spiritus novit, declaretur: accessum ad sacram mensam semper esse sibi licitum, imo desiderandum; attamen accessus generatim ne nimis « praecipiatur », — ut scrupulosus discat se decidere cum proprio quodam conatu. Omnis autem reflexio et dubitatio ante communionem recipiendam excludenda est; utinam scrupulosus huius moniti capax esset!

f) Scrupulosus interim lente *instituatur* de vero sensu moralitatis christianae, maxime de eius natura personali; de natura peccati ut actus personalis; de vero sensu mandatorum moralium. Inducatur ad veram quandam religiositatem colendam, et maxime ad fiduciam erga Deum nutriendam; ad latentem superbiam deponendam et christianam humilitatem assequendam; ad opera caritatis christianae exercenda, ut discat exire a seipso et vivere aliis — et Deo!

g) Multum iuvat, si scrupulosus discit quandam tranquillam « *coexistentiam* » cum scrupulositate sua: discat ridere, si potest, de phaenomenis eius ridiculis; et plus: discat humiliter portare crucem suam cum Domino crucifixo.